U0873750

21 世纪高职高专规划教材 ◆ 经贸类通用系列

管理学基础

（第二版）

GUANLIXUE JICHU

主　编　吴　戈　关秋燕
副主编　何　冲　谭名钧
参　编　朱　田　阮雪芹　魏文静

中国人民大学出版社
·北京·

图书在版编目（CIP）数据

管理学基础/吴戈，关秋燕主编．—2版．—北京：中国人民大学出版社，2019.8
21世纪高职高专规划教材．经贸类通用系列
ISBN 978-7-300-27189-7

Ⅰ．①管… Ⅱ．①吴… ②关… Ⅲ．①管理学－高等职业教育－教材 Ⅳ．①C93

中国版本图书馆CIP数据核字（2019）第161684号

21世纪高职高专规划教材·经贸类通用系列
管理学基础（第二版）
主　编　吴　戈　关秋燕
副主编　何　冲　谭名钧
参　编　朱　田　阮雪芹　魏文静
Guanlixue Jichu

出版发行	中国人民大学出版社		
社　址	北京中关村大街31号	**邮政编码**	100080
电　话	010－62511242（总编室）		010－62511770（质管部）
	010－82501766（邮购部）		010－62514148（门市部）
	010－62515195（发行公司）		010－62515275（盗版举报）
网　址	http://www.crup.com.cn		
经　销	新华书店		
印　刷	北京宏伟双华印刷有限公司	**版　次**	2015年1月第1版
开　本	787 mm×1092 mm　1/16		2019年8月第2版
印　张	13.75	**印　次**	2025年8月第10次印刷
字　数	325 000	**定　价**	38.00元

第二版前言

管理学是研究管理活动基本规律和一般方法的学科，是高职院校经管类专业的重要基础课程。根据高职院校人才培养目标和高职高专学生的学习特点，依据理论必需、够用为度、重在技能的原则，以激发管理兴趣、夯实管理基础、提升管理素质、培育管理能力为宗旨，项目引领任务，融“教、学、做”为一体，编写这本具有鲜明高职教育特色的实用教材。本教材第 1 版自 2015 年 1 月出版发行以来，受到了用书师生和读者的好评。

本书以习近平新时代中国特色社会主义思想为指导，全面融入党的二十大精神，始终把提高学生的思想道德素质与专业素养融为一体，培养学生诚实守信、爱岗敬业等优秀品质，为中国式现代化建设提供高技能人才支撑。为了适应高职教育教学改革发展和教材建设的需要，不断提高教材的质量，我们根据读者提出的宝贵建议，对教材进行了修订。

本书第二版仍然保留原版的风格和特点，以管理过程为主线，注重理论与实践的对接。以项目引领任务为主体结构，按任务导入、知识梳理、思考、技能训练进行任务学习设计，穿插管理故事、知识拓展、管理游戏等，注重教材的实用性、趣味性、针对性。修订内容有：(1) 反映管理学领域新的成果和动态，更新案例和故事，增强先进性、新颖性；(2) 根据高等职业教育的特点和高职学生的认知水平，调整内容结构，精选内容，控制难度，强调技能和能力的培养，突出实用性、针对性；(3) 完善不确切的表述，更正错误，力求内容客观，资料数据可靠，并完善职业能力训练的内容，体现科学性、准确性。

本次修订由长江工程职业技术学院经济管理学院吴戈、佛山职业技术学院工商管理学院关秋燕任主编，何冲、谭名钧为副主编，朱田、阮雪芹、魏文静参与了修订。具体修订任务如下：吴戈（项目一），吴戈、魏文静（项目七），关秋燕（项目三），关秋燕、阮雪芹（项目六），何冲（项目四），朱田（项目二），谭名钧（项目五）。

修订过程中，采纳了部分高职院校师生、企业人员的意见，参考和借鉴了专家学者的专著、教材和论文等，在此对他们表示诚挚的谢意。

由于编者水平有限，修订版难免存在错误和缺点，敬请读者批评指正。

CONTENTS

目 录

项目一

认知管理

项目目标

知识目标

1. 掌握管理的概念和属性。
2. 理解管理系统的构成和管理的基本职能。
3. 掌握管理者的技能和素质要求。
4. 掌握管理理论的形成与发展。
5. 了解管理理论最新进展。

技能目标

1. 初步培养自己的管理思想，有意识地提高自己的管理素质。
2. 能够应用现代管理理论分析和处理实际管理问题。
3. 逐步培养自己的管理技能。

任务1 认识管理系统

任务导入

李叶和王斌是大学同学，两人学的都是企业管理专业。毕业后，李叶去了深圳一家有名的外资企业从事管理工作，而王斌被学校免试推荐为本校的硕士研究生。转眼三年过去了，王斌又以优异的成绩考入北京某名牌大学攻读企业管理博士学位。李叶在当上部门经理后也来到该校参加 MBA 培训。王斌在办理报到手续时与李叶不期而遇。老同学相见自然免不了要“促膝长谈”，两人约定晚上来个“一醉方休”。

两人在酒足饭饱之余闲聊起来。由于两人志趣相同，一会儿，他们就关于“什么是管理”的话题聊开了。王斌非常谦虚地问：“李兄，我虽然读了许多管理方面的著作，但对于什么是管理还是心存疑虑。管理学家西蒙说‘管理就是决策’，有的管理学家却说‘管理是协调他人的活动’，等等，真是公说公有理，婆说婆有理。你是从事管理工作的，那你认为到底什么是管理？”李叶略微思索了一会儿，说道：“你读的书比我多，思考的问题也比我深。对于什么是管理，我过去从未认真想过。不过从我工作的经验看来，管理其实就是管人，人管好了，什么都好。”

“那么依你看，善于交际的、会拍‘马屁’的人就是最好的管理者了？”王斌追问道。

“那也不能这么说，”李叶忙回答说，“虽然管人非常重要，但管理也不仅仅是管人，正如你所说的，管理者还必须做决策、组织和协调各部门的工作等。”

“你说得对，管理不仅要管人，还要做计划、定目标、选人才、做决策、组织实施和控制等。那么，也就是说，做计划、定目标、选人才、做决策、组织实施和控制等活动就是管理啦？”王斌继续发表自己的见解。

“可以这么说，我们搞管理的差不多什么都得做，今天开会，明天制定规则，后天拟订方案等，所以说，搞好管理可真不容易。”李叶深有感触地说。

“那你怎么解释‘管理就是通过其他人来完成工作’，难道在现实中这种说法本身就是虚假的吗？”王斌显得有点激动地说。

李叶想了一会儿才答道：“我个人认为，‘管理就是通过其他人来完成工作’这句话有失偏颇。管理的确要协调和控制其他人的活动，使之符合企业制定的目标和发展方向，但管理者绝不是有些人所理解的单纯的发号施令者，其实管理者的工作量非常大，在很多方面，他们还必须起到带头和表率的作用。”

“可是……”

夜深了，可李叶和王斌丝毫没有睡意，两人还在围绕关于“什么是管理”的话题继续探讨着。

思考：什么是管理？不同的人可能会有不同的回答。虽然不存在绝对的对错，但是对管理的认识却影响着你如何看待管理活动，如何进行管理。不同的管理方式必然产生不同的结果，你对管理是怎么认识的？

管理活动遍布于人类的社会活动和生产活动中，管理学随着人类社会的生产活动而产生，并伴随人类社会的发展而发展。现代社会中，无论从事何种职业，事实上人人都在参与管理，大到国家，小到企业或者部门，甚至家庭，几乎任何组织的有序活动都离不开管理。管理无处不在，无时不在。那么，先了解什么是管理、管理者应具备哪些技能和素质，以及管理对象与环境的关系，才能够帮助我们开启对管理学的认知。

知识梳理

一、管理的概念和属性

（一）管理的概念

管理活动自古有之，管理思想源远流长，中外管理专家和学者从不同的角度，对管理的定义进行了大量的研究和不同的注释，其中较有代表性的为以下几家。

弗雷德里克·泰勒的定义：管理是为了既定的目标，用最好的方法经由他人的努力来达到的艺术。

亨利·法约尔认为：管理就是计划、组织、指挥、协调和控制的过程。

赫伯特·西蒙认为：管理就是决策。

美国管理协会的定义：管理是通过他人的努力来达到目标。

斯蒂芬·罗宾斯认为：管理是指同别人一起，或通过别人使活动完成得更有效的过程。

哈罗德·孔茨：管理是设计和保持一种良好环境，使人在组织中高效达成既定目标。可以认为，管理的本质是影响员工的行为。

综上所述，我们对管理重新定义如下：管理，就是通过计划、组织、领导和控制，协调以人为中心的组织资源与职能活动，以有效实现组织目标的社会活动。具体而言，管理的目的是有效实现组织目标；管理的对象是以人为中心的组织资源与职能活动；管理的本质是协调；管理职能是计划、组织、领导和控制；管理的性质是人的有目的的社会活动。

（二）管理的性质

1. 管理的自然属性和社会属性

管理是由许多人进行协作劳动而产生的。管理的二重性是指在协作劳动中，管理既具有自然属性，又具有社会属性。

（1）管理的自然属性。管理的自然属性是指在管理过程中要处理人与自然之间的关系，实现合理组织生产力的管理功能。这一属性与生产力的发展相联系，反映了社会化大生产要求生产过程中的各个方面能配合协调，以提高生产效率的客观要求。因此，管理的自然属性与社会制度和生产关系无关，由自然属性所产生的与之相适应的管理手段、管理方法是通用的、具有共性的。

（2）管理的社会属性。管理的社会属性是指管理要处理人与人之间的关系，维护一定社会生产关系的属性。这一属性与生产关系、社会制度相联系，表现为在不同的历史阶段、社会制度和社会文化背景下，管理思想、管理目标乃至管理手段都会呈现出一定的差异，使管理具有特殊性和个性。管理的社会属性往往体现着统治阶级的意志，具有明显的政治性。

管理的二重性表明，管理的自然属性存在于所有的社会经济形态中，反映社会化大生产的要求，不因社会制度的改变而改变，因此，管理是进行社会化大生产所必需的。而且，管理的自然属性决定了管理职能具有普遍性和永久性的特征，现代科学管理存在着共同规律与趋势，这为我们学习和借鉴发达国家先进的管理经验和方法提供了理论依据。管理的社会属性则告诉我们，管理总是在一定的生产关系下进行的，它是由社会制度、生产关系所决定的。因此，不能盲目照搬国外的管理理论和方法，应当有区别、有选择地加以引进和运用，建立具有中国特色的管理科学，以更好地指导我国的管理研究和实践。

2. 管理的科学性和艺术性

（1）管理的科学性。管理的科学性是指管理作为一个活动过程，其间存在着一系列基本客观规律。人们从实践中总结出一系列反映管理活动过程中客观规律的管理理论与一般方法，并利用这些理论与方法来指导自己的管理实践，从而使管理的科学理论与方法在实践中得到不断的验证和丰富。因此，管理作为一门科学，是指它以反映管理客观规律的管理理论与方法为指导，有一套分析问题、解决问题的科学方法论。

（2）管理的艺术性。管理的艺术性就是强调其实践性。管理虽然可以遵循一定的原理或规范办事，但它绝不是“按图索骥”的照章操作行为。管理理论作为普遍适用的原理、原则，必须结合实际应用才能奏效。管理者在实际工作中，面对千变万化的管理对象，因人、因事、因时、因地制宜，灵活多变地、创造性地运用管理技术与方法，解决实际问题，从而在实践与经验的基础上，创造了管理的艺术与技巧。

因而，管理是科学与艺术的结合。管理既是科学，又是艺术。说它是科学，是强调其客观规律性；说它是艺术，则是强调其灵活性与创造性。而且，这种科学性与艺术性在管理的实践中并非截然分开，而是相互作用，共同发挥管理的功能，促进目标的实现。管理的这一特性，对学习管理学和从事管理工作的主管人员来说也是十分重要的，它可以促使人们既注重对管理基本理论的学习，又不忽视在实践中因地制宜地灵活运用，这是管理成功的重要保证之一。

管理故事

曹操的用人之术

曹操官渡之战击败袁绍后，缴获一堆信函，很多是自己的属下和袁绍私下的通信。曹操却连看都不看，立即下令，全部烧毁。一把火把信都烧了，既往不咎，并说：“当绍之强，孤犹不能自保，况众人乎！”按照一般人的反应，这是通敌的证据和背叛的把柄，应该把它拿出来，一个一个按图索骥，把那些想叛变的、存有二心的动摇分子都揪出来，一一清除掉才安心，而曹操却没有这样做。这是怎样的一种境界和考量？这说明曹操的用人艺术非常高明。在战争局势变幻莫测的情况下，在敌强我弱的环境里，就连自己心里也毫无把握，岂能去责怪属下心中的不安或早作打算？何况正值用人之际，消灭人才容易、保证人才忠诚不易，通过自己的理解与宽容，必将会起到意想不到的效果。事实证明了曹操此举的英明，后来这些属下再也没有动摇过，而且忠心耿耿为自己效力。

启示：管理既是科学，又是艺术；管理不能照搬教条，管理原理必须结合实际灵活运用，只有适应环境、时间和对象的变化，才能奏出美妙的乐章。

（三）管理系统

1. 管理系统的概念

管理系统，是指由相互联系、相互作用的若干要素或子系统，按照管理的整体功能和目标结合而成的有机整体。关于管理系统的理解有以下三个方面。

（1）管理系统是由若干要素构成的，这些要素可以被看作管理系统的子系统，而且这些要素之间是相互联系、相互作用的。

（2）管理系统是一个层次结构。对内划分成若干子系统，并组成有序结构；而对外，任何管理系统又成为更大的社会管理系统的子系统。

（3）管理系统是一个整体，发挥着整体功能，其存在的价值在于管理功效的大小。任何一个子系统都必须是为实现管理的整体功能和目标服务的。

2. 管理系统的构成

管理系统一般由五个要素构成：管理目标、管理主体、管理对象、管理媒介和管理环境。

（1）管理目标。管理目标是管理功能的集中体现。管理目标是管理系统建立与运行的出发点和归宿，管理系统必须围绕目标建立与运行。所有的管理行为都是为了有效地实现目标。

（2）管理主体。管理主体即管理者，是管理系统中最核心、最关键的要素。配置资源、组织活动、推动整个系统运行、促进目标实现，所有这些管理行为都要靠管理者去实施。管理者是整个管理系统的驾驭者，是发挥系统功能、实现系统目标最关键的力量。作为管理的主体，管理者既表现为单个管理者，又表现为管理者群体及其所构成的管理机构。

（3）管理对象。管理者是对特定的对象进行管理的。管理对象，作为管理行为的受作用一方，对管理成效以及组织目标的实现，具有重要的影响作用。管理对象包括不同类型的组织，也包括各组织中的构成要素及职能活动。

（4）管理媒介，主要指管理机制与方法。管理机制与方法是管理主体作用于管理对象过程中的一些运作原理与实施方式、手段。管理机制在管理系统中具有极为关键的作用，它是决定管理功效最直接、最核心的因素。而管理方法则是管理机制的实现形式，是管理的直接实施手段，具有“过河”所必需的“桥”与“船”的作用，也是十分重要的。

（5）管理环境。管理环境是指实施管理过程中的各种内外部条件和因素的总和。管理行为依一定的环境而存在，并受到管理环境的重要影响。所以，管理环境是管理系统的有机组成部分。

（四）管理的基本职能

管理的职能指对管理者所从事的管理活动归类和概括，每一项职能表示一类活动，这些活动构成了管理工作的全过程。学者们对此有不同的概括，大多数学者通常把管理的职能划分为四种：计划、组织、领导和控制。

1. 计划

计划，是管理的开始。所谓计划，就是指“制订目标并确定为达成这些目标所必需的行动”。计划职能，包括了信息的获取和处理、对未来的预测、目标的选择、为实现这些目标所采取的策略、政策、规划、程序、步骤、时间、预算等，这个过程也就是决策的过程。

2. 组织

为了有效地实施计划，必须根据工作的要求和人员的特点设计岗位、配备人员、明确职责和权限关系，形成一个有机的组织结构，使信息、资源和任务在组织内顺畅流动，使整个组织协调地运转。

3. 领导

一个组织要实现自己的目标，有完善的计划和健全的组织系统还不够，还依赖于全体成员的共同努力，并使组织成员的行为朝向目标。这就需要对组织成员施加影响，包括对他们进行指导、引导和激励，加强沟通，创造一种良好的工作氛围，排除前进道路上的障碍和困难，率领大家去完成各项任务，实现组织的目标。这就是管理的领导职能。

4. 控制

人们在执行计划的过程中，由于受到各种因素的干扰，常常会出现活动偏离原计划的情况。为了保证目标的实现，必须有控制。控制就是发现偏差，并采取措施纠正偏差，使活动与目标一致。这就是管理的控制职能。

这四项管理职能是不可分割地联系在一起的。所有管理职能都是为了达到组织活动的协调，因此，协调是管理的本质。

（五）管理的重要性

管理作为一种社会现象，是随着人类社会的产生、发展而产生和发展起来的。管理的必要性体现在以下方面。

1. 组织目标的实现离不开有效的管理活动

管理的载体是组织。组织具有明确的组织目标，组织成员在加入组织后，组织为其成员提供用于实现组织目标的资源或手段，使组织成员能够完成的任务远超于个人所能及的范围，而且组织成员在推动组织目标实现的过程中，也能促进自身利益最大化的实现。但在缺乏管理的情形下，组织成员所制定的具体目标和行动计划具有多样性，有些目标和计划甚至是相互冲突的，因此，需要通过管理对组织成员的各种活动做出安排，以减少冲突和混乱，促进组织成员围绕共同目标付出共同努力，所以管理作为一种活动在组织中一直存在并发展着。

2. 资源的稀缺使管理活动成为必要

人类的需求具有无限增长和扩大的趋势，相对于人类无限的需求而言，在一定时间与空间范围内存在的资源总量总是相对不足的。相对不足的资源与绝对增长的需求之间的矛盾，导致每个组织和个人在其生存和发展的过程中所能获取的资源都是非常有限的，整个社会能用于社会生产的资源也是有限的。管理的过程是对资源的价值进行评估、构建分配模式与协调机制的过程。对现代社会而言，每一个组织都需要通过有效的管理实现对资源的合理分配与协调，以提高资源的使用效率，使组织的有限资源得到有效的运用。

二、管理者与管理对象

（一）管理者

1. 管理者的含义和分类

（1）含义。管理者是组织中这样的一些人：他们根据环境的变化合理分配组织中各项资源，协调组织内部的各项活动，与组织中的其他成员一起实现组织在一定时期的既定目标。

传统观点认为，管理者是运用职位、权力，对人进行统驭和指挥的人。

关于管理者的现代观点，德鲁克认为，在一个现代的组织里，每一个知识工作者如果能够凭借他的职位和知识，对组织负有贡献的责任，因而能够实质性地影响该组织的经营并获得成果，即为管理者。管理者即履行管理职能、对实现组织目标负有贡献责任的人。

（2）分类。管理者是组织管理活动的主体，由于他们的责任和权限不同，他们所处的地位和所起的作用不同。因此，一个组织中的管理者可以按不同的标准划分成不同的类型。

1）按管理层次划分，管理者可以分为高层管理者、中层管理者和基层管理者。

高层管理者，是指对组织负有全面管理责任的管理人员，其职责主要是制定组织的总体目标和总体战略等。

中层管理者，是指处于高层管理者与基层管理者之间的管理人员，其主要职责是贯彻高层管理者制定的大政方针，指挥基层管理者的活动，并监督和协调基层管理者完成工作。

基层管理者，是指处于组织中的最低层次的管理者，其主要职责是直接指挥和监督现场。

2）按管理工作的性质与领域划分为综合管理者和专业管理者。

综合管理者，是指对组织的活动负有全面责任的管理人员，是组织管理系统中的直线主管。

专业管理者，是指负责组织的某一类活动的管理人员，也称职能管理者。专业管理人员一般只负责组织中某一方面活动的管理工作，同时对其所管理领域的专业技能要求按职权关系的性质划为直线管理人员和参谋人员。

2. 管理者的角色

（1）人际关系角色。人际关系角色主要是指管理者在处理与组织成员和其他利益相关者的关系时所担当的角色。这方面的角色包括代表人、领导、联络者。

（2）信息角色。信息角色是指管理者在获取、处理和传递信息中所起的作用。这方面的角色包括监听者、传播者、发言人。

（3）决策角色。决策角色是指管理者在谋划组织发展、应付突发事件、排除障碍和合理运用资源等问题上做出决定并付诸实施所起的作用。这方面的角色包括企业家、故障排除者、资源分配者、谈判者。

3. 管理者的技能

管理者的技能主要指管理者为有效行使管理职能所需具备的知识、技术、能力和态度。根据罗伯特·卡茨的研究，管理者必须具备技术技能、人际关系技能和概念技能。

（1）技术技能。技术技能指运用特殊的专长或技艺，熟练完成某一专业领域内特定工作所需的能力。包括专业知识及熟练运用专业工具的技术等，如工程师、经济师、会计师等。

（2）人际关系技能。人际关系技能指与处理人事关系有关的技能，包括理解、激励他人的能力，以及与他人良好合作共事的能力。

（3）概念技能。概念技能又称为思维技能，指纵观全局、辩证思考和分析解决综合问题的能力。概念技能是一种洞察组织与环境相互影响之间复杂性的能力，包括理解事物的关联性、判断关键性因素、确定和协调各方面关系、权衡不同方案优劣和内在风险的能力等。

处于不同层次的管理者所应掌握和应用的技能具有一定差异。一般而言，高层管理者主要应掌握概念技能，能很好地理解组织各部分之间的关系，对组织的战略发展方向和战略目标有清晰的把握和准确的定位，使组织更好地适应不断变化的环境；组织中的基层管理者则需要有很好的技术技能，要在基层的作业环节有效带领团队实现企业的既定目标。不论是基层管理者、中层管理者还是高层管理者，对他们同等重要的就是人际关系技能。

4. 管理者的素质

管理者的素质，是指作为管理者必备的素质。管理者的素质是形成管理水平与能力的基础，是做好管理工作、取得管理功效极为重要的条件。管理者的素质主要包括以下三个方面：

（1）良好的身心素质。管理活动是一种艰苦的实践活动，要求管理者必须具有良好的身心素质。身心素质，是指管理者本人的身体状况与心理条件，包括健康的身体、坚强的意志、开朗乐观的性格、广泛而健康的兴趣等。

（2）较高的政治文化素质。政治文化素质，是指管理者的政治思想修养水平和文化基础，它包括：政治坚定性、敏锐性；事业心、责任感；思想境界与品德情操，特别是职业道德；人文修养与广博的文化知识等。

（3）较好的业务素质。业务素质，是指管理者在所从事工作领域内的知识与能力，包括一般业务素质和专门业务素质。

知识拓展

优秀管理者的10种素质

（1）处事冷静，但不优柔寡断。优秀的管理者都具有处事冷静的特点，他们善于考虑事情的多个方面或问题涉及的各利害关系方，不易冲动行事。优秀管理者往往会在周密思考后果断做出决定或清晰地阐明自己的观点。

（2）做事认真，但不事事求“完美”。优秀的管理者做事非常认真仔细，但他们同时也非常懂得什么事情需要追求“完美”（尽善尽美），什么事情“差不多就行”（达到基本标准）。具有这种特征的管理者往往能把事情“做对”，并且能比一般人更容易创造出价值。

（3）关注细节，但不拘泥于小节。优秀的管理者善于关注事情的细节，善于留意观察身边的人和事。他们善于抓住问题的要害，善于将问题“扼杀”在萌芽状态。优秀的管理者不会过分在意别人的一点小过错或小过失。

（4）协商安排工作，绝少发号施令 。管理者不是发号施令的“监工”。一个能让下属主动“追随”的管理者，依赖的是他（她）的个人魅力和领导力，而不是他（她）手中的“权力”。优秀的管理者绝少对下属发号施令，他们往往采用和下属商量的方式布置和安排工作。

（5）关爱下属，懂得惜才爱才。优秀管理者善于尊重和关爱下属，他们往往视同事如“兄弟”，懂得怎样去珍惜和爱护与自己朝夕相处、共同拼搏的“战友”。

（6）对人宽容，甘于忍让 。优秀管理者胸怀宽广、对人宽容、甘于忍让，他们善于将心比心，善于考虑别人的难处和利益，善于“挖起荆棘并种下玫瑰”。具有这种特征的管理者往往易于形成良好的人际关系，并能在需要时得到别人最真诚的支持和帮助。

（7）严于律己，以行动服人。优秀管理者不会让自己独立于各种规章制度之外，他们往往身体力行、为人表率，用自己的实际行动来影响和带动身边的人。具有这种特征的管理者往往“其身正，不令而行”。

（8）为人正直，表里如一。优秀管理者往往对人一视同仁、处事公平公正，没有暗箱操作。

（9）谦虚谨慎，善于学习。优秀管理者不会把自己已有的知识和技能作为管理的资本。他们往往谦虚谨慎，乐于向自己的同事等学习。

（10）不满足于现状，但绝不脱离现实。优秀管理者不满足于当前的业绩，他们都有比较高远的目标和追求。他们总是一步一个脚印为更高更远的目标而奋斗，非常清楚自己的将来会是怎样。

（二）管理对象

1. 管理对象的概念

管理对象，是指进入管理主体实践活动领域，接受管理主体协调和组织、指挥、使用的客观对象。管理总是对一个群体或组织实施的，所以管理对象首先可以理解为不同功能、不同类型的社会组织。任何社会组织为发挥其功能，实现其目标，必须拥有一定的资源与要素。管理正是要对这些资源或要素进行配置、调度、组织，以使管理目标得以实现。这些资源或要素就是管理的最终对象，组织要实现功能和目标，就必须展开职能活动，形成一系列工作或活动环节。

2. 管理对象的内容

（1）社会组织。管理总是对一个群体或组织实施的，所以，管理对象首先可以理解为不同功能、不同类型的社会组织，既包括具有法人资格的组织，如政府、工商企业、学校，也包括法人组织内部的单位或部门，如生产车间、销售部门。

（2）资源或要素。管理的主要任务除了实现组织与环境相适应外，还必须实现人员、资金、物资设备、时间、信息等一切资源的优化配置，用最少的资源投入实现最佳的经济效益和社会效益。

对人的管理，主要涉及人员分配、工作评价、人力开发等；对资金的管理，主要涉及财务管理、预算控制、成本控制、资金使用、效益分析等；对物的管理，主要涉及资源利用，物料的采购、存储与使用，设备的保养与更新，办公条件和办公设施等；对时间的管理，主要是如何合理安排工作时间并提高工作效率，在最短的时间内达到组织目标等；对信息的管理主要涉及组织外部、内部信息的快速搜集、传递、反馈、处理与利用，发展趋势的准确预测等。

（3）职能活动。管理是使组织的活动效率化、效益化的行为，因此，最常、最多的管理对象是社会组织实现基本职能的各种活动。管理的功效主要体现在组织中的各种职能活动更有秩序、更有效率、更有效益地运行，这些职能活动也是管理的对象。

三、管理媒介和管理环境

（一）管理媒介

1. 管理机制

（1）管理机制的含义与特征。

机制原本是指机器的构造及其工作原理。机器构造合不合理、工作原理清不清楚，直接影响机器的操作运转。组织就像一部需要运行的机器，包含有组织管理系统的结构及其运行机制。管理机制，是指管理系统的结构及其运行机理，其本质是管理系统的内在联系、功能及运行原理。管理机制是决定组织管理功效的核心问题。管理者在管理中存在何种管理关系、采取何种管理行动、达到的管理效果如何，是由管理机制决定的。

管理故事

分　粥

有七个人曾经住在一起，每天分享一大桶粥。每天的粥都是不够分的。一开始，他们抓阄决定谁来分粥，每天轮一个。于是每周下来，他们只有一天是饱的，就是自己分粥的那一天。后来他们开始推选出一个道德高尚的人出来分粥。强权就会产生腐败，大家开始挖空心思去讨好他、贿赂他，破坏了团队秩序。然后大家开始组成三人的分粥委员会及四人的评选委员会，但他们常常互相攻击，结果吃到粥时已经全是凉的。最后想出来一个方法：轮流分粥，但分粥的人要等其他人都挑完后拿剩下的最后一碗。为了不让自己吃到最少的那碗，每人都尽量分得平均，就算不平均，也只能认了。

启示：同样是七个人，不同的分配制度，就会有不同的风气。所以一个单位如果有不好的工作风气，机制也许有问题，例如没有完全公平、公正、公开，没有严格地奖勤罚懒。如何制定这样一个制度，是每个领导需要考虑的问题。

（2）管理机制的构成。

管理机制是以客观规律为依据，以组织的结构为基础，由若干子机制有机组合而成的。在实际管理中，特别是在企业管理中，管理机制主要表现为三大机制。

1）运行机制。运行机制是组织中最基本的管理机制，是管理机制的主体。运行机制主要指组织基本职能的活动方式、系统功能和运行原理。

任何组织，大到一个国家，小到一个企业、单位、部门，都有其特定的运行机制。例如，国家有政权运行机制、国民经济运行机制、社会活动运行机制等；工业企业有生产经营运行机制；商业企业有商品经营与服务活动运行机制；学校有教学运行机制；文化团体有文化活动的运行机制；军队有军事训练、军事活动的运行机制等。

2）动力机制。动力机制是管理系统动力的产生与运作的机理。例如，某推销员需要存钱买一套房子，于是产生了通过多推销商品得到更多佣金的动机，由于积极推销，获得一大笔佣金买了一套比较满意的房子，这样一种需要的满足又强化了该推销员的其他需要，如汽车的购买或者职位的晋升等方面的需要，这些都是动力机制引起的。

动力机制主要由以下三个方面构成：一是利益驱动。这是社会组织动力机制中最基本的力量，是由经济规律决定的，人们会在物质利益的吸引下，采取有助于组织功能实现的行动，从而有效地推动整个系统的运行。二是政令推动。这是由社会规律决定的，管理者凭借行政权威，强制性地要求被管理者采取有助于组织功能实现的行动，以此推动整个系统的运行。三是社会心理推动。这是由社会与心理规律决定的，管理者利用各种管理手段或措施，对被管理者进行有效的教育和激励，以调动其积极性，使其自觉自愿地努力实现组织目标。

3）约束机制。约束机制是指对管理系统行为进行限定与修正的机制，其功能是保证管理系统正确运行以实现组织目标。一个管理系统，如果失去约束，放任自流，就会失去控制，偏离目标，导致失败。有效的约束机制对于保证系统的顺利运行、有效实现目标具有极为重要的作用。约束机制主要包括以下几方面的约束因素。

其一是权力约束。权力约束是双向的。一方面，利用权力对系统运行进行约束，如下达保证实现目标的命令，对偏差行为采取有力处罚，从而凭借权力，保证系统的顺利运行。另一方面，要对权力的拥有与运用进行约束，以保证正确地使用权力。失去约束的权力是危险的权力。

其二是利益约束。利益约束是约束机制极为有效的组成部分，故常被称为“硬约束”。利益约束也是双向的。一方面，以物质利益为手段，对运行过程施加影响，奖励有助于目标实现的行为，惩罚偏离目标的行为；另一方面，对运行过程中的利益因素加以约束，其中突出地表现为对分配过程的约束。

其三是责任约束。主要指通过明确相关系统及人员的责任，来限定或修正系统的行为。例如，明确规定企业法人代表对企业资产保值、增值负有的责任，并加以量化和指标化。

其四是社会心理约束。这主要是指运用教育、激励和社会舆论、道德与价值观等手段，对管理者及有关人员的行为进行约束。

2. 管理方法

（1）管理方法的含义。

管理方法是在管理活动中为实现管理目标、保证管理活动顺利进行所采取的工作方式、方法和手段的总称。在管理实践中，管理目标的实现必须借助于一定的管理方法和手段。管理方法是管理理论、原理的自然延伸和具体化、实际化，是管理原理指导管理活动的必要中介和桥梁，是实现管理的途径和手段，是管理者管理行为的工作方式，对于管理功效及目标实现具有非常重要的意义。

（2）管理方法的分类。

管理方法一般可分为管理的法律方法，管理的行政方法，管理的经济方法，管理的社会学、心理学方法，它们构成了一个完整的管理方法体系。

1）法律方法。法律方法是指借助国家法规和组织制度，严格约束管理对象以便为实现组织目标而工作的一种方法。法律方法的主要形式有：国家的法律、法规，组织内部的规章制度等。法律方法具有规范性、强制性、稳定性、严肃性等特点。其局限性是对于特殊情况有适用上的困难，缺乏灵活性。

2）行政方法。行政方法是指依靠行政组织的权威，运用命令、规定、指示、条例等行政手段，按照行政系统的职权有层次地进行管理。行政方法的实质是通过行政组织中的职务和职位来进行管理的，它特别强调职责、职权、职位。行政方法的主要形式有：命令、指示、计划、指挥、监督、检查、协调等。行政方法的主要特点有：权威性、强制性、垂直性、时效性等。行政方法的局限性是：由于强制干预，容易引起被管理者的心理抵抗，单纯依靠行政方法很难进行持久的有效管理。

3）经济方法。经济方法是指根据客观经济规律，运用经济手段来调节不同经济主体之间的关系，以提高经济效益和社会效益的一种方法。宏观管理中的经济方法的主要形式有价格、税收、信贷等，微观管理中的经济方法的主要形式有工资、奖金、罚款、经济责任制等。经济方法的主要特点有：利益性、间接性、持久性。但经济方法也有其局限性：可能产生明显的负面作用，即会使被管理者过分看重金钱，影响其工作主动性和创造性的发挥。

4）社会学、心理学方法。社会学、心理学方法是指借助社会学和心理学原理，运用教育、激励、沟通等手段，通过满足管理对象社会心理需要的方式来调动其积极性的方法。社会学、心理学方法的主要形式有：宣传教育、思想沟通、各种形式的激励等。社会学、心理学方法具有长期性、间接性、自觉自愿性、灵活性等特点。其局限性主要表现为对紧急情况难以适应，而且，单纯使用这一种方法常常无法达到目标。

（3）管理方法的有效应用。

在管理实践中，要不断促进管理方法的建设与完善，使管理方法更加科学有效。

需厘清管理方法的性质和特点采用的管理方法作用的客观依据，方法作用于被管理者的哪个方面，是否能产生明显的效果，以及方法本身的特点与局限，以便正确有效地加以运用。

研究管理者与管理对象的性质与特点，使管理方法既适用于管理对象，又有利于管理者优势的发挥，从而使管理方法针对性强，成效大。

了解与掌握管理环境因素，采取适宜的管理方法，使管理方法与所处环境相协调，从而更有效地发挥其作用。

注意管理方法的综合运用。不同的管理方法各有长处和局限，各自在不同领域发挥其优势，必须依目标和实际需要灵活地选择多种方法，综合地、系统地运用各种管理方法，以求实现管理方法的整体功效。

管理故事

田忌赛马

齐威王喜欢赛马，田忌马力不及，屡次败而失金。一次，田忌引谋士孙膑同观赛马，孙膑见双方马力相差不大，而田忌三场皆负，就私下告诉田忌说：明日再赛，我可以让你获胜。田忌信孙膑定有办法，于是请示齐威王说："臣之比赛屡屡失败。明日再赛愿倾家荡产，每场以千金为赌注，一决输赢。"齐威王笑而应允。次日赛场，田忌问孙膑：先生有什么制胜诀窍？孙膑回答说："齐国的好马，均在齐王的马厩里，而你想与他依次比赛取胜是很困难的。而我能以战术取胜之。比赛三次有上、中、下之别。若以您之下等马，对他的上等马；以您之上等马，对他的中等马；以您之中等马，对他的下等马。这样虽输一场，但可赢两场。"田忌依计，果然赢得千金。

启示："田忌赛马"的典故可谓妇孺皆知，人们在赞叹孙膑智慧的同时却很少去探究深层次的东西。其中蕴含的古代管理思想、技巧和组织方法等，恰恰是管理学关注和研究的问题。

（二）管理环境

1. 管理环境的含义

任何组织都是在一定环境中开展活动的，任何管理也都要在一定的环境中进行，这个环境就是管理环境。管理环境是指存在于社会组织内部与外部的，影响组织管理实施和管理效果的各种力量、条件和因素的总和。

管理环境对组织的生存和发展产生着重要影响，环境为组织提供生存的土壤，影响组织内部的各种管理工作，制约组织的管理过程和管理效率。

2. 管理环境的分类

管理环境一般分为外部环境和内部环境两类。

（1）外部环境。外部环境是指存在于组织周边、影响组织经营行为及其发展的各种客观因素与力量的组合。外部环境通常包括一般环境和具体环境。一般环境，也称宏观环境，对所有组织都产生影响的各种因素。具体包括：政治环境、经济环境、社会文化环境、技术环境和自然环境，其中经济环境对管理影响最大，是影响组织，特别是企业最重要的环境因素。具体环境，也称特殊环境，是与组织直接相关，并对某一组织发生具体作用的因素，包括资源供应商、客户、竞争者、政府管理部门以及其他利益相关者等。

（2）内部环境。内部环境是指组织内部的各种影响因素的总和，包括人力资源环境、物力资源环境、财力资源环境以及内部文化环境。内部环境随着组织的诞生而产生，对组织的管理活动产生影响。内部环境决定了管理活动的可选择的方式方法，而且在很大程度上影响组织管理的成败。

管理故事

温水煮青蛙

美国康奈尔大学的研究人员曾做过一个著名的实验，他们把一只青蛙迅速地丢进沸水中，千钧一发之际，这只青蛙却竭尽全力地一跃，跳出了滚烫的水锅，安然逃生。然后，他们再把这只创造了奇迹的青蛙放进盛满等量冷水的锅里，炭火慢慢加热，青蛙在温暖的水中惬意地泅游，待其意识到危险的逼近，欲再奋力一跃时，却因懈怠散漫已久，失去了爆发力，最终未能逃离险境。在生死抉择的关头，沸水中的青蛙的凌空一跃，挽救了自己的生命；可温水中的青蛙却沉迷于舒适的环境，忘却了面临的危险，以至付出了生命的代价。

启示：一个组织，必须能够应对不断变化的环境，管理者更要有深远而犀利的洞察力，留心生活中的点点滴滴。只有这样，才能让组织保持高度的竞争力，切不可在浑浑噩噩中度日，更不可躲避在暂时的安逸中。如果管理者对组织环境变化没有高度警觉，最终就会面临像这只青蛙一样的险境。

3．环境管理

组织的发展离不开环境，管理者必须进行环境管理，主动地适应环境，谋求内部环境与外部环境的动态平衡。

（1）了解与认识环境。管理者要把对环境的了解与掌握纳入重要管理事项。要通过各种渠道搜集有关环境的信息，掌握关于环境的各种因素与变量，把握环境发展变化的趋势与规律。

（2）分析与评估环境。在掌握组织环境大量信息，对组织环境充分了解的基础上，要对各种环境因素进行深入的分析与评估。要划分与确定环境因素的类型，确定环境对组织与管理影响的领域、性质及程度大小。

（3）能动地适应环境。对于一般环境，各个组织面临相同的环境，无法改变，只能主动去适应。对于任务环境，应通过各种方式去影响环境，改变环境，创造有利于组织发展的环境。对于稳定环境，管理者可以按正常的程序和规范进行预测与计划，并实行较为稳定和长期的战略与政策。对于动态环境，管理者则要加强监测，并采取权变管理模式，灵活应变。

任务 2　了解管理思想

任务导入

总公司计划为一个主要生产车间引进先进的生产线系统，于是，调任李叶到该车间任主任。在一次领导班子会议上，两位副主任就如何进一步提升管理工作水平问题发生了意见冲突。周副主任主张应实行严格管理，重点是加强管理的规范化，要进一步加强制度建设，严格劳动纪律，加大现场监督力度，杜绝一切怠工或违纪现象，以确保流水线生产的顺利进行，并引经据典地指出，这是依据被称为“科学管理之父”的泰勒的经典管理思想提出来的。而吴副主任则不赞成这种意见，认为这是一种传统的、已经过时的管理思想。他主张应坚持以人为本，重视人的需求，充分尊重员工，主要靠激励手段，由员工自我管理、自主控制，并强调，这是梅奥人际关系论的发展，是一种世界性的大潮流。而周副主任则坚持认为，在中国现阶段，又是这种流水线生产，还是规范化的科学管理更可行。在这种流水线生产条件下，过分依靠自觉是不可行的，强有力的现场监督控制才是唯一有效的管理……两个人争执不下。李叶由于缺乏对管理理论的研究，对此也感到糊涂，竟一时不知如何表态，很是尴尬。

李叶去请教在攻读企业管理博士学位的老同学王斌。在交谈、讨论中还听到了“学习型组织理论”“ 企业文化理论”等一连串新词儿，他很受启发，觉得应该尝试运用“学习型组织理论”“企业文化理论”“柔性管理”等指导本部门的创新与改革。可是，“学习型组织理论”“企业文化理论”究竟包括哪些内容？怎样应用？李叶决心认真学习和研究这些现代管理理论，并努力付诸实施。

思考：你知道被称为“科学管理之父”的泰勒及梅奥的管理思想吗？你更倾向哪位副主任的观点？你知道什么是“学习型组织理论”“企业文化理论”吗？

管理活动无处不在，管理的智慧无处不在。现代社会的生存能力和运作效率越来越多地依赖于管理的效率。从某种角度来说，无论一个人是否从事管理工作，掌握一定的管理理论都是十分必要的。管理理论的形成与发展对人类社会产生了重大而激烈的影响，掌握管理理论的形成脉络、了解它的发展，将有助于更好地将管理理论应用于管理活动，指导管理活动的高效进行。

一、中外早期管理思想

（一）中国古代管理思想

中国古代有着丰富的管理实践并产生了很多精辟的管理思想，涵盖了政治、军事、经济、工程等各个领域。例如，由李冰父子主持修建的集分洪、灌溉、排沙诸功能于一体的都江堰水利工程，秦国大将蒙恬领兵建造的万里长城，隋唐人工挖建的京杭大运河等，这些伟大工程无不凝聚了我们祖先的管理才能和光彩夺目的管理思想。在浩如烟海的古代政治、军事、历史等著作中，也蕴含着十分丰富的管理思想，如《论语》《易经》《老子》《孙子兵法》《三十六计》《资治通鉴》《史记》《菜根谭》等古籍中所包含的管理思想，至今仍备受世界各国管理界的推崇。

在国家治理方面，我国古代的管理思想主张以人为本，提倡“德治”和“仁政”，强调爱民、富民。孔子竭力主张“行仁德之政”“因民之所利而利之”，以“仁”为核心、以“礼”为准则、以“和”为目标是他的以德治国思想的主要内容。荀子专门著有《富国篇》。管子说，“政之所兴，在顺民心；政之所废，在逆民心。”孟子说，“得天下有道，得其民斯得天下矣。闻之于政也，民无不为本也，国以为本，君以为本，吏以为本。”唐代名相魏征说，“民存则社稷存，人亡则社稷亡。”

在人事管理方面，在我国古代管理思想中，有关选人、用人、激励人方面的论述极为丰富。尊重人才、知人善任是我国历代推崇的优良传统。墨子说，“尚贤者，政之本也。”荀子说，“欲立功名，则莫若尚贤使能矣。”诸葛亮总结汉朝的历史经验说，“亲贤臣，远小人，此先汉之所以兴隆也；亲小人，远贤臣，此后汉之所以倾颓也。”在用人方面，坚持“德才兼备、以德帅才”的用人标准，用人之所长而避其所短，正确挑选，全面考核，既用人又育人，不拘一格用人才等，都有详尽的论述。《晏子春秋》则把对人才“贤而不知”“知而不用”“用而不任”视为国家的“三不祥”，其害无穷。在激励人方面，强调团结（“人和”“和为贵”），做好思想工作，赏罚公正，讲究艺术等，许多论述都给人以启迪。

在生产经营管理方面，因长期轻视工商业，古人的论述相对较少，但历史上也出现过杰出的工商业家等。他们不仅取得巨大的财富，而且创造出卓越的经营管理思想和方法。管仲强调经营管理要顺应事物自身的客观规律，“不通于轨数而欲为国，不可”。办事要从实际出发，认为“动必量力，举必量技”“不为不可成，不求不可得”。主张办一切事情必须统筹谋划，提出“事无备则废”“以备待时”的观点。司马迁既从宏观上阐述了富国之策，又从微观上总结了“治生”之道。他在总结白圭经营成功的范例时引用白圭语，“吾治生产，犹伊尹、吕尚之谋，孙吴用兵，商鞅行法是也。”此外，他提倡“能巧致富”和“节俭致富”。在强化预测、正确决策、诚实经营、讲求信誉、竞争有术等方面，古人的精辟论述和范例也不少。

在理财管物方面，孔子主张“崇俭”，并指出，“节用而爱人，使民以时。”墨子主张“俭节则昌，淫佚则亡”。荀子主张富国与富民并举，提倡“上下俱富”，为此必须“节其流，开其源”“使天下必有余，而上不忧不足”。这些观点都说明，“开源节流”“崇俭拙奢”是我国历来倡导的思想。中国古代对物管理的一个指导思想就是“利器说”。孔子在《论语》中说，“工欲善其事，必先利其器。”《吕氏春秋》指出，使用利器可达到“其用日半，其功可使倍”的效果。另外，在定额管理、规范操作方面，宋代李诚编修的《营运法式》一书早有系统记载。对财物保管和收纳支出也早有制度，并有专门官员分类管理。

在管理的方法论方面，我国古代管理思想也有卓越的贡献。如系统思想的起源就可追溯到春秋战国时期，它重视事物的整体性，重视事物之间的区别和内在联系，重视人对客观事物的适应和促进，这种思想是源远流长的。

（二）西方古代管理思想

1. 早期的管理实践与管理思想

管理活动和实践自古以来就存在，它是随着人类集体协作、共同劳动而产生的。西方的管理思想，从起源上来讲，来自古希腊、古罗马、古埃及及古巴比伦等文明古国，它们在国家管理、生产管理、军事和法律等方面曾有过光辉的实践。

古巴比伦国王汉谟拉比，曾发布了一部法典——《汉谟拉比法典》。它涉及社会及商业管理的许多方面，如出售、契约、合伙、协议、期票、借贷、租赁、转让、抵押、遗产、奴隶等，对各种职业、各个层面上的人员责、权、利关系给予明确的规定，提出了民事控制、事故责任、生产控制与激励以及最低工资的规定。古希伯来人同样注重依法管理，其法典要比《汉谟拉比法典》开明进步一些。古罗马的立法和司法的分权制则为后来的立宪政府的制约和平衡体制树立了一个典范。

古埃及人建立起以法老为最高统治者的中央集权的专制政权。法老是全国土地的最高所有者，拥有对埃及国家财产的全部支配权，法老政权制定了土地制度、税收制度、档案制度，把权力和财富都集中在自己手上。古罗马人建立并实行一种连续授权的组织制度。这是一种行政授权与军事控制相结合的集权型等级制度。

古希伯来人很善于利用宗教来控制人和管理国家，《圣经》中所体现出来的管理思想对后世影响很大。据史料记载，摩西是希伯来人的领袖，他在行政法、人际关系、人员挑选和训练等方面都有出色的能力。摩西的岳父耶思罗曾批评摩西处理政务事必躬亲的做法。他提出三点建议：第一，制定法令，昭示民众；第二，建立等级制度，委任管理人员；第三，分级管理，各司其职。可以说，耶思罗是人类历史上第一位著名的管理顾问。

2. 中世纪及文艺复兴时期管理思想

随着城市的兴起、行会的建立、贸易的发展和大学的兴办，管理思想也得到了发展。在中世纪初期，尽管没有关于管理思想的专门著作，但是，在一些思想家的论述中还是可以发现许多重要的管理思想。如格札里对领导者提出必须保有四种品质：一是公正；二是智慧；三是耐心；四是谦虚。托马斯·阿奎那提出消费的适可原则，生产上的二因素论——劳动和土地，经济活动的干预主义、公平价格论、货币论、利息论、商业论等。

15 世纪世界最大的几家工厂之一——威尼斯兵工厂在成品部件的编号和储存、安装舰只的装配线、人事管理、部件的标准化、会计控制、存货控制、成本控制等方面积累了成型的管理经验。威尼斯兵工厂的管理代表了这一时期最高的管理水平。

14—16世纪的文艺复兴运动是一次具有划时代意义的人类思想大解放。文艺复兴时期的主要社会思潮为人文主义，其核心是：肯定人，注重人性，要求把人从宗教束缚中解放出来，推崇人的经验和理性，提倡认识自然、造福人生。对人的认识的进步是人类历史的一个巨大飞跃。这个时期的人文主义的兴起也是管理思想大发展的时期。文艺复兴运动对人的认识的深化、对以后行为科学的兴起有着潜在的影响。

3. 资本主义早期的管理思想

18世纪到19世纪中期，欧洲成为世界经济的中心。随着城市的发展，资本主义生产方式从封建制度中脱胎而出，家庭手工业制的主导地位逐渐被工厂制所取代，始于英国的工业革命，使机器大生产和工厂制度普遍出现，对社会经济的发展产生了重要影响。工厂为了在竞争中求生存，也为了追求更高的利润，扩大生产规模成为不可阻挡的必然趋势，但由此提出的管理要求却无法满足。传统的凭企业主个人经验和判断对生产全局及各种因素进行管理的方法已经不能适应生产实践在客观上提出的许多管理问题。一些思想家对此进行了探索，如亚当·斯密、罗伯特·欧文、查尔斯·巴贝奇等。

（1）亚当·斯密的管理思想。亚当·斯密是英国古典政治经济学的建立者，他的主要代表作《国民财富的性质和原因的研究》于1776年出版。该书主要研究促进或阻碍财富发展的原因，论证资本主义制度比封建制度更能促进财富的增长。他认为，每个人的一切活动都受“利己心”的支配，人人都追求个人利益，客观上会促进整个社会共同利益的发展。这种个人利益的追求者就是“经济人”。他的经济思想的中心内容是经济自由，力图排除一切封建障碍，反对重商主义，要求自由地发展资本主义。

亚当·斯密探讨了管理的许多中心问题。他以针的制造为例，论述了劳动分工及其经济效果。他指出，有了分工，同等数量的劳动者就能完成比过去多得多的工作量。其原因有：劳动者技巧的提高；工种转换时间的减少；机械的发明。

（2）罗伯特·欧文的管理思想。罗伯特·欧文是英国的空想社会主义者和企业管理的改革家。他在苏格兰某地担任纺织厂经理时，进行了一些企业管理改革的试验，主要体现在人事管理方面。他逐步改善工人的生活状况，同时工厂也获得了很高的利润。这方面的管理改革试验可分为两个阶段：第一阶段，欧文致力于改进工厂的条件及职工的家庭状况。第二阶段，欧文致力于以工厂为中心的社区中的社会改革。

欧文是人事管理的先驱者。他认为，人是环境的产物。他重视人的因素在工业中所起的重要作用。他在一篇论文中对监工们说：“你们中的许多人长期以来有这样的经验，在你们的制造工作中，由于设计良好和运行正常的优良机器而得到很大的好处，既然你们对死的机器赋予适当的注意就能带来如此巨大的好处，那么，如果你们对主要的、构造得远为奇异的机器（即工人）赋予同样的注意，有什么不能期望得到的呢?”由于欧文在人事管理实践和理论方面的贡献，他被称为“人事管理之父”。

（3）查尔斯·巴贝奇的管理思想。查尔斯·巴贝奇是一位天才的数学家、发明家和科学管理的先驱者。他的管理思想集中体现在以下几个方面。

首先，巴贝奇于1822年设计出世界上第一台差分机。他利用计数机来计算工人的工作数量、原材料的利用程度等。他把这叫作“管理的机械原则”。他还发明了一种监督制造厂的方法。

其次，巴贝奇进一步发展了亚当·斯密关于劳动分工的思想，分析了分工能提高劳动生产率的原因。分工节省了学习所需的时间，节省了学习中所耗费的材料，节省了从一道工序转变到另一道工序所耗费的时间，节省了改变工具所需的时间，技术容易熟练，工作速度加快，能改进工具和机器，设计出更精致适用的机器。

最后，在劳资关系方面，巴贝奇强调劳资协作，强调工人要认识到工厂制度对他们有利的方面。他提出一种固定工资和利润分享的制度。他认为这种制度有以下好处：一是每个工人的利益同工厂的发展和利润的多少直接挂钩；二是每个工人都会关心浪费和管理不善的问题；三是能促使每个部门改进工作；四是由于表现不好的工人所分享的利润减少，能鼓励工人提高技术和品德；五是由于工人同雇主的利益一致，能消除劳资之间的隔阂，共求繁荣。

综上所述，资本主义早期的管理思想首先在产业革命比较集中的地区得到了初步发展，但是，这些思想还不够系统、全面，并没有对管理进行系统的整体性研究，因而也没有形成专门的管理理论和学派。

二、管理理论的形成

古典管理理论是伴随着资本主义工业的发展而逐渐产生和形成的，从 19 世纪末到 20 世纪 30 年代是古典管理理论的最初形成阶段。它主要包括由美国的泰勒及其追随者所倡导的“科学管理理论”、法国的法约尔提出的“一般管理理论”、德国的韦伯提出的“行政组织理论”，古典管理理论的产生标志着管理作为一门科学已经形成。当泰勒等人倡导的古典管理理论为企业界广泛接受时，管理行为科学理论也正在孕育中，梅奥在总结“霍桑实验”的基础上产生了人际关系理论，开辟了管理和管理理论的新领域，为以后行为科学发展奠定了基础。

（一）泰勒的科学管理理论

泰勒生于美国一个富有的律师家庭。1875 年从学徒工做起，一直做到工长、车间主任、总工程师，1901 年后开始转入“科学管理”即“泰勒制”的研究与宣传。1911 年，泰勒发表了重要著作《科学管理原理》，奠定了科学管理的理论基础，标志着科学管理思想的正式形成，后人称泰勒为“科学管理之父”。

管理实践

三项著名的实验

（1）搬运生铁实验。当时每个工人一天平均搬运 12.5 吨生铁。泰勒对工人搬运生铁的动作、方法进行了研究，并挑选了一个身强体壮的工人来做实验，泰勒亲自加以指导。这个工人在第一天下午就搬运了 47.5 吨生铁，大大提高了劳动效率。通过这项实验，泰勒制定出一套最优搬运方法、最优步行距离和最优工休间歇。

（2）铲子实验。泰勒在工作中发现，工人铲运原材料的数量与铲子的大小有关。经过试验，泰勒发现平均每铲重量为 21 磅时，铲掘工作量最大。因此，泰勒专门设计了十多种不同形状的铲子用于铲运不同的东西。此举使该厂平均每人每天的铲运量从 16 吨提高到 59 吨，工人的日工资从 1.15 美元提高到 1.88 美元，为后来的标准化工作提供了雏形。

（3）金属切削实验。过去切削加工没有标准的加工工艺规程，都是师傅带徒弟凭经验加工。泰勒对切削加工的方法进行了实验，研究出每个金属切削工人每日合适的工作量，并制定了各种操作加工的标准，要求工人按照这些标准或规程进行加工，此实验是工时研究的开端。

科学管理理论的主要内容包括以下几点。

1. 科学管理的中心问题是提高效率

泰勒认为，要制定出有科学依据的工人的“合理的日工作量”，就必须进行工时和动作研究。其方法是选择合适且技术熟练的工人，记录他完成某项工作所需要的总时间，据此定出一个工人“合理的日工作量”，这就是所谓工作定额原理。

2. 为了提高劳动生产率，必须为工作挑选“第一流的工人”

泰勒认为能够工作而不想工作的人不能成为第一流的工人，只要工作合适，每个人都能成为第一流的工人。因此，为雇员找到最合适的工作，培训工人成为第一流的工人是管理者的责任。

3. 劳动方法的标准化

泰勒认为，必须用科学的方法对工人的操作方法、工具、劳动和休息时间的搭配，机器的安排和作业环境的布置等进行分析，消除各种不合理的因素，把各种最好的因素结合起来，形成一种最好的方法，他把这些称作管理者的首要职责。

4. 实行有差别的计件工资制

泰勒认为克服消极怠工、调动工人积极性应该采取刺激性的计件工资报酬制度。它包含三点内容：一是通过工时研究和分析，制定一个有科学依据的定额或标准；二是采用差别计件工资制的刺激性付酬制度，即计件工资率按完成定额的程度不同而上下浮动；三是工资支付的对象是工人而不是职位，即根据工人的实际工作表现而不是根据工作类别来支付工资。

5. 计划职能同执行职能分开

变原来的经验工作法为科学工作法，主张在企业中区分计划职能与执行职能，设置专门的计划部门和计划人员，明确管理者和工人的责任。管理者负责制定科学的定额和标准化的操作方法及工具，拟订计划并发布指示和命令，进行有效的控制。现场工人履行执行职能，严格按照计划定额、标准、操作方法与工具、领导指示等从事实际的操作活动。

6. 实行“职能工长制”

泰勒主张实行“职能管理”，即将管理的工作予以细分，使每个管理者只承担一种管理职能。他设计出八个职能工长，代替原来的一个工长，其中四个在计划部门，四个在车间。每个职能工长负责某一方面的工作。在其职能范围内，可以直接向工人发出命令。但事实表明，一个工人同时接受几个职能工长的多头领导，容易引起混乱，所以“职能工长制”没有得到推广，但它为以后职能部门的建立和管理的专业化提供了参考。

7. 实行例外原则

泰勒认为，规模较大的企业组织和管理必须应用例外原则，即企业的高级管理人员把例行的一般日常事务授权给下级管理人员去处理，自己只保留对例外事项的决定和监督权。这种以例外原则为依据的管理控制原理，后来发展成为管理上的分权化原则和事业部制管理体制。

（二）法约尔的管理过程理论

亨利·法约尔（Henry Fayol），法国古典管理理论学家，曾长期在企业担任高级管理职务。1916 年，法约尔发表了《工业管理和一般管理》一书，提出了他的一般管理理论，因而后人称其为“现代经营管理之父”“管理过程理论之父”。

管理过程理论的主要内容包括以下要点。

1. 对企业经营活动的概括

法约尔明确区分了经营与管理的概念。他认为，经营是指导或引导一个组织趋向某一既定目标，它的内涵中包括了管理。为了区别经营与管理的概念，法约尔从企业角度出发，将企业的经营活动概括为五大类：技术活动、商业活动、财务活动、安全活动、会计活动。

2. 提出了管理的职能

法约尔指出管理这一职能活动由五个要素组成，即计划、组织、指挥、协调、控制。他认为，计划是管理职能中一个重要的因素，一个良好的计划应具有统一性、连续性、灵活性、精确性等特点；组织主要包括组织机构、人员配备和训练、参谋机构的建立等；指挥是管理人员的一种技巧，其目的就是整个企业的利益最大化，从该单位全体人员中获得最大效益；协调是为了各项活动和谐，以便更好地进行工作，并取得成功；控制是检验每一项工作是否同所制订的计划、发布的指示和确立的原则相符合，其目的是发现错误以便改正并防止重犯。

3. 总结管理的一般原则

法约尔根据自己的工作经验，归纳出简明的 14 条管理原则：劳动分工；职权与职责；纪律；统一指挥；统一领导；个人利益服从整体；报酬的公平合理；权利的集中与分散；良好的等级制度；维护秩序；公正；人员的稳定；首创精神；团结精神。法约尔强调指出，以上 14 条原则在管理工作中不是死板和绝对的，有个尺度问题。在同样的条件下，应当注意各种可变因素的影响。因此，原则是灵活的，是可以适应于一切需要的，但真正的本质是懂得如何加以运用它们。

（三）韦伯的行政组织理论

马克斯·韦伯（Max Weber），德国著名社会学家，在《社会和经济组织的理论》一书中，韦伯提出了理想行政组织体系理论。他认为高度结构的、正式的、非人格化的理想行政组织形式在精确性、稳定性、纪律性和可靠性等方面都优于其他组织，后人称韦伯为“组织理论之父”。理想行政组织体系理论的主要内容包括以下要点。

1. 提出了行政组织机构的概念

韦伯认为行政组织机构是通过“公职”或职位来管理的，而不应通过个人或“世袭”来进行管理。他认为，这样的行政组织机构可以有效地运用于复杂的组织，是企业、政府、军事等组织的最有效的形式。

2. 阐述了权力论

韦伯认为任何社会组织的管理都必须以某种形式的权力为基础，只有运用权力，才能变混乱为秩序，才能实现组织目标。他认为被社会所接受的纯粹形式的权力有三种：

（1）合法、合理的权力。这种权力是由依照一定法律建立的一套等级制度所赋予的，必须绝对服从。

（2）传统的权力。它是以古老的传统、神圣不可侵犯的信念，以及个人占据着传统的权力地位为依据的，是由历史沿袭下来的惯例、习俗而规定的权力。

（3）超凡的权力。它是以对某人特殊的、神圣的英雄主义或模范品质的忠诚、热爱与崇拜为依据而规定的权力，所谓救世主、先知、政治领袖就属于这类人物。韦伯认为合法合理的权力是理想行政组织体系的基础。

3. 概述了理想行政组织体系的特点

韦伯认为，理想行政组织体系是对标准规则的“合法性”的信念，或对那些按照标准规则被提升为领导者的权力的信念。理想行政组织体系具有以下基本特点：

（1）明确的职位分工。

（2）自上而下的等级系统。

（3）人员的任用应根据职位要求通过正式考评和教育训练来实现。

（4）职业管理人员有固定的薪金和明文规定的升迁制度，管理者和所有权相分离。

（5）遵守制度和纪律。

（6）组织中人与人之间的关系以理性准则为指导，不受个人情感的影响。

（四）人际关系理论

梅奥，是原籍澳大利亚的美国行为科学家。1924—1932 年，美国国家研究委员会和西方电气公司合作，由梅奥负责进行了著名的霍桑试验，即在西方电气公司所属的霍桑工厂，为测定各种有关因素对生产效率的影响程度而进行的一系列试验，由此产生了人际关系学说。他撰写的反映有关霍桑试验总结的两部著作《工业文明的人类问题》（1933）和《工业文明的社会问题》（1945），奠定了人际关系理论的基础。

霍桑试验

霍桑试验包括四个阶段。

(1) 工场照明试验 (1924—1927)。该试验希望通过对试验组和控制组的对比分析，得出照明度对生产率的影响。但试验结果发现，照明度的变化对生产率几乎没有什么影响。

(2) 继电器装配室试验 (1927—1928)。旨在测试各种工作条件的变动对小组生产率的影响，以便能够更有效地控制影响工作效果的因素。结果发现，监督和指导方式的改善能促使工人改变工作态度，因而产量增加。

(3) 大规模的访问与调查 (1928—1931)。两年内他们进一步开展了全公司范围的普查与访问，调查了2万多人次，发现影响生产力的最重要因素是工作中发展起来的人际关系，而不是待遇和工作环境，即“任何一位员工的工作绩效，都受到其他人的影响”。

(4) 接线板接线工作室试验 (1931—1932)。试验以集体计件工资制进行刺激，企图形成“快手”对“慢手”的压力以提高效率。但试验者发现，工人既不会为超定额而充当“快手”，也不会因完不成定额而成“慢手”，当他们达到他们自认为“过得去”的产量时就会自动慢下来。原来，生产小组内部有一种默契，即工作不要做得太多，否则就是“害人精”；工作不要做得太少，否则就是“懒惰鬼”；不应当告诉监工任何会损害同伴的事，否则就是“告密者”；不应当企图对别人保持距离或多管闲事；不应当过分喧嚷、自以为是和热心领导等。其根本原因有三：一是怕标准再度提高；二是怕失业；三是为保护速度慢的同伴。由此试验人员得出劳动效率的高低主要取决于非正式群体规范和士气的结论。

梅奥人际关系学说的主要内容有以下几点。

1. 工人是“社会人”而不是“经济人”

以泰勒为代表的科学管理的基础是把人当成“经济人”，认为金钱是刺激人们工作积极性的唯一动力。梅奥认为，工人是“社会人”，影响人们生产积极性的因素，除了物质方面的因素外，还有社会和心理方面因素的影响。

2. 企业中存在着非正式组织

正式组织是为了实现企业目标所规定的企业成员之间职责范围的一种结构。梅奥认为，人是社会的人，在企业的共同工作中，人们必然相互发生关系，由此就形成了一种非正式团体。在该团体中，人们形成共同的感情，进而构成一个体系，这就是非正式组织。非正式组织同正式组织相互依存，对生产率的提高有很大影响。

3. 生产效率主要取决于员工的工作态度以及他和周围人的关系

梅奥认为，提高生产效率的主要途径是提高工人的满足度，即要力争使员工的安全方面、归属感方面、友谊方面的需求得到满足。而对此的需求是因人而异的，这主要取决于两方面的因素：第一，员工的个人情况，包括由于不同的经历、不同的家庭生活和不同的社会生活所形成的不同的态度；第二，工作场所情况，包括员工相互之间、员工与领导者之间的人际关系好坏。梅奥认为，员工的满足度越高，其士气就越高，从而生产效率也就越高，作为一个管理人员应该深刻认识这一点，不但要考虑员工的物质需要，还应该考虑员工的精神需求。

三、管理理论的发展

（一）现代管理理论

第二次世界大战后，特别是进入20世纪60年代以后，世界许多国家的经济都呈现出快速发展的态势。科学技术和生产力的迅速发展，对于企业的生产经营和管理也提出了很多新的挑战。经济的发展也促进了思想的变革，在这一时期，世界范围内对管理理论的研究呈现出蓬勃发展的局面，产生了许多新的学说和学派。1961年12月，美国管理学家哈罗德·孔茨在《管理学杂志》上发表《管理理论的丛林》一文，对管理理论的各个流派做了总结。

1. 管理过程学派

管理过程学派认为，管理是个过程，由五个职能组成，即计划、组织、指挥、协调和控制。管理过程学派的早期代表人物是法约尔，代表著作是《工业管理与一般管理》；战后的代表人物是哈罗德·孔茨，代表作是哈罗德·孔茨和奥唐奈合著的《管理学》。

2. 社会系统学派

社会系统学派从社会学的观点来研究管理，把企业组织中人们的相互关系看成是一种协作的社会系统。这个学派的创始人是美国高级经理人员和管理学家切斯特·巴纳德，其代表著作是1938年出版的《经理人员的职能》一书。他认为，作为正式组织的协作系统，不论其级别高低和规模大小，都包含有三个基本要素，即协作的意愿、共同的目标和信息联系。

3. 决策理论学派

决策理论学派的代表人物是美国经济学家和社会科学家赫伯特·西蒙。赫伯特·西蒙研究的主要是生产者的行为，特别是当代公司决策的组织基础和心理依据。由于他在决策理论的研究方面做出了突出贡献，因此获得了1978年的诺贝尔经济学奖。赫伯特·西蒙的代表著作有《管理行为》《管理决策的新科学》。

4. 系统理论学派

系统理论学派是在一般系统理论的基础上建立起来的。它将一般系统理论的思想观点应用于工商企业的管理中。这一学派的代表人物有理查德·约翰逊、弗里蒙特·卡斯特、詹姆士·罗森茨韦克，他们三人合著的《系统理论与管理》一书，从系统概念出发，建立了企业管理的系统模式，成为系统理论学派的代表作。

5. 社会技术系统学派

社会技术系统学派是由特里斯特等人，在对英国达勒姆煤矿采煤现场的作业组织和印度艾默达巴德纺织厂进行研究的基础上提出来的。他们认为，组织既是一个社会系统，又是一个技术系统，两者有密切的关系并相互影响。

6. 经验主义学派

经验主义学派以向大企业的经理人员提供管理企业的成功经验与科学方法为目标。他们认为，企业管理的科学应该从企业管理的实际出发，以大企业的管理经验为主要研究对象，以便在一定的情况下把这些经验加以概况和理论化；但在更多的情况下，只是为了把这些经验传授给企业实际管理工作者和研究人员，为他们提供建议。这个学派的代表人物有彼得·德鲁克、艾尔弗雷德·斯隆等。

7. 权变理论学派

权变理论学派是 20 世纪 70 年代在西方形成的一种管理学派。权变理论认为，在企业管理中没有什么一成不变、普遍适用的“最好的”管理理论和方法，只有根据企业所处的内外部环境权宜应变地处理问题。权变观点的最终目标是提出最适合于具体情境的组织设计和管理活动。

8. 管理科学学派

管理科学学派也叫数量学派或运筹学派，它产生于第二次世界大战之后。管理科学学派认为，管理就是建立和运用数学模型与程序的系统，就是用数学符号和公式来表示计划、组织、控制、决策等合乎逻辑的程序，求出最优的解答，以达到企业的目标。

管理科学学派解决问题的七个步骤是：观察和分析、确定问题、建立一个代表所研究系统的模型、从模型得出解决方案、对模型和得出的解决方案进行验证、建立对解决方案的控制、把解决方案付诸实施。以上七个步骤相互联系，相互影响。

（二）管理理论的最新进展

20 世纪 80 年代以后，世界政治和经济环境发生了重大变化，信息化和全球化席卷世界，知识经济出现端倪，市场竞争更为激烈，企业为了在这种环境下寻求生存和发展，管理者不断在实践中探索新方式，同时也引发了管理学者进行深入的思考和探索，管理理论研究也出现了一些新观点、新思想和新体系。

1. 企业战略理论

企业战略理论，是 20 世纪 60 年代末 70 年代初出现的一种新的管理思潮，在 80 年代和 90 年代又有新的发展。企业战略理论一直处于管理理论的前沿和中心位置。企业战略理论的发展大致经历了三个阶段。

第一阶段是经典战略理论阶段。这一阶段的研究主要是确定战略管理基本概念和理论框架。这一阶段建立了对企业内部条件和外部环境进行系统分析的较完整的理论体系。其中较为有代表性的战略分析是所谓 TOWS（即威胁、机会、弱处、强处这四个词的英文缩写）矩阵分析方法和波士顿咨询集团开发出来的企业资产组合技术。

第二阶段是 20 世纪 80 年代麦克尔·波特（Michael Porter）开创的产业结构分析阶段。波特的战略思想主要是由几个重要的概念组成：一是构成行业结构的四种作用力分析（潜在竞争对手的入侵、替代品的威胁、行业内现有竞争对手之间的竞争、客户和供应商的讨价还价能力）；二是在对行业结构进行分析的基础上，提出了三种企业发展的基本战略（成本领先战略、差异化战略和集中战略）；三是为了实现这些战略提出了价值链分析方法；四是进行了关于进攻性战略和防御性战略的分析。

第三阶段是20世纪90年代企业核心能力理论阶段。普拉哈拉德（C. K. Prahalad）和哈默尔（G. Hamel）于1990年在《哈佛管理评论》发表了著名的论文《企业核心竞争力》。在文章中他们提出企业战略管理的关键在于培育和发展企业的核心竞争能力。关于什么是“核心能力”，目前说法很多，较为流行的观点认为核心能力是构成企业竞争能力和竞争优势基础的多方面技能、互补性资源和运行机制的有机融合，是识别和提供竞争优势的知识体系。企业核心能力已经成为新的形势下企业竞争的基本战略。企业核心能力理论代表企业战略管理思想的最新发展。

目前涉及战略管理前沿的理论，除了企业核心竞争力理论，还有新组织环境理论、流程再造理论、供应链管理理论、战略联盟理论等。

2. 全面质量管理

质量管理是现代管理中的一个重要组成部分。从20世纪80年代和90年代初期开始，西方发达国家的企业普遍进行了一场质量革命，这场革命被称为“全面质量管理”。

所谓“全面质量管理”，是指“一个企业的文化是建立在通过整合了工具、技术和培训体系而不断使顾客更加满意的基础上，这就意味着不断改进组织的运作流程，因而提供高质量的产品和服务”。简言之，全面质量管理强调对整个组织进行全面的管理和不断改进，以高质量的产品和服务使顾客获得满意。为此，管理者应该使质量观念遍布于整个组织的每一项活动之中，并促使员工积极参与。

人们对质量问题的重视可以追溯到第二次世界大战以后的日本。日本在战后重建工业的过程中，一些美国人去日本帮助日本人建造现代化的生产设备。在这批美国人当中，爱德华·戴明（W. Edwards Deming）是一位有较突出贡献的质量专家。他在日本大力推广和运用被他发展了的统计过程控制技术获得较大的成功，享有盛名。但直到20世纪80年代初，他的理论才得到西方世界的认可。

另一位著名的质量管理专家是美国的约瑟夫·朱兰（Joseph Juran）。他所倡导的质量管理理念和方法始终影响着世界企业界以及世界质量管理的发展。他的“质量计划、质量控制和质量改进”被称为“朱兰三部曲”。他一生写过12本关于质量的书。这些著作都是质量领域中影响深远的参考书。他的《质量管理手册》被称为当今世界质量控制的名著，为奠定全面质量管理（TQM）的理论基础和基本方法做出了卓越的贡献。

在全面质量管理中，有四个十分重要的因素：一是员工参与，这是指全面质量管理要求整个公司的员工都参与到质量控制中来。二是顾客导向，在实施全面质量管理的企业中，所有的员工都以顾客为导向，努力识别顾客的需求，并尽量去满足这些需求。三是标杆管理，这是指发现其他企业更好地开展经营活动的方式并努力模仿或实施改进的过程。四是持续改进，就是在组织的所有领域持续不断地实施渐进性的改进活动。

3. 企业再造

20世纪七八十年代以来，技术革命使企业的经营环境和运作方式发生了很大的变化。越来越多的跨国公司，在逐渐走向一体化的全球市场上展开各种形式的竞争，美国企业面临日本、欧洲企业的竞争威胁。市场需求日趋多变，产品寿命周期一再缩短，企业的生产、服务系统经常变化。在这种环境下，原有的经营管理模式已无法适应快速变化的市场。企业只有在更高水平上进行一场根本性的改革与创新，重新建立起灵活的、能对环境做出快速反应的组织及其运行机制，才能适应竞争的需要。于是，20 世纪 90 年代初西方发达国家兴起了一场“企业再造”革命。

企业再造理论是由迈克·哈默（M. Hammer）与詹姆斯·钱匹（J. Champy）于 1993 年开始提出来的。他们在 1993 年出版了《再造企业》一书，1995 年钱匹又出版了《再造管理》。一时间，“企业再造”“流程再造”成为大家谈论的热门话题。

所谓“企业再造”，简单地说就是以工作流程为中心，重新设计企业的经营、管理及运作方式。按照该理论的创始人哈默和钱匹的定义是指“为了飞越性地改善成本、质量、服务、速度等重大的现代企业的运营基准，对工作流程进行根本性重新考虑并彻底改革”，也就是说，“从头改变，重新设计”。为了能够适应新的世界竞争环境，企业必须摒弃已成惯例的运营模式和工作方法，以工作流程为中心，重新设计企业的经营、管理和运营方式。

管理实践

海尔的企业再造

海尔开始考虑实施国际化战略时发现，海尔同国际大公司之间还存在很大的差距。这种差距集中表现在海尔的客户满意度、速度和差错率上，以及企业员工对市场压力的感知程度不高。针对这一现实，海尔开始考虑变革。海尔再造前，组织结构是传统的事业本部制结构，集团下设六个产品本部，每个本部下设若干个产品事业部，各事业部独立负责相关的采购、研发、人力资源、财务、销售等工作。1999 年，海尔在全集团范围内对原来的业务流程进行了重新设计和再造，并以“市场链”为纽带，对再造后的业务流程进行整合。海尔的再造方案主要包括：

（1）同步业务流程结构：“三个大圈、六个小圈、两块基石”。海尔的再造方案将原来各事业部的财务、采购、销售业务分离出来，实行全集团统一采购、营销和结算，将集团原来的职能管理部门整合为创新订单支持流程 3R（研发、人力资源开发、客户管理）和保证订单实施完成的基础支持流程 3T（全面预算、全面设备管理、全面质量管理）。

（2）流程运转的主动力：“市场链”。推动整体业务流程运转的主动力不再是过去的行政指令，而是把市场经济中的利益调节机制引入企业内部，将业务关系转变为平等的买卖关系、服务关系和契约关系，将外部市场订单转变为一系列的内部市场订单。

（3）流程运作的平台：海尔文化和 OEC（日事日毕，日清日高）管理模式。

海尔再造的成效：交货时间降低了 32%，到货及时率从 95%提高到 98%，出口创汇增长 103%，利税增长 25.9%，应付账款周转天数降低 54.79%，直接效益为 3.45 亿元。

海尔再造对我们的启示：(1) 再造的时机：企业经营管理水平上台阶。(2) 再造的核心：将纵向一体化结构转变为平行的网络流程结构。(3) 再造的目标：以顾客满意度最大化为目标。(4) 再造的动力：发挥每一个员工的积极性和主动性。(5) 再造的保证：领导全力推进、企业文化渗透。

4. 学习型组织理论

企业组织的管理模式问题一直是管理理论研究的重点问题之一。20世纪80年代以来，随着信息技术的突破性发展、知识经济时代进程的加快，企业面临着前所未有的竞争环境的变化，传统的企业组织已越来越不适应环境，其突出表现就是许多在历史上曾名噪一时的大公司纷纷退出历史舞台。因此，研究企业组织如何适应新的知识经济环境，增强自身的竞争能力，延长组织寿命，已成为世界企业界和理论界关注的焦点。在这样的大背景下，以美国麻省理工学院教授彼得·圣吉（Peter M. Senge）为代表的西方学者，吸收东西方管理文化的精髓，提出了以“五项修炼”为基础的学习型组织理念。学习型组织的出现奠定了未来的企业模式。

所谓学习型组织，就是通过不断的学习来改革组织本身的组织。善于不断地学习是它的本质特征。彼得·圣吉认为，企业的领导者和全体职工都要进行五项修炼：锻炼系统思考能力；追求自我超越；改善心智模式；建立共同远景目标；开展团队学习。

要进行这五项修炼，必须建立学习型组织。彼得·圣吉认为，判断一个组织是否是学习型的组织，有以下四条基本标准：(1)人们能不能不断检验自己的经验；(2)人们有没有生产知识；(3)大家能否分享组织中的知识；(4)组织中的学习是否和组织的目标息息相关。

5. 企业文化理论

20世纪80年代初，日本经济持续多年的高速增长引起了全世界的瞩目，而支撑经济增长的关键是企业的竞争力。因此，在日本经济高速增长时期，日本企业的国际竞争力迅速提高，到80年代初，日本企业大量进入美国市场，抢走了美国企业在本土的市场份额。为了迎接日本的挑战，美国企业界开始研究日本企业的管理方式。企业文化理论就是这种研究的一项重大成果。

企业文化作为一种理论最早出现于美国，是美国的一些管理学者总结日本管理经验之后提出的。最早提出企业文化概念的人是美国的管理学家威廉·大内。他于1981年出版了自己对日本企业的研究成果《Z理论——美国企业界怎样迎接日本的挑战》。在此书中，他指出：日本企业成功的关键因素是它们独特的企业文化。这一观点引起了管理学界的广泛重视，吸引了更多的人从事企业文化的研究。在随后的两年里，美国又连续出版了三本企业文化的专著：帕斯卡尔和阿索斯合著的《日本的管理艺术》，更深入地阐述了四本企业所特有的企业文化；特伦斯·迪尔与艾伦·肯尼迪合著的《企业文化》，以日本的经验为基础构建起了企业文化的理论框架；汤姆·彼得斯和罗伯特·沃特曼出版的《追求卓越》，开始运用企业文化的理论框架研究美国企业的成功经验。这三部著作连同威廉·大内的著作合称为“企业文化的四重奏”。

企业文化理论既是管理实践的结晶，又是管理科学的新发展。其理论的基点是“以人为本”。它强调管理以人为中心，充分尊重员工的价值，重视人的需求的多样性，运用共同的价值观、信念、和谐的人际关系、积极进取的企业精神等文化观念来营造整体的企业人生，使管理从技术上升为艺术。

职业能力训练

同步测试

一、单选题

1. 管理的本质是（　　）。

A. 计划　B. 控制　C. 协调　D. 组织

2. 对管理影响最大的环境是（　　）。

A. 政治环境　B. 技术环境　C. 经济环境　D. 社会与心理环境

3. 从发生的时间顺序看，下列四种管理职能的排列方式哪一种更符合逻辑（　　）。

A. 计划、控制、组织、领导　B. 计划、领导、组织、控制

C. 计划、组织、控制、领导　D. 计划、组织、领导、控制

4. 管理者必须善于处理冲突或解决问题，如平息客户的怒气、同不合作的供应商进行谈判或者对员工之间的争端进行调解等，这是指管理者的（　　）角色。

A. 人际关系角色　B. 信息角色　C. 决策角色　D. 以上都不正确

5. 在做出是否收购其他企业的决策时，管理者必须从多个角度出发，全面分析拟购企业的目前状况及可能的发展余地等情况，这时管理人员需要的技能主要是（　　）。

A. 诊断技能　B. 人际关系技能　C. 概念性技能　D. 技术技能

6. 管理活动常用的方法主要有行政方法、经济方法、法律方法和（　　）。

A. 民主方法　B. 逻辑方法　C. 社会学、心理学方法　D. 科学方法

7. 科学管理学派的创始人是（　　）。

A. 法约尔　B. 西蒙　C. 泰勒　D. 韦伯

8. 法约尔的管理理论是（　　）。

A. 科学管理理论　B. 一般管理理论　C. 行政组织理论　D. 人际关系理论

9. 人际关系学说理论认为职工是（　　）。

A. 经济人　B. 社会人　C. 复杂人　D. 决策人

10. 在整个企业管理中，倡导尊重每一位员工、重视员工权利的思想。这种观念和做法属于（　　）。

A. 公司文化　B. 政治手腕　C. 经济条件　D. 激励理论

二、填空题

1. 管理的两重性指管理的____________和____________。

2. 管理系统是由管理目标、__________、__________、__________和__________组成的。

3. 按管理层次划分，管理者可分为__________、__________和__________三种类型。

4. 管理机制的基本类型有__________、__________和__________。

5. 约束机制主要包括__________、__________和__________等方面的约束因素。

6. 管理者的素质包括三个方面，即__________、__________和__________。

7. 古典管理理论的代表人物有：__________、__________、__________。

8. 韦伯将社会所接受的权力划分为三种，即__________、__________和__________。

9. __________亲身参与并指导了具有特殊意义的“霍桑实验”，第一次较为系统地提出要重视管理中人的因素，从而创立了__________。

10. 企业再造是以__________为中心，重新设计企业的经营、管理及运作方式。

三、简述题

1. 为什么说管理既是一门科学又是一门艺术？
2. 简述管理者的基本素质与技能。
3. 怎样理解管理对象的构成？
4. 泰勒科学管理的内容有哪些？
5. 简述梅奥人际关系学说的主要内容。

四、案例分析题

案例 1

汤姆的一天

汤姆是某光学器材公司负责销售的高级副总裁，早晨7：25他来到办公室，坐在办公桌后开始考虑他今天应处理的事情。

该光学器材公司年销售额超过4 000万美元。这家公司在美国、加拿大、墨西哥、英格兰等地拥有920家商店。作为负责销售的高级副总裁，汤姆的职责包括决定和评价公司的战略和经营方向，还负责市场调查、广告策划、店内展销计划等。

在汤姆今天的日程表中，首先要完成的工作是拟订一份问卷，调查顾客对公司选用的镜架样式的态度。汤姆知道在8：30（即大多数人来上班）之前，能有较长的不受干扰的工作时间，于是他7：45就开始拟订问卷了。但当他的秘书玛丽带着工作日程表进来时，他刚想清楚问题的定义并开始设计问卷。他告诉秘书，下午前有几封文件需打印出来并寄出去，在他和总裁见面前有关供应商评估工作的总结也要打印出来。秘书提醒他主管财务的副总裁今天想和他讨论有关新的太阳镜商店的奖金方面的细节问题；9：15，他和研制隐形眼镜的研究小组开会；10：15，他得和筹备秋季展销会的小组开会；12：00，他要和一位预约的广告公司代表共进午餐；下午3：00，他要和总裁讨论对公司镜架供应商评估工作的进展。下午4：00汤姆回到自己的办公室，发现办公桌上有一份报告，汤姆仔细地阅读了报告并考虑了它的应用。他把负责报告的同事找来让他更清楚地说明了模型的某些方面，他们讨论了模型在实践中将如何运作，可以节约多少费用，同事4：45离开了汤姆的办公室，汤姆又开始拟订那份问卷了。5分钟后，秘书玛丽走了进来，带来了几封让他签署的文件以及人事部主管发的一些个人评估表格。他决定不再想问卷的事，回家再干，在家里他不会受到干扰。接着他就忙着填写员工表现评价表，直到5：45他将文件放进公文包，然后回家去。

分析：

1. 汤姆的一天显示了管理的哪些性质?
2. 用所学的管理职能评价汤姆的活动。
3. 汤姆都扮演了些什么角色?
4. 你认为汤姆是否有效地利用了他的时间?

案例2

山居小栈的经营策略

山居小栈位于一个著名的风景区边缘，旁边是国道，每年有大批旅游者通过这条公路来到这个风景名胜区游览。

两年前罗生买下山居小栈时是充满信心的。作为一个经验丰富的旅游者，他认为游客真正需要的是朴实且方便的房间——舒适的床，标准的盥洗设备和免费有线电视，像公共游泳池、免费早餐等没有收益的花哨设施是不必要的。而且他认为重要的不是提供的服务，而是管理。但是在不断接到顾客抱怨后，他还是增设了简单的免费早餐。然而经营情况比他预料的要糟，两年来的入住率都维持在55%左右，而当地的旅游局统计数字表明这一带旅店的平均入住率是68%。毋庸置疑，竞争很激烈，除了许多高档的饭店、宾馆外，还有很多家居式的小旅社参与竞争。罗生对这些情况并非一无所知，但是他觉得高档宾馆太昂贵，而家庭式旅社则很不正规，像山居小栈这样既具有规范化服务又价格低廉的旅店应该很有市场。但是他现在感觉事情并不像他想得这么简单。最近又传来旅游局决定在本地兴建更多大型宾馆的风声，罗生越来越发觉处境不利，甚至决定退出市场。

这时他得到一大笔遗产，这笔资金使得他犹豫起来，也许这是个让山居小栈起死回生的机会。他开始认真研究所处的市场环境。罗生对近期旅游局发布的对当地游客的调查结果很感兴趣：(1) 68%的游客是不带孩子的年轻或年老夫妇。(2) 40%的游客两个月前就订好了房间，制订了旅行计划。(3) 66%的游客在当地停留超过三天，并且住同一旅店。(4) 78%的游客认为旅馆的休闲娱乐设施对他们的选择很重要。(5) 38%的游客是第一次来此地游览。

得到上述资料后，罗生反复思量到底要不要退出市场，拿这笔钱来养老，或者继续经营；如果继续经营的话，是一如既往，还是改变山居小栈的经营策略?

分析：

1. 导致山居小栈经营不理想的主要原因是什么?

2. 你认为山居小栈的发展前景如何?

3. 如何改变山居小栈现在的不利局面?

技能训练

实训项目 1　组建模拟公司

实训目标

1. 培养初步运用管理系统的思想建立现代组织的能力。

2. 训练每个成员的责任意识，分析、归纳与演讲能力。

实训内容与要求

1. 公司组建。以自愿为原则，5～7 人为一组，组建模拟公司，自定公司名称。

2. 选举公司管理层。以小组为单位，每个成员以“我要做一个什么样的管理者”为题，发表领导竞聘演讲，选举出该模拟公司管理层人员。

3. 共同商定公司名称，进行人员分工。

4. 根据所学知识与对实际企业调查访问所获得的信息资料，撰写模拟公司基本情况介绍，内容应包括公司名称、经营范围、公司组织结构、人员分工情况等。

5. 由各小组派一名代表对所组建的模拟公司进行基本情况介绍。

实训评价

1. 各小组根据小组成员竞聘演讲表现打分。若某位同学在台上演讲，小组其他成员均要打分，最后汇总算出平均分。

2. 教师对各小组模拟公司组建情况进行评估打分，可根据模拟公司的基本情况介绍做出判断。

3. 将上述诸项评估得分综合为本次实训成绩。

实训项目 2　课堂讨论——各种管理理论带给你的启发与思考

实训目标

1. 使学生了解各种管理思想的代表人物、基本观点等。

2. 培养学生初步运用现代管理思想解决企业实际管理问题的能力。

实训内容与要求

1. 由学生自愿组成小组进行讨论。

(1) 你是否赞成泰勒的科学管理思想?

(2) 梅奥的人际关系理论带给你的启示是什么?

(3) 对于权变管理理论，你是怎么理解和认识的?

(4) 如何理解组织再造?

2. 讨论结束后由每个小组选出 2～3 个代表在课堂发言，总结讨论中的主要体会。

实训评价

1. 考核标准：学生要比较熟悉现代管理理论，能在理解各种现代管理理论的基础上进行讨论发言，学生讨论能形成自己相对独到的见解和认识。

2. 可根据学生课堂发言情况现场评定成绩。

管理游戏

飞船竞赛

目的：理解管理的四大职能。

道具：（每组）一只生鸡蛋、四个纸杯、一双筷子、长短吸管各两根、两只气球、几根皮筋、几张彩纸、几支彩笔、一把剪刀、一瓶胶水。

时间：90 分钟。

程序：

1. 根据提供的道具制造飞船和标志飞船着陆地点的旗帜。
2. 完成后，去空地发射“飞船”。
3. 每组发射“飞船”，并将旗帜插在飞船着陆的地点。

规则：

1. 只能用给定的道具制造“飞船”。
2. 不能与团队之外的任何人交流飞船制造计划。

教师任务：

1. 在前一次课上宣布活动的任务、道具及分组。
2. 指定准备活动道具的负责人。
3. 开始活动时，宣布活动程序、规则及时间。
4. 控制整个活动场面，回答学生的提问，监督是否有违反规则的现象。
5. 组织同学们发射“飞船”。
6. 下次上课时，首先，组织讨论该活动是如何体现管理的四大职能的；其次，小组代表发言；再次，教师总结；最后，颁奖。

考核标准：

1. “飞船”航行最远且鸡蛋不破的小组获胜。
2. 评选出最具创意的旗帜。

项目二

计　划

项目目标

知识目标

1. 掌握决策的含义及基本过程。
2. 认识影响决策的因素。
3. 学会定性和定量的决策方法。
4. 了解制定目标的依据。
5. 了解计划的定义及种类。
6. 掌握计划制订的要求与过程。

技能目标

1. 学会运用决策的基本理论和程序对实际问题进行科学决策。
2. 能够运用定性、定量分析方法对企业的经营活动进行分析决策。
3. 学会编制并运用计划的程序与方法。

任务3 做出决策

任务导入

印尼阿斯特拉集团：管理决策与企业经营

说起谢建隆，在印尼乃至东南亚可以说无人不知。谢建隆曾以2.5万美元起家，经过不懈努力，终于建立起一个以汽车装配和销售为主的王国。鼎盛时期，阿斯特拉集团拥有15亿美元的资产，年营业额达25亿美元，55%的印尼汽车市场被它占领。公司股票上市后，不少投资者认为其经营上轨道，投资风险小，且获利稳定，颇有投资价值。但自从著名的美国王安公司申请破产以来，与其“遥相呼应”的阿斯特拉集团也陷入了“泥潭”，一些有识之士毫不客气地指出：酿成这一悲剧的症结完全在于该公司的创业者、印尼华人富商谢建隆患上了严重的“家族企业症”。

这得从谢建隆的大儿子爱德华谈起。爱德华曾获企业管理硕士学位，回到印尼后，决心大干一番。1979年，爱德华以2.5万美元成立了第一家企业——苏玛银行。当时印尼经济刚刚开始腾飞，政府信用扩充，凭着“谢建隆”这个金字招牌所代表的信誉，他以很少的抵押就能贷到大笔资金。10年之内，以苏玛银行为中心的苏玛集团拥有10亿美元的资产，事业遍及欧美和东亚地区，成为与阿斯特拉集团相当的集团企业。殊不知，巨大成功的背后潜伏着重重危机。从一开始，爱德华就犯了一个不可饶恕的错误：他的王国建立在债务上，而不是稳扎稳打上来的。爱德华这10年的经营，似乎只知道“以债养债”，不计代价的成长，基础极其脆弱，没有像样的经济实体与之配合。如果机会不再，危险便会接踵而来。果然，到了1990年年底，印尼政府意识到经济发展过热，开始实行一系列紧缩政策，银根收紧便是其中之一。苏玛集团顿时陷入难堪的境地——苏玛银行的贷款无法回收，经营的房地产又不易脱手，而高达5亿美元的债务，单是20%以上的利息就足够拖垮集团。如今，爱德华大难临头，岂能见死不救？谢建隆唯一能采取的补救措施是以阿斯特拉集团的股票作抵押来筹措资金。想不到，“屋漏偏逢连夜雨”，阿斯特拉集团的股票又因印尼经济萎缩、汽车市场疲软而价格下跌，结果犹如推倒多米诺骨牌那样，不可逆转。三十年辛劳半年毁，长使英雄泪满襟。由此看来，苏玛集团的崩溃并不在于爱德华不会“守业”，而恰恰暴露了像爱德华这样的第二代企业家往往低估了企业经营的困难与风险。如果再往深层看，症结还是在谢建隆身上。因为，其一，其1990年年底苏玛集团发生危机时，低估了事态的严重性，把长期问题当作短期问题来处理，直至1992年年底仍不能完全清醒。这样，悲剧发生也就不足为奇了。其二，他不轻易将企业的“权杖”交给儿子固然不错，但是作为识途的老马，他理应告诫或阻止爱德华不能靠过度借债来扩充事业。

思考：什么是决策？决策具有什么样的重要意义？为什么说阿斯特拉集团的决策失误了？有哪些因素会影响企业的决策？一项可行性的决策是怎样制定出来的？

一项决策正确与否直接关系到企业经营的成败得失。企业在进行重大决策时，应建立一种集团决策机制，不能也不应该一个人说了算。企业要发展壮大，必须有一个长远的发展战略。但是企业的战略向何处转移、发展的重心向何处倾斜，必须慎之又慎，三思而后行。

知识梳理

一、决策的含义和类型

著名的诺贝尔奖获得者赫伯特·西蒙曾经说过“管理即是决策”，他认为制定决策是管理人员的中心工作。决策工作对于管理者，尤其是高层管理人员而言十分重要。曾经有学者对企业的部分高层人员做了一项调研，让他们回答三个问题：“哪些方面你每天花时间最多？”“你认为你每天最重要的事情是什么？”“你在工作时感到最困难的工作是什么？”结果90%以上的回答都是决策。应该说，企业家最可贵的能力是决策能力。

（一）决策的含义

关于决策的定义有多种不同的解释。美国学者亨利·艾伯斯曾说：“决策有狭义和广义之分。狭义地说，决策是在几种行为方案中做出选择。广义地说，决策还包括在做出最后选择之前必须进行的一切活动。”管理学教授里基·格里芬指出：“决策是从两个以上的备选方案中选择一个的过程。”

随着管理科学的发展，人们对现代决策的认识越来越趋于一致。所谓决策，就是为了达到某一目的而制定若干个行动方案，并从若干个可行方案中选择一个满意方案的分析判断过程。

（二）决策的重要性

决策的重要性主要体现以下三方面。

1. 决策是计划职能的核心

履行计划职能，核心的环节是进行决策。

2. 决策贯穿于管理的全过程

“管理就是决策”，管理实际上是一个不断做出决策和实施决策的过程。管理的各项职能离不开决策，没有决策，就没有管理。

3. 决策事关工作目标能否实现，乃至组织的生存与发展

在棋界有句话：“一着不慎，满盘皆输；一着占先，全盘皆活。”它表明一个道理：无论做什么事情，成功与失败取决于决策的正确与否。科学的经营决策能使企业充满活力，兴旺发达，而错误的经营决策会使企业陷入被动，濒临险境。

管理故事

1962年，英法航空公司开始合作研制"协和"式超音速民航客机，其特点是快速、豪华、舒适。经过10多年的研制，耗资上亿英镑，终于在1975年研制成功。十几年时间的流逝，情况发生了很大变化。能源危机、生态危机出现，乘客和许多航空公司都因此而改变了对在航客机的要求。乘客的要求是票价不要太贵，航空公司的要求是节省能源、多载乘客、噪声小。但"协和"式飞机却不能满足消费者的这些要求。首先是噪声大，飞行时会产生极大的声响，有时甚至会震碎建筑物上的玻璃。再就是由于燃料价格增长快，运行费用也相应大大提高。这些情况表明，消费者对这种飞机需求量不会很大。因此，不应大批量投入生产。但是，由于公司没有决策运行控制计划，也没有重新进行评审，而且，飞机是由两国合作研制的，雇用了大量人员参加这项工作，如果中途下马，就要大量解雇人员。上述情况使得飞机的研制生产决策不易中断，后来两国对是否要继续协作研制生产这种飞机产生了分歧，但由于缺乏决策运行控制机制，只能勉强将决策继续实施下去。结果，飞机生产出来后卖不出去，原来的宠儿变成了弃儿。

启示：企业决策运行控制与企业的命运息息相关。一项决策在确定后，能否最后取得成功，除了决策本身性质的优劣外，还要依靠对决策运行的控制与调整，包括在决策执行过程中的控制，以及在决策确定过程中各阶段的控制。

（三）决策的分类

现代企业经营管理活动的复杂性、多样性，决定了经营管理决策有多种不同的类型。为了更准确地掌握决策在不同情况下的特性和作用，有必要按照不同的标准对决策进行分类。

1. 按决策影响范围和重要程度不同，决策可分为战略决策和战术决策

战略决策是指对企业发展方向和发展远景做出的决策，是关系到企业发展的全局性、长远性、方向性的重大决策，一般由高层领导做出。如对企业的销售方向、经营方针、专利研发等决策。它具有地位重、影响时间长、范围广、作用程度深刻的特点。它的正确与否，直接决定企业的兴衰成败，决定企业发展前景。

战术决策是指企业为保证战略决策的实现而对局部的经营管理业务工作做出的决策。如企业原材料和机器设备的采购，生产、销售的计划，商品的进货来源，人员的调配等属此类决策。战术决策一般是由企业中层管理人员做出的。战术决策要为战略决策服务。

2. 按决策主体不同，决策可分为个人决策和集体决策

个人决策是由企业领导者凭借个人的智慧、经验及所掌握的信息进行的决策。个人决策速度快、效率高，适用于常规性事务和紧迫性问题。但个人决策必不可免带有主观和片面性，因此，对于影响企业今后发展的全局性重大问题不宜采用。

集体决策是指由会议机构和上下员工相结合共同产生的决策。会议机构决策是通过董事会、经理扩大会、职工代表大会等权力机构集体成员共同做出的决策。上下员工相结合决策则是领导机构与下属相关机构结合、领导与群众相结合形成的决策。集体决策的优点是能搜集到更大范围的、更完整的信息；能集思广益，想出更多的方案；能提高决策的合

理性；能够加强联系，更好地沟通，调动成员的积极性；决策结果能得到更多的认同。但集体决策也存在一些弊端：消耗较多的时间、效率偏低；责任不清楚；成员容易产生从众心理，屈从压力。它适宜于制定长远规划、全局性的决策。

3. 按决策活动表现形式不同，决策可分为程序化决策和非程序化决策

程序化决策，是指决策的问题是经常出现的问题，已经有了处理的经验、程序、规则，可以按常规办法来解决。故程序化决策也称为“常规决策”。例如，企业生产的产品质量不合格如何处理，商店销售过期的食品如何解决，就属程序化决策。

非程序化决策是指决策的问题是不常出现的，没有固定的模式、经验去解决，要靠决策者做出新的判断来解决。在非程序性决策时，处理突发危机是棘手的，具有很大的风险性，经理们都不希望这类事件发生。但正因为突发事件的处理具有风险性，是领导艺术高低的检验标准，因此，突发事件对于有着高超领导艺术的经理来说，不仅是危机，更是机遇和挑战。

4. 按决策问题所处条件不同，决策可分为确定型决策、风险型决策和未确定型决策

确定型决策是指决策过程中提出各种备选方案，在确知的客观条件下，每个方案只有一种结果，比较其结果优劣做出最优选择的决策。确定型决策是一种肯定状态下的决策。

风险型决策是指在决策过程中提出各种备选方案，每种方案都有几种不同结果，其发生的概率也可测算。例如某企业为了增加利润，提出两种备选方案：一种方案是扩大老产品的销售；另一种方案是开发新产品。不论哪一种方案都会遇到市场需求高、市场需求一般和市场需求低几种不同可能性，它们发生的概率都可测算；若遇到市场需求低，企业就要亏损。因而在上述条件下决策，带有一定的风险性，故称为风险型决策。

未确定型决策指在决策过程中提出各种备选方案，每种方案有几种不同的结果可以知道，但每一结果发生的概率无法知道。在这样的条件下，决策就是未确定型的决策。它与风险型决策的区别在于：风险型决策中，每一方案产生的几种可能结果及其发生概率都知道，而未确定型决策只知道每一方案产生的几种可能结果，但发生的概率并不知道。

（四）影响决策的因素

任何决策都是在一定的条件下进行的，都要受到一些因素的影响和制约。一般来说，影响决策的因素主要有社会环境、决策者的个人因素、组织文化、过去的决策等。

1. 社会环境

环境对决策的影响在于环境总是处于不断变化中。以企业为例，在现实生活中，新企业的不断出现，老企业的不断发展或消亡，人们收入水平与消费层次的不断提高，科学技术的飞速发展，新法规的颁布实施，新政策的不断出台等，不存在静止不变的环境，企业通过环境研究不仅能了解现在，更重要的是能预测未来，这对企业的决策和其他各项管理活动是必不可少的。

2. 决策者的个人因素

在决策活动中起决定作用的是决策者，决策者个人的能力是决策成败的关键。决策者的知识、经验、民主作风、偏好、价值观、对风险的态度、个性习惯、责任能力等都会直

接影响决策的过程和结果，尤其是对待风险的态度至关重要。任何决策都必须冒一定程度的风险，决策者对待风险的不同态度会影响决策方案的选择。愿意承担风险的组织，通常会在被迫对环境做出反应以前就已采取进攻性的行动；而不愿承担风险的组织，通常只对环境做出被动的反应。愿冒风险的组织经常进行新的探索；而不愿承担风险的组织，其活动则要受到过去决策的严重制约。

管理故事

猿猴与蜈蚣的故事

在热带雨林中，虎啸猿啼，草木丛生，各种动物在树枝上、草丛间玩耍，上蹿下跳，十分活跃，一切都显得生机盎然，那么理想、幸福。但天有不测风云，暴雨袭来，不久洪水就淹没了森林的大部分，大小动物拼命向最高处奔去。待大家聚到高处，洪水还在暴涨，于是大家推选最聪明的猿猴主持召开会议。大家为如何脱险议论纷纷，一时不知所措。

猿猴说：“看谁能游泳?”大家很快推选出青蛙、水蛇等四大水手。猿猴灵机一动说：“不行！只会游泳，跑得不快，不能迅速报信求救。”大家一致赞成，但谁是水陆都行的能手呢？猿猴脑子快，瞥了一眼看到了蜈蚣：它会水，腿又多，一定跑得快。猿猴自鸣得意地断然做出决定：马上让蜈蚣出发。大家也心情坦然地继续开会。当天已漆黑散会时，大家发现蜈蚣还没有走，因为脚太多，穿鞋成了最费时间的事。于是大家对猿猴的错误决策十分愤慨，群起而攻之。

启示： 决策不能想当然，也不能就事论事简单了事。张瑞敏曾提出“要有二次决策”，即针对决策之后的负效应再做一次决策，以保证决策的英明。同时，决策要有反向思维，即在决策取得一致意见的过程中，要想到与其相反的决策。只有能正反双渠道思考的决策者，才表现出决策者的成熟、能力与水平。

3. 组织文化

组织文化制约着组织及其成员的行为及方式。在决策层次上，组织文化通过影响人们对改变的态度而发生作用。组织成员对这种可能产生的变化会怀有抵御或欢迎两种截然不同的态度。在具有开拓、创新气氛的组织中，人们总是以发展的眼光来分析决策的合理性，总是希望在可能产生的变化中得到什么，因此渴望变化，欢迎变化，支持变化；相反，在偏向保守、怀旧、维持的组织中，人们总是根据过去的标准来判断现在的决策，总是担心在变化中会失去什么，从而对将要发生的变化产生怀疑、害怕和抗御的心理与行为。因此，选择决策的方案要考虑到改变现有的组织文化而付出的时间和费用。

4. 过去的决策

今天是昨天的继续，明天是今天的延伸。历史总是要以这种或那种方式影响着未来。过去的决策总是有形无形地影响现在的决策。在大多数情况下，组织决策不是在一张白纸上进行初始决策，而是对初始决策的完善、调整或改革。在实际管理工作中，决策问题大多都是以过去的决策为起点的，是一种非零点决策。即使对于非程序化决策，决策者由于心理因素和经验惯性的影响，决策时也经常参照过去的决策，问一问以前是怎么做的。这种影响的好处是有助于实现决策的连贯性和维持组织的相对稳定，并使现在的决策建立在较高的起点上；坏处是不利于创新，不适应剧变环境的需要，不利于实现组织的跨越式发展。

管理实践

日本尼西奇公司在第二次世界大战后初期，仅有30余名职工，专门生产雨衣、游泳帽、卫生带、尿布等橡胶制品，订货不足，经营不稳，企业有朝不保夕之感。公司董事长多川博从人口普查中得知，日本每年大约出生250万婴儿，如果每个婴儿用两条尿布，一年就需要500万条，这是一个相当可观的尿布市场。多川博决心放弃尿布以外的产品，把尼西奇公司变成尿布专业公司，集中力量，创立名牌，成了“尿布大王”。其资本仅1亿日元，年销售额却高达70亿日元。

经营决策成功，可以使企业避免倒闭的危险，转败为胜。如果企业长期只延续过去的决策，势必潜藏着停产倒闭的危险，因为市场是多变的，人们的需要也是多变的，这就要求企业家经常为了适应市场的需要而开发新产品。这种决策一旦成功，会使处于“山穷水尽”状况的企业顿感“柳暗花明”。

二、决策的原则和程序

（一）决策的原则

决策原则是指决策必须遵循的指导原理和行为准则。它是科学决策指导思想的反映，也是决策实践经验的概括。决策的原则主要有经济性、系统性、预测性、方向性、可行性、民主性、科学性等原则。

1. 经济性原则

经济性原则，就是研究经济决策所花的代价和取得收益的关系，研究投入与产出的关系。决策必须以经济效益为中心，旨在以较小的劳动消耗和物资消耗取得最大的成果。

2. 系统性原则

系统性原则，也称为整体性原则，它要求把决策对象视为一个系统，以系统整体目标的优化为准绳，协调系统中各分系统的相互关系，使系统完整、平衡。因此，在决策时，应该将各个小系统的特性放到大系统的整体中去权衡，以整体系统的总目标来协调各个小系统的目标。

3. 预测性原则

预测是决策的前提和依据。预测是指由过去和现在的状况推知未来的状况。科学决策，就要避免没有科学根据的主观臆测，要用科学预见来分析未来。对未来判断的正确程度决定了决策的正确与否。不知道行动后果如何，常常造成决策失误。

4. 方向性原则

决策必须具有清晰、实际、具体的方向目标，并且这个方向目标应该具有相对的稳定性，一旦确定下来，短时间内不宜改动，以免给组织内部造成工作混乱。

5. 可行性原则

可行性原则的基本要求是运用自然科学和社会科学的手段，寻找能达到决策目标的一切方案，并分析这些方案的利弊，以便最后抉择。可行性原则重点要求决策不仅仅以文字的形式存在，更要能够化为行动加以实行，无法落实的决策是没有价值的。

6. 民主性原则

民主性不可能表达全体组织成员的意志。决策的民主性原则，是指决策者要充分发扬民主作风，调动大部分决策参与者甚至包括决策执行者的积极性和创造性，共同发挥智慧和力量。

7. 科学性原则

科学性原则是人文性与工具性的统一，是实践和形式的统一。现代化大生产和现代化科学技术，特别是信息论、系统论、控制论的兴起，将决策的行为从经验性上升到了科学性。

管理实践

由马来西亚国营重工业公司和日本三菱汽车公司合资 2.8 亿美元生产的新款汽车“沙格型”隆重推出市场。马来西亚政府视之为马来西亚工业的“光荣产品”，产品在推出后，销售量很快跌至低谷。经济学家们经过研究，认为“沙格型”汽车的一切配件都从日本运来，由于日元升值，使它的生产成本急涨，再加上马来西亚本身的经济不景气，所以汽车的销售量很少。此外，最重要的因素是政府在决定引进这种车型时，主要考虑到满足国内的需要。因此，技术上未达到先进国家的标准，无法出口。由于在目标市场决策中出现失误，“沙格型”汽车为马来西亚工业带来的好梦，只是昙花一现而已。

科学性决策的前提是确定决策目标。它作为评价和监测整个决策行动的准则，不断地影响、调整和控制着决策活动的过程，一旦目标错了，就会导致决策失败。

（二）决策的程序

决策程序是一个提出问题、分析问题、解决问题遵循科学的完整的动态过程。决策是一项严谨而又复杂的活动，有其自身的性质和原则。在现实工作中，决策失败的重要原因之一就是没有严格依照科学的程序。因此，明确和掌握科学的决策程序，是管理者提高决策正确率的一个重要方面。

一般来说，决策程序大致包括以下七个步骤，如图 2-1 所示。

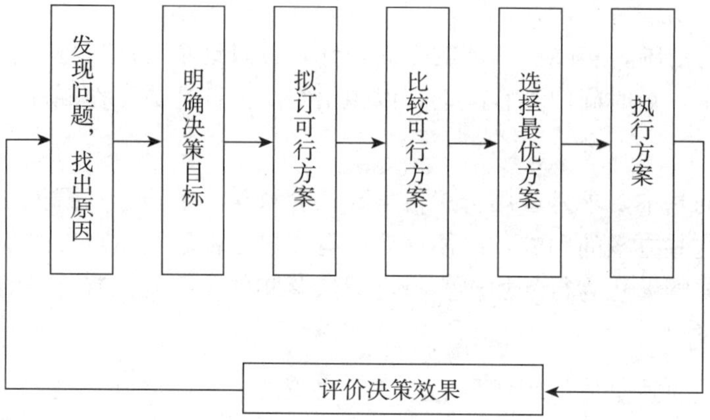

图 2-1　决策程序

1. 发现问题，找出原因

问题是决策的起点，决策是围绕问题而展开、为了解决该问题而制定的。如果没有问题，就不需要决策；如问题不明，就难以做出正确的决策。因此，决策的第一步是要求决策者必须准确深入地进行实际调查，及时发现问题并找出原因，进而才能解决问题。

2. 明确决策目标

在确定所要解决的问题及其责任人以后，就要明确决策的目标，即确定问题要解决到什么程度，明确解决问题要得到什么结果。

明确决策目标，要注意以下几点：

(1) 目标应该有明确的内涵，切忌含糊笼统，不应有歧义。

(2) 区分目标的重要程度和主次顺序。为了能更大程度的满足目标，决策者通常将目标分成等级，从而能够迅速抓住主要矛盾和目标着重解决。

(3) 目标需要和实际的统一性。决策目标的制定不仅仅要考虑决策者的需要，还要结合客观实际条件。只有在客观条件能够满足主观愿望的前提下，决策目标才能实现。

3. 拟订可行方案

决策实际上是对解决问题的多种可行性方案进行选择的过程。为解决问题，必须寻找切实可行的各种行动方案。所以，决策要求要有两个及以上的备选方案。各种行动方案都有其优点和缺陷，决策要求以“满意原则”来确定方案。

要拟订尽可能多的备选方案来解决问题。人们总结出两条规则：一是在没有不同意见前，不要做出决策；二是如果事情看来似乎只有一种方法去做，那么这种方法通常是错误的，也是危险的。这一步应注意以下几个方面的问题：

(1) 方案的可行性，无论哪一种备选方案，都必须建立在科学的基础上。

(2) 方案的客观性，方案中要能够进行定量分析，一定要将指标数量化，并运用科学、合理的方法进行分析，使各个方案尽可能建立在客观科学的基础上，减少主观性。

(3) 方案的创造性，制订方案要充分发挥集体智慧，让大家畅所欲言，充分发表自己的意见，然后通过集体充分的讨论，这样制定出来的备选方案往往会更有针对性和创造性。

管理故事

老鼠如何给猫挂上铃铛

有这么一则古老的寓言：某地的一群老鼠，深为附近一只凶狠无比、善于捕鼠的猫所苦。这一天，老鼠们群聚一堂，讨论如何解决这个心腹大患。老鼠们颇有自知之明，并没有猎杀猫的雄心壮志，只不过想探知此猫的行踪，早做防范。有只老鼠的提议立刻引来满场的叫好声，说来也没什么高论，它建议在猫身上挂个铃铛，如此一来，当猫接近时，老鼠们就能预先做好逃遁的准备。在一片叫好声中，有只不识时务的老鼠突然问道："那么，谁来挂铃铛?"

不难理解，这是个讽刺的寓言。美国某商学院的教授把这则寓言搬进了学期结束前最后一堂课的讨论中，MBA 学生反应热烈，有的建议做好陷阱，让猫踏上后，铃铛自然缚在脚上；有的建议派遣敢死队，牺牲小我，保全大我；更有的宣称自己别出机杼，干脆准备毒饵，永绝后患。这是个没有结论的讨论，临走前，教授只是狡黠地留下一句话："想想看，为什么从来没看过被老鼠挂上铃铛的猫?"

启示：决策固然重要，但决策的最后目的是切实可行的执行与落实。

4. 比较可行方案

决策过程的第四步是对已制定的备选方案逐个地进行评价，列出每个方案的优势劣势。为此，首先要建立一套有助于选择最满意方案的决策准则。决策准则表明了决策者关心的主要方面，其中主要包括目标可行程度、问题解决程度、决策成本等。然后根据这些方面来衡量每一个方案，并据此列出各方案满足决策准则的程度和限制因素，即确定每一个方案对于解决问题或实现目标能够达到的程度和需要付出的代价，及采用这些方案可能带来的后果。

5. 选择最优方案

在对各方案进行衡量分析以后，决策者最后要从中选择一个满意方案并付诸实施。在决策的时候，要注意不要盲目地追寻最满意结果。由于环境的不断变化和决策者预测能力的局限性，决策者可能期望的结果只能是做出一个相对令人满意的决策。

6. 执行方案

执行方案之前，还要最后一次进行推敲，集中力量再次分析方案的可行性和成功性，以保万无一失。做出决策固然艰难，执行决策也不轻松。为了保证决策的有效实施，需做好以下几个方面的工作：

(1) 编制决策实施的计划表。明确决策各阶段的实施人员、时间、方法。

(2) 建立决策责任制。以决策者为责任人，对决策执行过程中可能出现的问题进行调节和指挥，对决策的结果负责。

（3）建立信息沟通系统。保证能及时了解决策执行进度，及时解决执行中出现的问题。

7. 评价决策效果

这是决策过程中的最后一个步骤，决策者应该通过信息的反馈来衡量决策的效果。决策是事前制定的目标，在实际的实施过程中，随着形势的不断改变，实施决策的条件不可能与设想的条件完全相吻合，况且，在一些不可控因素的作用下，实施条件和环境与决策方案所依据的条件之间可能会有较大的出入，这时，决策的执行不可能按照预期进行。如果评估结果表明问题仍然存在，没有得到妥善解决，那么决策者就不得不返回到决策过程的某一环节，甚至从第一个步骤开始，重新进行整个决策制定的过程。

三、决策的方法

为了保证组织制定出来的各项决策尽可能正确、有效，必须运用科学的决策方法。决策的基本方法可分为两类：一类是定性决策方法；另一类是定量决策方法。

（一）定性决策方法

定性决策法又称主观决策法，是指在决策中主要依靠决策者或有关专家的智慧来进行决策的方法，这是一种“软技术”。这种“软技术”是建立在心理学、社会学、创造学等社会科学的基础上的一种凭借个人经验，充分发挥人的创造力对问题进行分析、做出决策的方法。该方法简单易行、经济方便，在日常生活中大量采用的决策方法都是主观决策方法。主观决策法主要有以下几种。

1. 德尔菲法

德尔菲法是采用不公开的通信方式征询专家小组成员的预测意见，经过几轮征询，使专家小组的预测意见趋于集中，最后做出符合市场未来发展趋势的预测结论。德尔菲法又称专家意见法或专家函询调查法，旨在采用匿名发表意见的方式，让团队成员之间不得互相讨论，不发生横向联系，只能与调查人员发生联系，来构造团队沟通流程，应对复杂任务难题的管理技术。

德尔菲法的首要任务是设计意见征询表。其具体要求有：

（1）问题含义要明确，以免应答者对问题产生不同的理解，出现答非所问的情况。

（2）问题具有独立性，对一个问题的回答不应以对另一个问题的问题为条件。

（3）回答问题的方法要统一，否则就难以对预测的结果做出比较。

德尔菲法在实施过程中，需要两方共同配合，一是预测的组织者，二是被选出来的专家。德尔菲法中的调查与通常的调查不同，它除了要求被调查者提出问题并回答，还强调组织者向被调查者提供信息的责任。德尔菲法需要几轮调研，具体流程如图 2－2 所示。

德尔菲法的意见征询大概可以分为四轮：

首先，开放式的首轮调研。由组织者发给专家的第一轮调查表是开放式的，不带任何框框，只提出预测问题，请专家围绕预测问题提出预测事件。因为如果限制太多，会漏掉

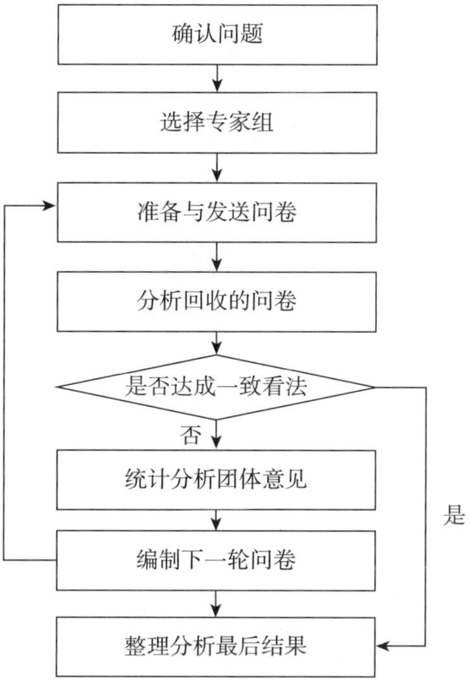

图 2－2　德尔菲法流程

一些重要事件。

其次，评价式的第二轮调研。专家对第二步调查表所列的每个事件做出评价。例如，说明事件发生的时间、争论问题和事件或迟或早发生的理由。

再次，重审式的第三轮调研。将第二轮统计结果及有些专家的陈述理由告之每位专家，请他们在这个基础上进行新的预测。

最后，复核式的第四轮调研。发放第四张调查表，专家再次评价和权衡，做出新的预测。是否要求做出新的论证与评价，取决于组织者的要求。

值得注意的是，并不是所有被预测的事件都要经过四步。有的事件可能在第二步就达到统一，而不必在第三步中出现；有的事件可能在第四步结束后，专家对各事件的预测也不一定都能达到统一。

2. 头脑风暴法

头脑风暴法出自“头脑风暴”一词。所谓头脑风暴，最早是精神病理学上的用语，是针对精神病患者的精神错乱状态而言的。现在则成为无限制的自由联想和讨论的代名词，其目的在于产生新观念或激发创新设想。头脑风暴法又可分为直接头脑风暴法（简称为头脑风暴法）和质疑头脑风暴法（也称反头脑风暴法）。前者是在专家群体决策尽可能激发创造性，产生尽可能多的设想的方法，后者则是对前者提出的设想、方案逐一质疑，分析其现实可行性的方法。不论是哪一种头脑风暴法，其专家小组一般由 5～10 人组成，在讨论过程中，鼓励参加者提出各种建议，并禁止对他人想法进行批评，以便各种创新方案不断地被提出。

管理故事

怎样清扫积雪

有一年，美国北方格外严寒，大雪纷飞，电线上积满冰雪，大跨度的电线常被积雪压断，严重影响通信。过去，许多人试图解决这一问题，但都未能如愿以偿。后来，电信公司经理应用奥斯本发明的头脑风暴法，尝试解决这一难题。他召开了一种能让头脑卷起风暴的座谈会，参加会议的是不同专业的技术人员，要求他们必须遵守以下原则：第一，自由思考。即要求与会者尽可能解放思想，无拘无束地思考问题并畅所欲言，不必顾虑自己的想法或说法是否“离经叛道”或“荒唐可笑”。第二，延迟评判。即要求与会者在会上不要对他人的设想评头论足，至于对设想的评判，留在会后组织专人考虑。第三，以量求质。即鼓励与会者尽可能多而广地提出设想，以大量的设想来保证质量较高的设想的存在。第四，结合改善。即鼓励与会者积极进行智力互补，在提出自己设想的同时，注意思考如何把两个或更多的设想结合成另一个更完善的设想。

按照这种会议规则，大家七嘴八舌地议论开来。有人提出设计一种专用的电线清雪机；有人想到用电热来化解冰雪；也有人建议用振荡技术来清除积雪；还有人提出能否带上几把大扫帚，乘坐直升机去扫电线上的积雪。对于这种“坐飞机扫雪”的设想，大家心里尽管觉得滑稽可笑，但在会上也无人提出批评。相反，有一工程师在百思不得其解时，听到用飞机扫雪的想法后，大脑突然受到冲击，一种简单可行且高效率的清雪方法冒了出来。他想，每当大雪过后，出动直升机沿积雪严重的电线飞行，依靠高速旋转的螺旋桨即可将电线上的积雪迅速扇落。他马上提出“用直升机扇雪”的新设想，顿时又引起其他与会者的联想，有关用飞机除雪的主意一下子又多了七八条。不到一小时，与会的 10 名技术人员共提出 90 多条新设想。

会后，公司组织专家对设想进行分类论证。专家们认为设计专用清雪机，采用电热或电磁振荡等方法清除电线上的积雪，在技术上虽然可行，但研制费用大，周期长，一时难以见效。那种因“坐飞机扫雪”激发出来的几种设想，倒是一种大胆的新方案，如果可行，将是一种既简单又高效的好办法。经过现场试验，发现用直升机扇雪真能奏效，一个久悬未决的难题，终于在头脑风暴会中得到了巧妙的解决。

启示：在不受任何限制的情况下，集体讨论问题能激发人的热情。人人自由发言、相互影响、相互感染，能形成热潮，突破固有观念的束缚，最大限度地发挥创造性地思维能力。

3. 发散思维法

这是促使人们通过发散思维方式从全新的角度来提出问题解决方案的方法。在传统的方法中，人们按照标准化的步骤来解决问题：先判断问题、再明确目标、然后提出方案……而发散思维法则鼓励人们摆脱传统的思维方式，从不同的角度去看待问题，提出解决问题的方案。发散思维法有如下几种形式：

（1）材料发散法——以某个物品尽可能多的“材料”，以其为发散点，设想它的多种用途。

（2）功能发散法——从某事物的功能出发，构想出获得该功能的各种可能性。

（3）结构发散法——以某事物的结构为发散点，设想出利用该结构的各种可能性。

（4）形态发散法——以事物的形态为发散点，设想出利用某种形态的各种可能性。

（5）组合发散法——以某事物为发散点，尽可能多地把它与别的事物组合成新事物。

（6）方法发散法——以某种方法为发散点，设想出利用方法的各种可能性。

（7）因果发散法——以某个事物发展的结果为发散点，推测出造成该结果的各种原因，或者由原因推测出可能产生的各种结果。

（二）定量决策方法

定量决策方法常用于数量化决策，应用数学模型和公式来解决一些决策问题，即运用数学工具、建立反映各种因素及其关系的数学模型，并通过对这种数学模型的计算和求解，选择出最佳的决策方案。对决策问题进行定量分析，可以提高常规决策的时效性和决策的准确性。按照决策分类，对应的具体方法有三大类：分别是确定型决策方法、风险型决策方法和未确定型决策方法。

1. 确定型决策方法

确定型决策问题，即只存在一种确定的自然状态，决策者可依科学的方法做出决策。求解确定型决策问题的方法有许多种，应用最广泛的是数学规划法中的线性规划、非线性规划、动态规划等，其他应用较广泛的还有盈亏平衡分析法，这种方法在编制商业计划书时经常用来评价方案可行性。在此重点介绍盈亏平衡分析法。

盈亏平衡法又称量本利分析法，是“收入—成本—利润”分析法的简称，它是依据与决策方案相关的产品产（销）量、成本与盈利之间的相互关系，来分析决策方案对企业经营盈亏所产生的影响，从而评价和选择方案的一种决策方法。其基本原理是：企业的产品从成本的角度看，可划分为固定成本和变动成本两类。

虽然固定成本与产量的关系是不变的，但摊入单位产品成本中的固定成本却是随着产量的变化而变化的，即产量增大，摊入单位产品成本的固定费用减小；产量减少，摊入单位产品成本中的固定费用增加。因为变动成本是指随产量变化而呈正比例变化的那部分费用，所以单位产品的变动成本是不变的。产品成本中的原材料费、燃料动力费、计件工资等，均属于变动费用。一般而言，企业的产品销售收入与产品销售量成正比关系。那么，销售收入、固定成本、变动成本、总成本（固定成本与变动成本之和）的关系，如图 2-3 所示。

从图 2-3 可以看出，销售收入线和总成本线有一个交点，在交点上，销售收入与总成本相等，即此点利润为零。所以将此点称为盈亏平衡点，或称保本点。

盈亏平衡分析模型：

$$
\begin{aligned}
I &= S-(Cv\times Q+F)\\
&= P\times Q-(Cv\times Q+F)\\
&= (P-Cv)Q-F
\end{aligned}
$$

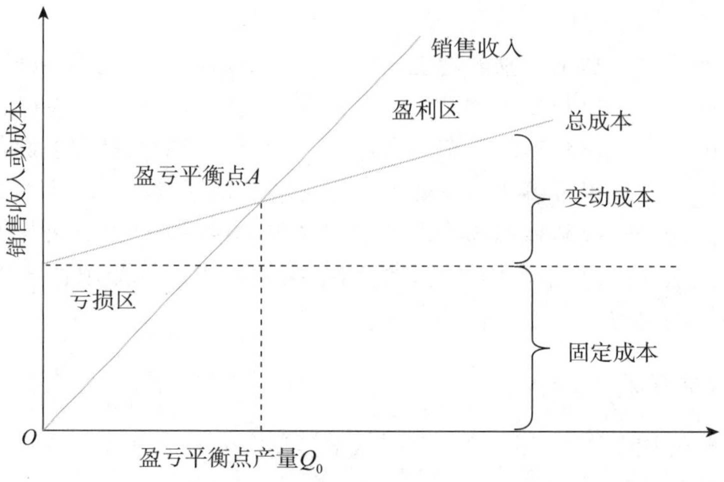

图 2-3　盈亏平衡分析

I—销售利润

P—产品销售价格

F—固定成本总额

Cv—单件变动成本

Q—销售数量

S—销售收入

盈亏平衡点（当利润为零时，就得到盈亏平衡公式）：

$$Q_0=F/(P-Cv)$$

当企业销售量$>Q_0$时，企业有盈利；

当企业销售量$<Q_0$时，企业则亏损。

盈亏平衡法的运用主要有以下几个方面。

（1）判断销量一定时的盈亏情况。

［**例 2-1**］　某塑料企业欲新建一条生产线，年固定成本需 10 万元，单位产品变动成本为 40 元，产品单价预计为 80 元。该产品市场需求量很大，企业生产多少就可以销售多少，但该生产线的生产能力较低，仅为年产 1 800 件。若在这种情况下建新生产线，企业是盈利还是亏损？方案是否可取？请决策。

解：首先计算盈亏平衡点产量 Q_0：

$$Q_0=F/(P-Cv)=100\,000/(80-40)=2\,500(\text{件})$$

然后分析判断，由计算可知，企业生产 2 500 件才能保本，因设计生产能力只有 1 800 件/年，小于盈亏平衡产量。显然，如按此方案建生产线，企业是要亏损的，所以此方案不可取。

(2) 确定实现某一目标利润时的产销量。

(3) 确定实现目标利润时的最低单价，进行定价决策。

(4) 判明企业的经营安全状态。

一些决策方案，虽然可以为企业带来利润，但由于盈利额不大，又因为企业外部环境不断变化，企业的经营可能仍然不够安全。经营安全率指标可以判明方案所处的经营安全状态。

经营安全率的计算公式为：

$$经营安全率=(Q_1-Q_0)/Q_1$$

式中：Q_0—盈亏平衡点产销量；

Q_1—现实或新方案产销量。

经营安全率越接近 1，企业经营越安全；而越接近零，企业经营越不安全。一般可用表 2-1 所列数据来判明企业的经营安全状态。

表 2-1 企业经营安全状态判定数据

经营安全率	>0.30	0.30～0.25	0.25～0.15	0.15～0.10	<0.10
安全状况	安全	较安全	不太好	要警惕	危险

2. 风险型决策方法

在风险型决策中，决策者对未来可能出现何种自然状态不能确定，仅其出现的概率可以大致估计出来。风险型决策常用的方法是决策树分析法。决策树法是将损益期望值法中的各个方案的情况用一个概率树来表示，就形成了决策树。它是模拟树木生长的过程，从出发点开始不断分枝来表示所分析问题的各种发展可能性，并以各分枝的损益期望值中的最大者作为选择的依据。

决策树的画法如图 2-4 所示，主要有以下几个步骤：

(1) 先画一个方框作为出发点，又称决策节点。

(2) 从出发点向右引出若干条直线，这些直线叫作方案分枝。

(3) 在每个方案分枝的末端画一个圆圈，这个圆圈称为概率分叉点，或自然状态点。

(4) 从自然状态点引出代表各自然状态的分枝，称为概率分枝。

(5) 如果问题只需要一级决策，则概率分枝末端画三角形，表示终点。

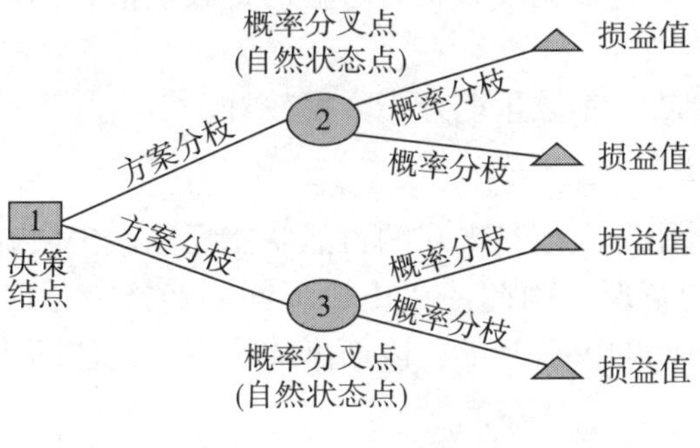

图 2-4 决策树

下面结合实例介绍这一方法的运用。

［**例 2－2**］ 假设有一项工程，施工管理人员需要决定下月是否开工。如果开工后天气好，则可创收 4 万元；若开工后天气坏，将造成损失 1 万元，不开工则损失 1 000 元。根据过去的统计资料，下月天气好的概率是 0.3，天气坏的概率是 0.7。请做出决策。

解：现采用决策树方法进行决策。

第一步，将题意表格化如表 2－2 所示。

表 2－2 天气概率统计表

自然状态	概率	行动方案	
		开工	不开工
天气好	0.3	40 000	−1 000
天气坏	0.7	−10 000	−1 000

第二步，画决策树图形，根据第一步所列的表格，再绘制决策树如图 2－5 所示。

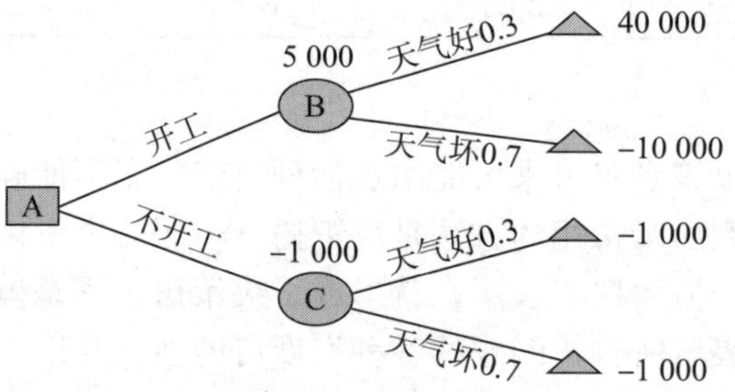

图 2－5 决策树图形

第三步，计算期望值，一般按反向的时间程序逐步计算，将各方案的几种可能结果的数值和它们各自的概率相乘，并汇总所得之和，其和就是该方案的期望值。

$$期望值 B=40\,000\times0.3+(-10\,000)\times0.7=5\,000$$

$$期望值 C=-1\,000\times0.3+(-1\,000)\times0.7=-1\,000$$

第四步，确定决策方案，在比较方案时考虑的是收益值，则取最大期望值；考虑的是损失，则取最小期望值。

据计算出的期望值分析，本题采取开工方案较好。

3. 未确定型决策方法

未确定型决策方法适用于人们对未来的自然状态无法做出明确估计，且各种自然状态发生的概率亦无法明确的情况。因此，在比较不同的经济效果时，只能根据决策者的经验、智慧和风格，产生不同的评选标准，因而形成了多种具体的决策方法。下面结合实例进行说明。

［**例 2－3**］ 一企业生产某产品，需要大量的零部件，经研究有三种方案可以满足要求：

（1）新建生产线，增加生产能力；

（2）改建原有生产线，提高产量；

（3）零部件通过外部协作解决。

虽然该产品的市场需求量无法估计，但对不同情况下的销售收益则可大致估计出，如表 2-3 所示。

表 2-3　三种方案有关数据　　单位：万元

方案	收益值（或后悔值）			最小收益值	最大收益值（或后悔值）
	畅销	一般	滞销		
方案 1：新建生产线	110（0）	50（0）	−5（25）	−5	110（25）
方案 2：改建生产线	60（50）	35（15）	10（10）	10	60（50）
方案 3：零部件外协	40（70）	25（25）	20（0）	20	40（70）

注：表中括号内的数值为后悔值。

这时，决策者可有如下几种不同的选择方法。

（1）悲观决策法（小中取大法）。这种决策准则就是充分考虑可能出现的最坏情况，从每个方案的最坏结果中选择一个最佳值，将其对应的方案作为最优方案。如表 2-3 所示，零部件外协所得最小收益值最大，应为最优方案。

（2）乐观决策法（大中取大法）。这种决策准则就是充分考虑可能出现的最大利益，在各最大利益中选取最大者，将其对应的方案作为最优方案。如表 2-3 所示，选定新建生产线方案的最大收益值最大，为最优方案。这种决策方法是一种比较冒险的方法。

（3）乐观系数法。乐观系数决策准则是对“小中取大”和“大中取大”决策准则进行折中的一种决策准则。系数依决策者认定情况是乐观还是悲观而取不同的值。若 $\alpha=1$，则认定情况完全乐观；$\alpha=0$，则认定情况完全悲观；一般情况下，则 $0<\alpha<1$。采用系数法做决策时，计算期望值的公式为：

$$E_i=\alpha\times Q_{max}+(1-\alpha)\times Q_{min}$$

E_i—第 i 方案的期望收益值；

Q_{max}—第 i 方案的最大收益值；

Q_{min}—第 i 方案的最小收益值；

α—乐观系数。

乐观系数的大小，由决策者根据具体情况而定。

在本例中，假设一个决策者给定，乐观系数为 0.6，则悲观系数是 0.4，那么：

$$E_1=110\times0.6+(-5)\times0.4=64$$

$$E_2=60\times0.6+10\times0.4=40$$

$$E_3=40\times0.6+20\times0.4=32$$

则 max（64，40，32）=64，所以决策结果为方案 1。这种方法的优点是考虑问题不绝对化，把最好和最坏的情况均以考虑。

（4）后悔值最小法（大中取小法）。这种决策方法的基本思想是如何使选定决策方案后可能出现的后悔达到最小，即蒙受的损失最小。各种自然状态下的最大收益值与实际采用方案的收益值之间的差额，叫作后悔值。

这种决策方法的步骤如下：首先，从各种自然状态下找出最大收益值；然后，用最大收益值减去各个方案的收益值，求得后悔值；最后，从各个方案后悔值中找出最大后悔值，并从中选择最小的方案为决策方案。

在畅销这种自然状态下，最大收益值为新建生产线 110；所以新建生产线的后悔值是 110－110＝0，改建生产线的后悔值是 110－60＝50，零部件外协的后悔值是 110－40＝70。

在一般这种自然状态下，最大收益值为新建生产线 50；所以新建生产线的后悔值是 50－50＝0，改建生产线的后悔值是 50－35＝15，零部件外协的后悔值是 50－25＝25。

在滞销这种自然状态下，最大收益值为零部件外协 20；所以新建生产线的后悔值是 20－(－5)＝25，改建生产线的后悔值是 20－10＝10，零部件外协的后悔值是 20－20＝0。

所以新建生产线的最大后悔值为 25，改建生产线的最大后悔值是 50，零部件外协的最大后悔值是 70。

从表 2－3 中可以看出，新建生产线的后悔值最小，仅为 25 万元，应作为优选方案。这种决策方法，既没有小中取大法那么保守，又没有大中求大法那样冒险，因此，易于为人们所接受。

任务 4　制订计划

任务导入

有个同学问老师："老师，我的目标是想在一年内赚 100 万！请问我应该如何计划我的目标呢？"

老师便问他："你相不相信你能达成？"他说："我相信！"老师又问："那你知不知道要通过哪些行业来达成？"他说："我现在从事保险行业。"老师接着又问他："你认为保险业能不能帮你达成这个目标？"他说："只要我努力，就一定能达成。"

"我们来看看，你要为自己的目标做出多大的努力。根据我们的提成比例，100 万的佣金大概要做 300 万的业绩。一年：300 万业绩。一个月：25 万业绩。每一天：8 300 元业绩。"老师说。

"每一天 8 300 元业绩。大概要拜访多少客户？""大概要 50 个人。"

老师接着说："那么一天要 50 人，一个月要 1 500 人。一年呢？就需要拜访 18 000 个客户。"

这时老师又问他："请问你现在有没有 18 000 个 A 类客户？"他说："没有。""如果没有的话，就要靠陌生拜访。你平均一个人要谈上多长时间呢？"他说："至少 20 分钟。"老师说："每个人要谈 20 分钟，一天要谈 50 个人，也就是说你每天要花 16 个多小时与客户交谈，还不算路途时间。请问你能不能做到?”他说：“不能。老师，我懂了。目标不是凭空想象的，是需要凭着一个能达成的计划而定的。”

思考： 什么是目标？目标的种类有哪些？制定目标的步骤有什么？目标与计划是什么样的关系？

任何人做事情都需要目标，目标是激发人们行动的动力，使人们看到奋斗的希望。企业在日常经营活动中要根据组织的内外情况来制定目标，使目标富有挑战性和指向性。计划就像一座桥梁，把目标和结果联系起来。

知识梳理

一、目标制定

管理学家们曾经专门做过一次摸高试验，试验内容是把 20 个学生分成两组进行摸高比赛，看哪一组摸得更高。第一组 10 个学生，不规定任何目标，由他们自己随意制定摸高的高度；第二组规定每个人首先定一个标准，比如要摸到 1.60 米或 1.80 米。试验结束后，把两组的成绩全部统计出来进行评比，结果发现规定目标的第二组的平均成绩要高于没有制定目标的第一组。

摸高试验证明了一个道理：目标对于激发人的潜力有很大作用。

（一）目标的定义及其作用

1. 目标的定义

目标是个人、部门或整个组织所期望的成果，就是期望达到的成就和结果，也是行为的导向。人们的行为总是为了实现某种目标。

从管理学的角度看，组织的目标具有独特的属性，通常称为 SMART 原则，即目标一定要具体明确（specific）、可以度量或者测量（measurable）、可以实现（achievable）、目标之间相互关联（relevant）、时间限定（time bond）。管理者制定目标时，一定要把握好目标的这些基本特征。

2. 目标的作用

目标给人的行为设定明确的方向，使人充分了解自己每一个行为所产生的效果。目标使自己知道什么是最重要的事，有助于合理安排时间，能清晰地评估每一个行为的进展，正面检讨每一个行为的效率。同时，目标能预先看到结果，稳定心情，从而产生持续的信心、热情与动力。目标的作用主要体现在以下几个方面。

（1）说明整个组织的宗旨、方向和意义，使员工更加清楚组织的目标。

（2）因为强调结果而不是任务，因此有助于改进计划工作。

（3）目标有助于公司把握命运，而不是只对错误做出反应。

（4）目标为各个管理层评估各自的绩效提供了参考。

管理故事

游泳的故事

1952年7月4日清晨，加利福尼亚海岸下起了浓雾。在海岸以西21英里（约34公里）的卡塔林纳岛上，一个43岁的女人准备从太平洋游向加州海岸。她叫费罗伦丝·查德威克。那天早晨，雾很大，海水冻得她身体发麻，她几乎看不到护送她的船。时间一个小时一个小时地过去，千千万万人在电视上看着。有几次，鲨鱼靠近她了，被人开枪吓跑了。15小时之后，她又累又冻得发麻。她知道自己不能再游了，就叫人拉她上船。她的母亲和教练在另一条船上。他们都告诉她海岸很近了，叫她不要放弃，但她朝加州海岸望去，除了浓雾什么也没看不到……

人们拉她上船的地点，离加州海岸只有半英里（约0.8公里）！后来她说，令她半途而废的不是疲劳，也不是寒冷，而是因为她在浓雾中看不到目标。查德威克小姐一生中就只有这一次没有坚持到底。

启示： 目标要看得见、够得着，才能成为一个有效的目标，才会形成动力，帮助人们获得自己想要的结果。

（二）目标的分类

依据目标的性质、顺序、层次等，目标可以分为以下几种类型。

1. 按照目标的性质划分

（1）数量化目标：以具体的数字所表示的目标，这种目标常用在直线部门，例如，销售量或销售额、生产量、利润或利润率。

（2）进度目标：这种目标常用在职能部门。例如，人力资源部门的目标为“×年×月底完成考评制度的改进”。其达成标准为：×年×月底前完成草案编制；解决××问题，以具体的方式纳入考评制度之中；满意度80%以上。

（3）改善目标：例如，改善××工作的质量，实现零错误；减少业务所需费用，办事员由10人减为8人。

2. 按照目标实现的顺序划分

（1）成果目标：销售量、生产量、利润等。

（2）手段目标：为实现成果目标所需的重要措施及手段。

3. 根据组织层次划分

（1）总目标：指整个公司的经营目标、大方向。公司总目标是由企业高层主管（董事长或总经理）制定，而经过董事会认可之后得以正式设立。它通常是根据本行业及整个经济与市场的环境及未来的发展趋势、历史经营业绩以及企业的发展前景等制定的，内容包括获利能力、市场占有率、生产能力等。

（2）单位（部门）目标：公司目标经过分解形成各单位（部门）目标。

(3) 业务单元目标：部门目标经过分解落实业务单元而形成的目标。

(4) 个人目标：业务单元目标经过分解落实岗位任职人员的身上，形成员工个人目标，目标管理的目标单位是锁定“个人”的。如此，由上而下形成一个目标体系，下一层目标都是为了达成上一层目标所必需的手段。此目标体系是实现公司总目标的保证。

(三) 制定目标的依据

(1) 从组织的宗旨出发，结合组织环境，这是制定组织目标的基本依据。

(2) 根据前一阶段未实行目标或标准的问题点，以及出现新问题确定目标。

(3) 根据市场竞争的需要制定目标。

(4) 根据上级部门的要求、部署，或根据社会的形势要求制定目标。

(5) 根据国内外先进水平比较的差距制定目标。

(四) 制定目标的步骤

任何行为都要先确定目标，没有目标，行动将失去方向。制定目标是一个复杂的工作，要考虑组织的方方面面。一般来说，制定目标有以下七个步骤。

第一，正确理解公司整体的目标 ，并传达给下属。中层经理只有在正确理解公司整体目标的前提下，才能围绕着这些目标，制定出既符合公司目标，又符合本部门实际情况的部门目标。在制定部门目标时，要点之一是：让你的下属了解公司的目标。而这往往是中层经理们容易忽略的地方。

第二，制定出符合 SMART 原则的目标。在这一步骤，可能出现两类问题：一是目标难以量化；二是目标太多。

第三，检验目标是否与上司的目标一致。由于目标是从上至下，层层分解形成的，因而，作为公司的一员，在目标的执行上不存在讨价还价的余地。你的目标必须与上司的目标一致，这是确定无疑的。所以，在目标制定和执行过程中，你要检查你的目标是否与上司的目标发生偏差。主要从两个方面检查你的目标是否与上司的目标发生偏差：一是与谁保持一致；二是针对目标的计划在具体执行方面也应该保持一致。

第四，列出可能遇到的问题和阻碍，找出相应的解决方法。这一步骤容易被忽略，但实际上它对于目标的顺利达成很重要。所谓“有备无患”，制定目标时应该具备风险意识，也就是对目标的实现过程中可能出现的问题、障碍制定应急方案。

第五，列出实现目标所需要的技能和知识。

第六，列出为达到目标所必需的合作对象和外部资源。

第七，确定目标完成的日期。目标制定的关键之一就是确定其完成日期。在目标制定之后，还要用书面确定下来，这是目标管理规范化的一个表现。对目标加以书面化以后，不仅不会引起疑虑和争论，而且有利于目标检查和工作考核，此外，还便于目标的修订。

二、计划编制

任何组织都有其存在的目的，目标的设定就是为了界定和说明这种目的。计划是目标实现的蓝图，具体明确了实现目标所必需的资源组合、时间进度、任务和其他举措。如果说目标是要明确未来要达到的状态，那么计划就是明确现在采取的手段。

（一）计划及其作用

1. 计划的定义

在管理学中，计划具有两重含义：其一是计划工作。计划是组织根据环境的需要和自身的特点，确定组织在一定时期内的目标，通过计划的编制、执行和监督来协调、组织各类资源以顺利达到预期目标的行为安排。具体而言，即确定要做什么、为什么做、由谁做、何地做、何时做和如何做的一种程序。其二是计划形式。计划形式是指用文字和指标等形式所表述的组织以及组织内不同部门和不同成员，在未来一定时期内关于行动方向、内容和方式安排的管理事件。计划是根据社会的需要以及组织的自身能力，通过计划的编制、执行和检查，确定组织在一定时期内的奋斗目标，有效地利用组织的人力、物力、财力等资源，协调安排好组织的各项活动，以取得最佳的经济效益和社会效益。

计划的内容可以简要地概括为八个方面，简称为“5W2H1E”。

What（什么）——计划的目的、内容；

Who（谁）——计划的相关人员；

Where（何处）——计划的实施场所；

When（何时）——计划实施的时间范围；

Why（为什么）——计划的缘由、前景；

How（如何）——计划的方法和运转实施；

How much（多少）——计划的预算；

Effect（效果）——预测计划实施的结果、效果。

2. 计划的基本特征

计划是管理职能中最基本的职能，其特点可以概括为以下几个方面。

（1）目的性：计划工作旨在有效地达到某种目标。首先就是确立目标，然后使今后的行动集中于目标，朝着目标的方向迈进。哈罗德·孔茨说：“虽然计划不能完全准确地预测未来，但是如果没有计划，组织的工作往往会陷于盲目，或者碰运气。”显然，计划具有强效的目的性。

（2）主导性：计划是管理活动的桥梁，是组织、领导与控制等管理活动的基础。如果说决策工作确立了组织生存的使命和目标，描绘了组织的未来，那么计划工作就如一座桥梁，为组织提供了通向未来目标的明确道路，是组织、领导与控制等系列管理工作的基础。

（3）普遍性：任何层次的管理者或多或少都有某些制订计划的权力和责任。虽然各级管理者的职责和权限各有不同，但是他们在工作中都由计划指导，计划工作在各级管理者的工作中是普遍存在的。

（4）效率性：计划的效率是指从组织目标所做贡献中扣除制订和执行计划所需费用及其他因素后的总额。在制订计划时，要时时考虑计划的效率，不但要考虑经济方面的利益，而且还要考虑非经济方面的利益和损耗。

3. 计划的重要意义

一个组织要在复杂多变的环境中生存和发展就需要科学地制订计划，协调与平衡各方面的关系，不断地适应变化了的形势，以寻找新的生存与发展机会。因而，计划在管理中的地位日益提高。计划作为管理的基本职能，在管理中具有重要的作用。

（1）计划有利于减少工作中的失误。通过计划过程，可以预计未来可能的变化，从而制定适应变化的最佳方案，减少工作中的失误。

（2）计划有利于明确工作目标。计划制定的目标为各级员工指明了组织发展方向，可以使人们的行动对准既定目标。

（3）计划有利于提高经济效益。计划为下属提供了明确的工作目标及实现目标的最佳途径，提高了工作效率和效益。

（4）计划有利于控制工作。计划工作为组织活动制定目标、指标、步骤、进度和预期成果，是控制活动的标准和依据。

管理故事

裤子的启示

聪聪一家其乐融融的生活，被邻居视为楷模。有一天聪聪的爷爷从海外归来，一家人高兴不已，于是摆了一桌丰盛的晚宴为老人家接风洗尘。饭前，老人家分别向老伴、儿子、儿媳、女儿、孙子赠送了他们喜爱的礼物。孙子在试穿赠送的裤子时长了两寸，由于非常喜欢就嚷嚷着明天上学要穿，一家人齐说好好好，明天一定让聪聪穿上新裤子。

宴罢，在女儿的催促下，老、小两口回到了自己的卧室，聪聪也做作业去了，剩下女儿自己在打扫。她一阵忙乎过后，收拾妥当，也准备休息，但在回屋休息时发现，聪聪的裤子还放在桌上没有改，心里有些埋怨，可又一想，平时自己那么喜欢聪聪，聪聪的裤子自己不改谁来改。于是坐下来，拿起剪刀为聪聪改裤子。“咔嚓”剪下两寸，行针走线，把裤子改好了，放在桌上，欣慰地回屋休息。夜间，儿媳起夜方便，发现聪聪的裤子还放在桌上，有些奇怪，为什么没人给聪聪改裤子，于是拿起剪刀，“咔嚓”剪下两寸，把裤子改好了，放在桌上，回屋继续休息。聪聪奶奶起得早，起来后发现聪聪的裤子放在桌上，心想这些孩子怎么不给聪聪改裤子，可又一想，聪聪是自己最疼爱的孙子，自己不改谁改。于是拿起剪刀，“咔嚓”剪下两寸，把裤子改好后，高兴地做早饭去了。聪聪起来后急着要穿新裤子，穿上后就喊起来，裤子怎么短了这么多。听到聪聪的喊声，奶奶、妈妈和姑姑都赶过来看，三人环视之后，不由得露出苦笑。

启示：一个组织要有明确的计划和分工，才能将事情做好。

（二）计划的种类

计划的种类很多，可以按不同的标准进行分类。其主要分类如表 2－4 所示。

表 2－4　计划的类型

分类标准	类型
时间长短	长期计划、短期计划
职能空间	业务计划、财务计划、人事计划
综合性程度	战略性计划、战术性计划
明确程度	具体性计划、指导性计划
程序化程度	程序性计划、非程序性计划
表现形式	使命、目标、战略、政策、程序、规则、方案、预算

具体到企业的基本计划类型，在企业生产经营中，通常划分为战略计划、生产经营计划和作业计划三种基本类型。按照企业职能进行分类，某个企业的经营计划又可以分为新产品开发计划、供应计划、生产计划、销售计划、财务计划、人力资源计划、设备维修计划、安全计划和后勤保障计划等。

（三）计划制订的基本原则与过程

1. 制订计划的基本原则

（1）系统原则。在编制计划的过程中，要全面考虑组织内外部的需要，从整体出发，对组织内部要素及其结构进行分析，在统筹规划、全面安排的基础上，为组织未来的发展制定适应的目标，并选择满意的实现目标的方案。

（2）重点原则。在一定条件下，为了组织目标的实现而消耗的资源是有限的，而组织要实现的目标往往不止一个。因此，必须在计划过程中对目标进行分析，分清主次，保证影响全局的主要目标能够实现。

（3）发展原则。计划的制订一定要面向未来，充分预计发展趋势及速度，使计划适应新的发展、新的形势。

（4）创新原则。要求针对任务、目标及对未来情况进行分析，创造性地提出新思路、新方法、新措施。

（5）弹性原则。制订计划必须有一定弹性，留有余地，减少不确定因素的影响，从而保证计划目标的实现。

2. 制订计划的过程

任何计划工作都要遵循一定的程序或步骤。虽然小型计划比较简单，大型计划复杂些，但是，管理人员在编制计划时，其工作步骤都是相似的，如图 2－6 所示。

（1）认识机会。认识机会，对做好计划工作十分关键。一位经营专家说过：“认识机会是战胜风险，求得生存与发展的诀窍。”诸葛亮“草船借箭”的故事流传百世，其高明之处就在于他看到了三天后江上会起雾，而曹军不习水性、不敢迎战为诸葛亮创造了机

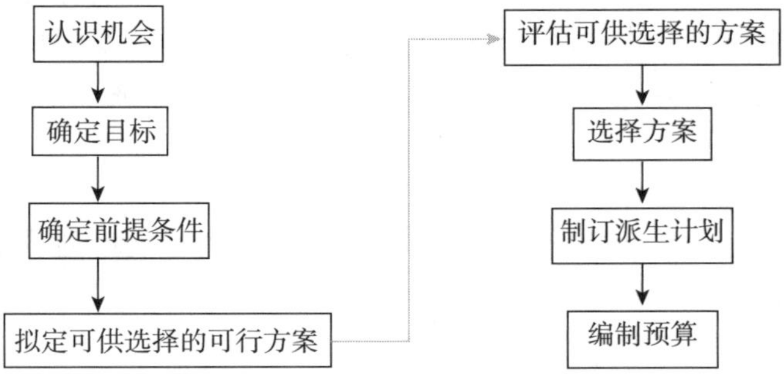

图 2－6　制订计划的工作步骤

会，神奇般地实现了自己的战略目标。企业经营中也不乏这样的例子。

（2）确定目标。由于计划是组织目标的实施方案和规划，在制订计划之前，必须首先确立目标。目标为管理的各项活动指明方向，也为衡量管理活动的绩效提供标准。当然，计划中的目标应该具体可衡量，并且简明扼要。目标和任务的明确是一项计划的核心，每一项计划最好只针对一个目标。因为一项计划如果设立的目标过多，行动时就可能会发生不知决定优先次序或如何协调达成各目标的情形。

（3）确定前提条件。计划的前提条件是计划实施时预期的内外部环境条件。鉴于未来环境的复杂性，要搞清楚其每一个细节，既不现实，也不经济。因此，组织所要确定的计划前提必须限于那些关键性的、对计划的实施影响最大的条件。

（4）拟定可供选择的可行方案。围绕组织目标，应尽可能多地提出各种实施方案，充分发扬民主精神，吸收各级管理者、专家、技术人员、基层员工代表参与方案的制订，也可通过专门的咨询机构提出方案，做到群策群力、集思广益、大胆创新。多个方案的提出可以为选择最佳方案或满意方案打下基础。

（5）评估可供选择的方案。评估各种备选方案是计划工作的第五个步骤，即根据计划的前提条件和目标，对初步选定的各种备选方案进行评估，分析各个方案的优点和缺点，以及组织的实际情况，确定各种方案的优劣次序排列。

评估可供选择的方案，要注意考虑以下几点：第一，认真考察每一个计划的制约因素和隐患；第二，要用总体的效益观点来衡量计划；第三，既要考虑到每一个计划的有形的、可以用数量表示出来的因素，又要考虑到无形的、不能用数量表示出来的因素；第四，要动态地考察计划的效果，不仅要考虑计划执行所带来的利益，还要考虑计划执行所带来的损失，特别注意那些潜在的、间接的损失。

（6）选择方案。计划工作的第六步是选定方案。这是在前五步工作的基础上迈出的关键一步，也是决策的实质性阶段——抉择阶段。可能遇到的情况是，有时会发现两个同时可选的方案。在这种情况下，必须确定出首先采取哪个方案，同时将另一个方案也进行细化和完善，作为后备方案。

（7）制订派生计划。基本计划还需要派生计划的支持。比如，一家公司年初制订了“当年销售额比上年增 15%”的销售计划，与这一计划相连的有许多计划，如生产计划、促销计划等。再如当一家公司决定开拓一项新的业务时，这个决策需要制订很多派生计划作为支撑，比如雇用和培训各种人员的计划、筹集资金计划、广告计划等。

（8）编制预算。在完成以上几步工作之后，最后一项便是把决策和计划转化为预算，使之数字化。通过数字来大体反映整个计划。预算可以成为汇总各种计划的工具，也是衡量计划工作进度的重要标准。

（四）常见的计划方法

计划编制的方法很多，这里我们主要介绍三种常用的现代计划技术，即滚动计划法、投入产出法和网络计划法。

1. 滚动计划法

滚动计划法是按照“近细远粗”的原则制订一定时期内的计划，然后按照计划的执行情况和环境变化，调整和修订未来的计划，并逐期向后移动，把短期计划和中期计划结合起来的一种计划方法。

这种方法根据计划的执行情况和环境变化定期修订未来的计划，并逐期向前推移，使短期计划、中期计划有机地结合起来。由于在计划工作中很难准确地预测将来影响组织生存与发展的经济、政治、文化、技术、产业、顾客等各种变化因素，而且随着计划期的延长，这种不确定性就越来越大。因此，如机械地按几年以前编制的计划实施，或机械地、静态地执行战略性计划，则可能导致巨大的错误和损失。滚动计划法可以避免这种不确定性带来的不良后果。具体做法是用近细远粗的办法制订计划，如图 2－7 所示。

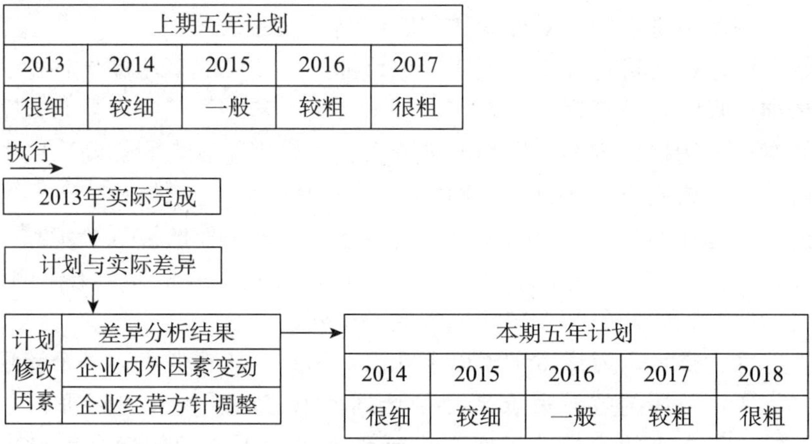

图 2－7　滚动计划法示意图

滚动计划法适用于任务类型的计划，其优点是：

（1）可以使制订出来的工作计划更加符合实际，由于滚动计划法相对缩短了计划时期，加大了对未来估计的准确性，从而提高了近期计划的质量。

（2）使长期计划、中期计划与短期计划相互衔接，短期计划内部各阶段相互衔接，保证能根据环境的变化及时进行调整，并使各短期计划基本保持一致。

（3）大大增加了计划的弹性，从而能提高组织的应变能力。

2. 投入产出法

投入产出法是由美国经济学家华西里・里昂惕夫创立的。他于 1936 年发表了关于投入产出的第一篇论文《美国经济制度中投入产出的数量关系》；并于1941年出版了《美国经济结构：1919—1929》一书，详细地介绍了“投入产出分析”的基本内容；到1953年又出版了《美国经济结构研究》一书，进一步阐述了“投入产出分析”的基本原理和发展。

投入产出法，作为一种科学的方法来说，是研究经济体系（国民经济、地区经济、部门经济、公司或企业经济单位）中各个部分之间投入与产出的相互依存关系的数量分析方法。通过编制投入产出表和模型，能够清晰地揭示国民经济各部门、产业结构之间的内在联系；特别是能够反映国民经济中各部门、各产业之间在生产过程中的直接与间接联系，以及各部门、各产业生产与分配使用、生产与消耗之间的平衡（均衡）关系。正因为如此，投入产出法又称为部门联系平衡法。此外，投入产出法还可以推广应用于各地区、国民经济各部门和各企业等类似问题的分析。当用于地区问题时，它反映的是地区内部之间的内在联系；当用于某一部门时，它反映的是该部门各类产品之间的内在联系；当用于公司或企业时，它反映的是其内部各工序之间的内在联系，如表2-5所示。

表2-5 投入产出表

产品的消耗来源（投入） 产品的分配去向（产出）		中间产品	最终产品	总产品
		部门1 部门2…部门n 合计	积累 消费 合计	
物资消耗	部门1 部门2 …… 部门n 合计	Ⅰ	Ⅱ	
净产值	劳动报酬 纯收入 合计	Ⅲ	Ⅳ	
总产值				

投入产出法的优点是：

（1）通过分析，可确定整个国民经济或部门、企业经济发展中的各种比例关系，并为制定合理的价格服务。

（2）这种分析可预测某项政策实施后所产生的效果。

（3）可从整个系统的角度编制中期或长期计划，并且易于搞好综合平衡。

3. 网络计划法

网络计划法是20世纪50年代中期发展起来的一种科学的计划管理方法，其主要有两个起源：其一，1956年美国杜邦公司首先在化学工业上使用了关键路径法进行计划编排；其二，美国海军在建立北极星导弹时，采用了计划评审法技术。这两种方法逐渐渗透到许多领域，为越来越多的人所采用，成为网络计划法的主流。我国从20世纪60年代中期开始，在著名数学家华罗庚教授的倡导和亲自指导下，开始在全国各个部门试点应用网络计划，并根据“统筹兼顾，全面安排”的指导思想，将这种方法命名为“统筹方法”。

（1）网络图是由以下四部分组成的，如图 2-8 所示。第一部分是实工序。实工序指在一项生产（工程）任务中的一项作业或一道工序，它表示需要消耗时间和资源的生产活动的实体，在网络图中用实箭线表示。箭尾表示一项活动的开始，箭头表示一项活动的结束，并表示活动的前进方向，箭线的长短与消耗的时间及资源无关。第二部分是虚工序。虚工序是指作业时间为零的虚假作业，它主要起着工序之间的逻辑衔接关系作用，在图中用虚箭线表示。第三部分是事项（结点）。事项是表示前道工序的结束和紧接的后道工序的开始点，在网络图中，它是两条或两条以上箭线的交接点，用标有数字的圆圈表示。第四部分是线路（路径）。在网络图中，线路是指从初始点开始，顺着箭线的方向连续到达最终点为止的通道。网络图中一般都有若干条线路。

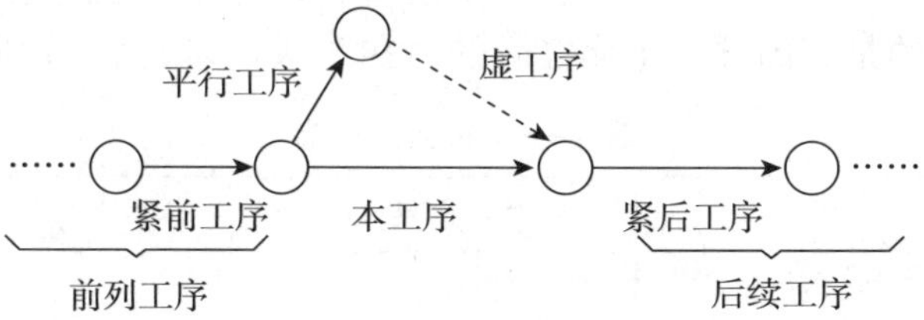

图 2-8　相邻工序之间的名称

（2）网络图的绘制。绘制网络计划图要经过以下两个步骤。

第一，调研分析确定各项作业（活动）之间的逻辑衔接关系及作业时间，并列表。

例如某项活动经分析得出清单，如表 2-6 所示。

表 2-6　某项活动分析清单

工序名称	工序代号	紧前工序	紧后工序	作业时间
	A	/	C、D	3
	B	/	D、E	5
	C	A	/	2
	D	A、B	/	4
	E	B	/	1

第二，根据表中所列的资料正确画图，如图 2-9 所示。

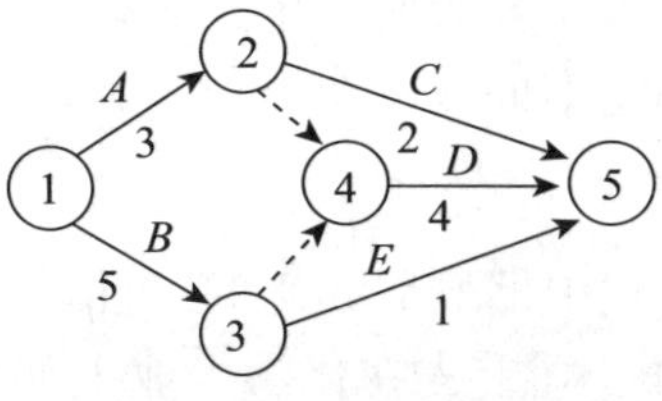

图 2-9　表 2-6 绘图

职业能力训练

同步测试

一、单选题

1. 从决策的基本属性来看，决策是（　　）。

A. 不以人的意志为转移的活动　　B. 以人的意志为转移的活动

C. 客观规律的真实描述　　D. 客观规律的正确反映

2. 越是组织的高层管理者，所做出的决策越倾向于（　　）。

A. 战略的、程序化的、确定型的决策

B. 战术的、非程序化的、风险型的决策

C. 战略的、非程序化的、风险型的决策

D. 战略的、非程序化的、确定型的决策

3. 从决策主体来看，可将决策分为（　　）。

A. 集体决策和个人决策　　B. 初始决策和追踪决策

C. 战略决策和战术决策　　D. 程序化决策和非程序化决策

4. 目的在于创造一种畅所欲言、自由思考的氛围，诱发创造性思维的共振和连锁反应，产生更多的创造性思维的集体决策方法是（　　）。

A. 头脑风暴法　　B. 名义小组技术

C. 德尔菲技术　　D. 政策指导矩阵

5. 在决策过程中，最需要充分发挥创造力和想象力的步骤是（　　）。

A. 识别目标　　B. 拟订备选方案

C. 评估备选方案　　D. 做出决定

6. 决策者的个性对（　　）决策影响最大。

A. 风险型　　B. 确定型　　C. 不确定型　　D. 程序化

7. 将短期计划、中期计划和长期计划有机地结合起来，根据近期计划的执行情况和环境变化情况，定期修订未来计划并且逐期向前移动的方法是（　　）。

A. 综合平衡法　　B. 滚动计划法

C. 线性规划　　D. 投入产出法

8. 在目标管理中，关于目标的性质表述不正确的是（　　）。

A. 目标的层次性　　B. 目标的唯一性

C. 目标的可考核性　　D. 目标的可接受性

9. 关于计划的下列几种说法中，以下最恰当的是（　　）。

A. 计划关系到组织的发展大计，和中、基层管理者无关

B. 计划是计划部门做的事，和其他管理人员无关

C. 计划是各层次、各部门的管理者乃至一般员工都要参与制定的，因此在相当程度上是组织的一项全员活动

D. 当环境不断变化时，计划也要不断调整，因此计划只有对组织的最高层来说才有意义

10. 某企业计划开发新产品，有三种设计方案可供选择。不同的设计方案制造成本、产品性能各不相同，在不同的市场状态下的损益值也不同。

有关资料如表 2-7：

表 2-7

方案	畅销	一般	滞销
方案 X	400	300	200
方案 Y	500	360	150
方案 Z	600	200	−100

试用冒险法、保守法和最小最大后悔值法分别选出的满意方案是（　　）。

A. 方案 X、方案 Y、方案 Z　　B. 方案 X、方案 Z、方案 Y

C. 方案 Y、方案 Z、方案 X　　D. 方案 Z、方案 X、方案 Y

二、填空题

1. 任何决策都是在一定的条件下进行的，都要受到一些因素的影响和制约。一般来说，影响决策的因素主要有______、______、______、______。

2. 决策原则是指决策必须遵循的指导原理和行为准则。它是科学决策指导思想的反映，也是决策实践经验的概括。决策的原则主要有______、______、______、______、______、______、______等原则。

3. 决策程序是一个______、______、______的完整的动态过程。

4. 决策的定性方法主要有______、______、______。

5. “好中求好”决策准则，或称______决策准则，这种决策准则就是充分考虑可能出现的最大利益，在各最大利益中选取最大者，将其对应的方案作为最优方案。

6. 从管理学的角度看，组织的目标具有独特的属性，通常称为 SMART 原则，即目标一定要______、______、______、______和______。

7. 计划工作为组织活动制定______、______、______、进度和______，是控制活动的标准和依据。

8. 投入产出法还可以推广应用于______、______和______等类似问题的分析。

9. 根据组织层次，目标分为：______、______、______和______。

10. 目标管理旨在根据上级制定的目标和保证措施，形成一个目标体系，并把______作为各部门或个人考核的依据。

三、简述题

1. 简要分析决策的基本过程。

2. 阐述制定目标的依据。

3. 简述制定目标的步骤。

4. 滚动计划法的优点有哪些?

5. 如何编制个人计划书?

四、案例分析题

“我希望我的部门的所有管理人员都能进行最优的决策。”唐柯说。唐柯是唐氏玩具公司市场营销部副总裁。他说:“我们中的每一个人,无论职位高低,被雇用是希望成为一名专业的合理化主义者。我希望我们所有的人不仅知道自己在做什么和为什么做,而且知道他们的决策是正确的。我知道有些人曾说过,一名优秀的管理人员仅仅需要做出一半以上正确的决策。但是,这对于我来说还不够。我同意偶然犯一次错误是可以原谅的,尤其是当事情超出了你的控制范围时,但我绝不会原谅不合理的行动。”

广告部经理李明说:“唐柯,我同意你的看法,而且我总是努力实现合理的和合乎逻辑的决策。但是你愿意帮助我解释一下什么是‘合理的行动’吗?”

分析:

1. 决策遵循的是什么原则?最优决策必须具备哪些条件?

2. 你认为唐柯对管理人员提出的要求合理吗?请简要说明理由。

3. 如果李明说没有方法能使他自己实现决策完全合理化,你认为应该如何进行科学决策?

五、计算题

1. 某建筑公司拟建一座预制构件厂,一个方案是建大厂,需投资300万元,建成后如销路好每年可获利100万元,如销路差,每年要亏损20万元,该方案的使用期均为10年。另一个方案是建小厂,需投资170万元,建成后如销路好,每年可获利40万元,如销路差每年可获利30万元;若建小厂,则考虑在销路好的情况下三年以后再扩建,扩建投资130万元,可使用七年,每年盈利85万元。假设前三年销路好的概率是0.7,销路差的概率是0.3,后七年的销路情况完全取决于前三年,试用决策树法选择方案。

2. 企业生产某产品,年固定成本为50万元,单位变动成本为30元,单位产品价格为90元,企业欲实现年利润10万元,试计算该产品应达到的产量。

技能训练

实训项目1 管理游戏

实训目标

1. 理解创造性思维的意义。

2. 运用头脑风暴法,培养学生的创新能力。

实训内容

头脑风暴：发散性地思考问题，迅速转动大脑搜求各种方法解决问题，称为头脑风暴，其意义在于能激发学员的创造性思维，鼓励他们更有创造力地去解决问题。

1. 确定一样物品，比如可以是铅笔或者其他任何东西，让学员在1分钟以内想出尽可能多的用途。

2. 5～7人为一个小组，每个组选出一人记载本组所想出的主意的数量，在1分钟之后，推选出本组中最新奇、最疯狂、最具有建设性的主意，想法最多、最新奇的组获胜。

实训要求

1. 课上时间：20～30分钟。材料：铅笔或者其他任何物品。场地：不限。
2. 学生自主发言，不许有任何批评意见，只考虑想法，不考虑可行性。
3. 想法越古怪越好，鼓励异想天开。
4. 可以寻求各种想法的组合和改进。

实训评价

1. 人的大脑是一个无比奇怪的器官，它所蕴藏的力量是无法估量的。在短时间内，聚精会神努力思考会有助于许多创造性思维被提出。

2. 不要嘲笑人们想法的异想天开，要知道科技和人类的进步正是建立在一项一项的异想天开的基础上的。

3. 由老师和同学共同评选出最好的创意。

实训项目2　模拟分析一份企业计划书

实训目标

通过各种途径获取一份企业计划，在分析计划书的过程中，理解计划的分类制订的方法，并与目标管理相联系，整理出支持本计划的目标。

实训内容

1. 由学生多渠道联系有关企业获取计划书（例如父母、亲戚的单位，尽量获取近期计划）。

2. 将同学们搜集到的计划进行分类，以此分组进行讨论，讨论这些计划是由哪些部门制订的，制订的程序如何？认真评价计划的优缺点，并记录讨论过程及分析结果。

实训要求

1. 课上时间：2课时。场地：不限。
2. 学生分组进行讨论分析。
3. 不同小组之间相互评价和补充。
4. 学生自主发言，不许有任何批评意见，不考虑分析的正确与否。

实训评价

1. 每个小组上交一份计划讨论记录。
2. 考核每个人所取得资料的典型性。

小测试

决策能力是企业家维持其公司生存的必备素质。据统计，世界上85%的大企业破产倒闭是由企业家决策失误造成的。只有通过恰当的决策，企业家才可以对企业资源进行优化配置。通过下面的测试题，来看看自己是不是决策高手吧！

1. 你会在决策前发现并确定需要做出决定的问题：

A. 是的　　B. 有时会　　C. 不会

2. 你会获取尽可能多的信息和尽可能真实的信息：

A. 是的，这样利于决策

B. 经常关注，但很难确保取得足够的真实信息

C. 从不在意信息积累

3. 解决问题前你会拟上几个备选方案，以期找到更多的解决方式：

A. 是的　　B. 不一定　　C. 你认为这样太费时间

4. 你会让熟悉有关业务的人员参与决策：

A. 是的　　B. 有时这样　　C. 不会

5. 你设置了决策机制来使决策尽量程序化：

A. 是的，已经设置　　B. 正在为此努力　　C. 还没有

6. 对于重大决策，你会让决策经过不同部门的论证：

A. 是的，这样才会尽可能降低风险

B. 偶尔会让人们去论证

C. 还没有这样做

7. 你会去实施没有反对意见的决策：

A. 大家一致赞同的意见肯定没问题

B. 多数情况下会马上实施，但有时会想一想

C. 不会马上做，这里可能存在着风险

8. 你会去执行只有一种解决方案的决策：

A. 是的　　B. 有时会　　C. 不会

9. 做决策时，你总是表现得决心很大，却忽视了具体情况的复杂性：

A. 是的，你为此犯过错误

B. 有时是这样

C. 不是，你会综合考虑

10. 你会让参与决策者的能力与决策的难易程度相匹配：

A. 很少如此　　B. 有时会这样安排　　C. 是的

11. 对于管理者的个人决策，你会设置一定的制约机制，使其慎重：

A. 你还没有想过这方面的问题

B. 有这方面的想法，但未付诸实施

C. 是的，你已这样做

12. 对于群体决策，你会对提出建设性意见者进行奖励：

A. 没有这样做

B. 偶尔会口头表扬

C. 你会在精神和物质方面同时奖励

测试结果：

1～6 题选 A 得 3 分，选 B 得 2 分，选 C 得 1 分；7～12 题选 A 得 1 分，选 B 得 2 分，选 C 得 3 分。最后将分数加总。

12～20 分，从测评来看，你的决策能力较差。在企业经营者最容易出现的问题中，“决策失误”排在第一位，可见决策之难。今后你需要采用更加合理的方式，集思广益、三思而后行，以此提高决策的正确性。

21～28 分，测评显示，你的决策能力一般。对一些有利于提高决策准确性的步骤或方法，你有时能自觉运用，但是有可能还没有建立程序化的决策机制，所以你需要在这些方面继续努力。

29～36 分，你是决策高手。决策做出后，通常会面临不可控的风险，你在决策上的慎重，包括你在决策程序上的关注，大大减少了决策失误，降低了决策风险，提高了企业的安全系数。

项目三

组　织

项目目标

知识目标

1. 了解组织、组织设计的含义。
2. 掌握组织部门划分和组织层级划分的方法。
3. 掌握常见组织结构的类型及其优缺点。
4. 了解人员配备的含义和人员选聘的途径。
5. 掌握人员选聘、培训的原理和要求。
6. 掌握人员考评的内容和方法。

技能目标

1. 能够结合实际，设计企业的组织结构。
2. 能够按照不同工作岗位设计选聘、培训和考核的方法及流程。

任务 5　设置组织结构

任务导入

经过了高考，小小同学进入自己憧憬的大学生活。大学生活是人生新的起点，要以此为跳板，踏上社会的舞台，小小清醒地认识到这一点，所以自踏入校园的第一天，她就开始有意识地规划自己的大学生活。她很清楚自己上大学的目的就是找到好工作，所以，在校期间，自己不仅要刻苦学习，更重要的是通过大学这个平台锻炼自己各方面的实践能力，努力培养自己的综合素质。如何提高上述能力和素养呢？在大一新生联谊会上，小小听师兄、师姐们提到通过参加学院社团、学生会组织可以有效锻炼、提升自己的实践能力。于是，小小有了加入学生会组织的初步想法，但是，自己到底加入哪个部门呢？揣着这些疑问，小小开始接触系部学生会组织。

思考：对于小小来讲，她首先要弄清楚系部学生会都有哪些部门，这些部门之间的横向和纵向的关系如何，每个部门内部的岗位设置是怎样的。

在日常生活和实际工作中，人们总是在一定的组织中生活和从事各种活动，因此，建立一个良好的组织并使之有效地运转，无论是对个人目标还是组织目标的实现，都至关重要。组织既是各类团体和机构进行资源配置以实现其目标的工具和载体，也是管理的重要职能。

知识梳理

一、组织与组织设计

（一）组织

1. 组织的含义与特征

关于组织的含义，古今中外的学者们都有自己的理解和说明。例如美国著名管理学家切斯特·巴纳德认为，组织是有意识地加以协调的两个或两个以上的人的活动或力量的协作系统。同是美国管理学家的路易斯·艾伦将组织定义为为了使人们能够最有效地工作并实现目标而进行明确责任、授予权力和建立关系的过程。

从广义上讲，组织是指由诸多要素按照一定方式相互联系起来的系统。从这个角度来看，组织和系统是同等程度的概念。

从狭义上讲，组织就是指人们为实现一定的目标、互相协作结合而成的集体或团体，如党团组织、工会组织、企业、军事组织等。狭义的组织针对人群而言。

无论从哪个意义上去理解，组织都有三个特征：

（1）任何一个组织必须有一个特定的目标。这个目标反映了组织所希望达到的状态。这是组织与人群的主要区别，人群仅仅是人与人在数量上的集合。通过树立目标，组织才能确定方向、制定战略。由于组织成员在价值观、思维方式、理解能力上都存在个体差异，组织成员对共同目标的理解往往会有偏差。

（2）组织包括不同层次的分工协作。组织的本质在于协作。组织成员通过分工从而专门从事某项职能工作，协同完成某项活动，发挥群体的力量，实现组织目标。

（3）组织必须有不同层次的权利与责任制度。所有组织都有不同层次的权力与责任制度来规范组织成员的分工与协作。通过这种权力与责任制度才能保障企业目标的实现，这样的组织才能称得上是一个分工明确、责权明确的有机整体。

2. 组织的分类

在现实生活中，根据不同的标准，可以把组织分成不同的类型。不同类型的组织，其功能和特征也是不同的。深入了解组织的规律，对组织进行科学的分类是非常有必要的。

在企事业单位当中，有这样两种性质不同的群体同时和谐共存：第一类群体的成员按照一定的程序被安排到一个一个的科室，这部分人不能随意调换科室（除非经主管部门或主管人员按照一定的程序批准同意外）；第二类群体组织结构松散，成员根据自己的兴趣爱好自发组合在一起。

也就是说，组织在组织体中一般有两种存在形式：前一种被称为正式组织，后一种被称为非正式组织。在此，我们可以借用两位美国管理学家所描绘的示意图，如图 3－1 所示。

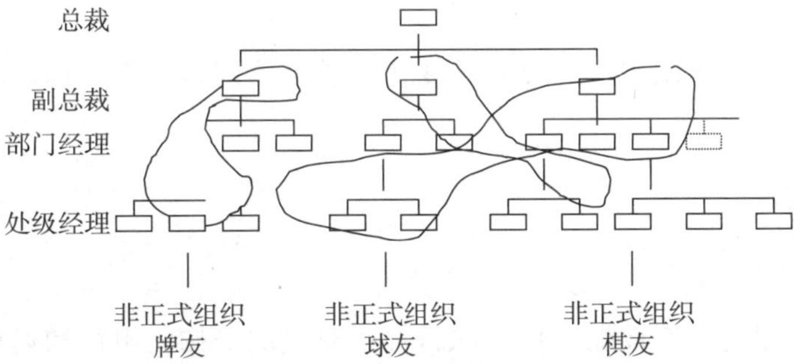

图 3－1　正式组织与非正式组织存在形式

（1）正式组织。正式组织是为了实现组织目标与特定工作而产生的法定组织结构。这类组织一般有十分明确的组织目标，明确规定组织成员之间职责范围和相互关系，通过制度和规范对成员个人行为进行强制约束，从而实现组织的一致性。例如，企业里的按照职务关系形成一系列的职务等级（厂长、车间主任、工段长、班组长、职工等），每个人按其职务都有一定权利和义务。

（2）非正式组织。非正式组织是在满足需要的心理推动下，比较自然地形成的心理团体，其中蕴藏着深厚的友谊与感情的因素。这类组织没有明确的正式的组织结构，不受行政部门和管理层次的限制，但是内部也会自发形成一定的关系结构和不成文的规范、准则。例如，通过兴趣爱好结合在一起的棋友、牌友等。

(3) 正式组织与非正式组织的关系。非正式组织对正式组织来讲，既有积极的促进作用，也有消极的负面作用。

一是，非正式组织的积极促进功能主要体现在：非正式组织混合在正式组织中，可以满足成员心理上的需求和鼓舞成员的士气，从而提升成员工作积极性，容易促进工作的完成。所以，正式组织的管理者可以利用非正式组织来弥补成员间能力与成就的差异，可以通过非正式组织的关系与气氛获得组织的稳定等。

二是，非正式组织的消极负面功能主要体现为：非正式组织目标与正式组织目标有冲突时，会影响组织成员的团结协作，可能阻碍组织目标的实现等。因此，正式组织的管理者应该善于因势利导，尽可能地克服其消极负面作用，最大限度的发挥非正式组织的积极作用。

3. 组织工作内容

作为管理的一项基本职能，组织工作是为了实现组织目标而对组织本身进行的结构设计与调整、业务活动的分类、管理人员职位的设置、管理职权的分配及对组织成员的行为加以规范和协调的工作。

具体来说，组织工作应包括以下几个方面。

(1) 组织设计。组织设计是指以组织结构设计为核心的组织系统设计活动，主要包括：根据组织目标，设计和建立一套组织职位系统，进一步为职位和部门分配责任和权限，设置规范制度；根据组织机构，确定职权关系，使组织成为一个有机的统一体。

(2) 组织运行。通过与管理的其他基本职能相配合，以保证所设计和建立的组织机构能有效地运转。

(3) 组织变革。根据组织内外要素的变化，适当地调整组织结构，以提高组织效能、增强组织的适应性。

(二) 组织设计

1. 组织设计的含义

组织设计指的是为了有效地实现组织目标，对组织结构、组织沟通渠道体系、分工、协调、控制、权力与责任进行合理配置和组合的过程。通过组织设计，建立一种有效的组织结构框架，包括横向的管理部门设计和纵向的管理层次设计。

组织设计可以分为三种情况：新建的企业需要进行组织结构设计；原有组织结构出现较大的问题或企业的目标发生变化，原有组织结构需要进行重新评价和设计；组织结构需要进行局部的调整和完善。

2. 组织设计的流程

组织设计包含了众多的工作内容，既有职位、职权的确定与部门的分工，也有组织内部各机构运行规则的制定和各部门联系方式的规定，还包括对人员的配备和训练。总体来看，要做好一个组织设计，必须经过以下八个环节。以企业为例，组织设计流程如表 3-1 所示。

表 3-1　组织设计流程

设计程序	设计工作的内容
1. 设计原则的确定	根据企业的战略目标和特点，确定组织设计的方针、原则和主要维度（包括管理幅度和管理层次）
2. 职能分析和设计	确定经营、管理职能及将结构、层次分解到各项管理业务的工作中去，并进行管理业务的总体设计
3. 结构框架的设计	设计各个管理层次、部门、岗位及其权利、责任，具体表现为企业的组织系统图
4. 联系方式的设计	进行控制、信息沟通、协调等方式和制度的设计
5. 管理规范的设计	管理工作程序、管理工作标准和管理工作方法的设计
6. 人员配备和训练	提出对各岗位、职务任职人员的数量和资质（质量）要求
7. 运行制度的设计	设计管理部门和人员的绩效考核制度、激励制度和培训制度
8. 反馈和修正	将企业运行过程中的信息反馈回去，定期或不定期地对上述各项设计进行修正和完善

3. 组织部门划分

部门划分是组织设计的内容之一，主要解决组织的横向结构问题。在企业实践中，部门化的形式主要有以下几种。

（1）按人数划分部门。这是最古老也是最简便的一种部门划分方法。在一个组织中，因人数较多，为了便于管理而进行部门划分，各部门的大小均以人数的多少为标志。这种部门划分的前提是各部门的工作内容完全相同或大致相同。最典型的是军队中传统的班、排、连、营的划分和学校中某一年级的不同班级的划分。

（2）按时间划分部门。在一些需要不间断工作的组织中，常常按照时间来划分部门，如轮班作业的组织。这种划分部门的方法有利于提高设备的利用率，组织的安排既简便又易操作。

（3）按职能划分部门。这是最常见的一种部门化形式。它是根据组织的各项业务工作和管理职能来划分和设置组织部门。例如，在工业企业内就可以划分为技术部门、营销部门、财务部门等。这种方法多应用于管理或服务部门，如图 3-2 所示。

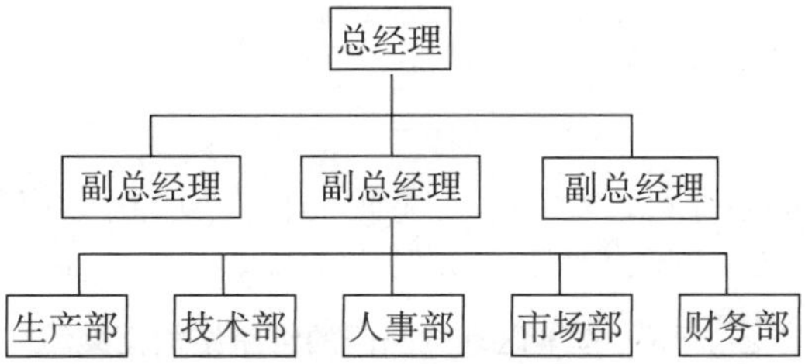

图 3-2　按职能划分部门的组织结构框架图

按职能划分部门符合业务专业化的原则，能提高职能部门专业化程度，可以做到事权专一，职责明确，有利于专业人员的培训和交流，有利于领导者加强对组织整体活动的控制，从而提高工作效率。但它容易形成部门本位主义，增加组织统一和协调的难度。

（4）按业务（产品）划分部门。这种划分方法主要是按照业务（产品）不同来设置组织部门，如图 3-3 所示。按照业务（产品）来划分部门能使组织多元化经营和专业化经营结合起来。它适用于经营规模大、经营环境多变、业务多样化的大型企业和联合组织。

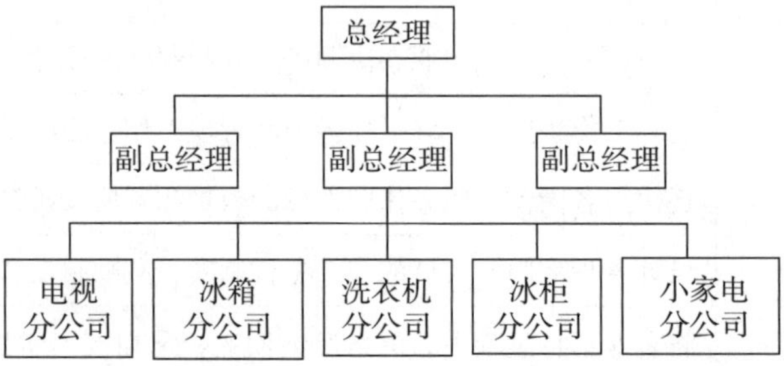

图 3-3　按业务（产品）划分部门的组织结构框架图

业务（产品）部门化是分权化的组织，有利于充分调动成员的积极性，发挥其专业知识和技能。当然，这种部门划分方法，由于组织总部和各分部中的职能部门可能重叠而导致管理费用的增加，并且由于各部门的负责人具有较大的决策权，他们可能过分强调本部门的利益而影响组织的统一指挥。

（5）按地区划分部门。这种部门划分方法主要根据地理因素来设立管理部门，把不同地区的业务和职责划归不同部门全权负责，如图 3-4 所示。对于组织业务范围空间很广的组织，把一个特定地区的业务活动集中起来形成一个部门，有利于各部门根据各地区的社会文化特点来开展业务；可以减少费用；还可以通过分权给各部门，调动各部门的积极性，改善各部门内各种活动的协调难度。对许多大型企业尤其是跨国公司来说，由于其业务和顾客遍布全国甚至全世界，因此为了有针对性地开展业务，往往按地区划分部门，如亚太事业部、欧洲事业部等。

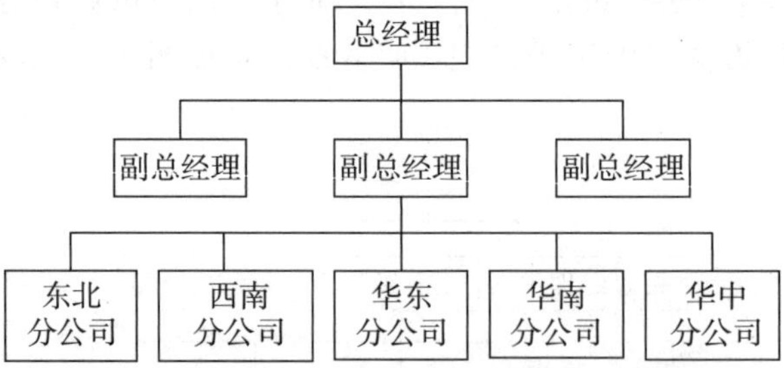

图 3-4　按地区划分部门的组织结构框架图

（6）按工艺流程划分部门。流程部门化是按照生产技术工艺特点把完成任务的过程分解成若干阶段，按阶段来设置部门和机构，要求每个部门只负责整个过程中某一阶段的工作。这是许多生产型企业常用的部门划分方法，如图 3－5 所示。

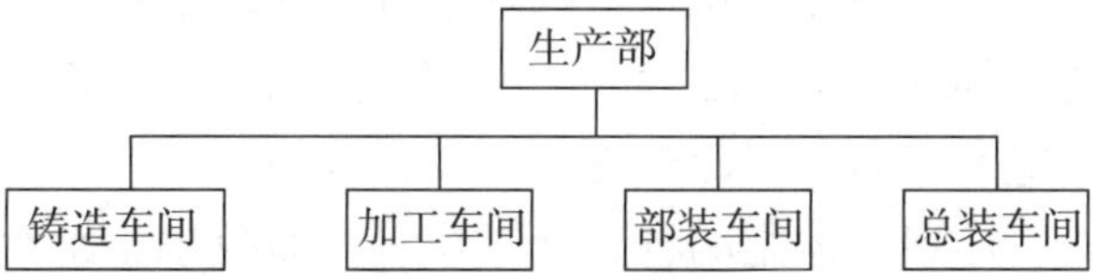

图 3－5　按工艺流程划分部门的组织结构框架图

这种划分部门的方法最符合专业化的原则，可充分利用专业技术和特殊技能，提高设备利用率、简化培训、提高工作效率。当然，这要求高层领导严格控制、加强协调，因为一旦衔接出现问题，将直接影响组织整体活动过程。因此，各部门之间的工作要同步进行，整个组织要建立起具有良好的监督、沟通、反馈、指挥、控制和协调功能的系统。

（7）按顾客划分部门。顾客部门化是以顾客为对象、根据不同顾客的需要或不同的顾客群设立部门，如图 3－6 所示。因为不同的服务对象对服务的内容、质量与价格有不同的要求，为了提高工作效率，可以按服务对象的不同来划分部门，这有利于更好地满足不同服务对象的各种特殊要求，有利于提高工作效率，还有利于减少培训费用。

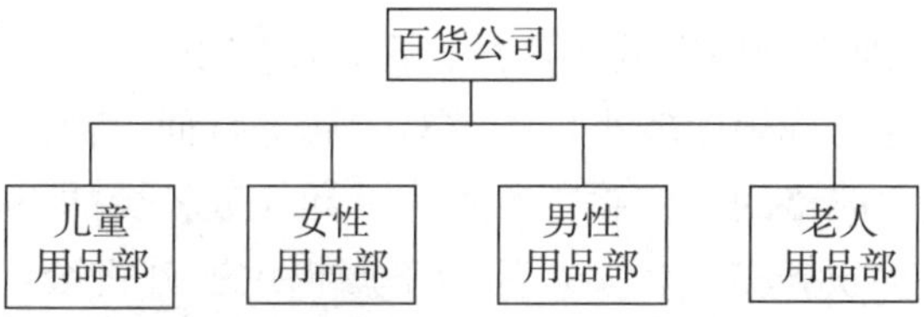

图 3－6　按顾客划分部门的组织结构框架图

综上所述，除了上述划分部门的基本方法，在组织设计过程中，还有许多划分部门的方法，如企业按产品销售渠道划分部门等。实践证明，在多数情况下，现实组织设计常常采用混合的方法来划分部门，即在一个组织中或在同一组织层次上同时采用几种不同的部门划分方法。如一所大学，在中层管理层次上，一方面要按照职能划分各个职能处室，如教务处、人事处、学工处、财务处、保卫处等；另一方面要按照专业不同划分为不同的系或院，如人文学院、理工学院、医学院等。

4. 组织层级划分

组织设计的内容之二是划分组织层级，即管理层次和管理幅度，主要解决组织的纵向结构问题。

（1）管理层次设计。管理层次是指组织内部从最高一级管理组织到最低一级管理组织的各个组织等级的数目。管理层次设计的制约因素主要有：有效管理幅度、纵向职能分工以及组织效率等。

管理层次设计的步骤：1）根据纵向职能分工，确定基本的管理层次；2）按照有效管理幅度推算具体的管理层次；3）按照提高组织效率的要求确定具体的管理层次；4）按照组织的不同部分的特点，对管理层次做局部调整。

（2）管理幅度设计。管理幅度是指一个管理者直接管理下级人员的数目。由于管理者的精力和时间是有限的，其管理能力也因人、因事务复杂程度有很大差别，所以任何管理者的管理幅度都是有一定限度的。因此管理幅度设计应当考虑管理工作性质、人员素质状况、下级人员职能状况、计划与控制的有效性、信息沟通效率、组织变更速度、下级组织和人员空间分布状况等方面的影响。

管理幅度设计常用的方法主要有两种。

其一，经验统计法。即抽样调查不同类型组织的管理幅度，以调查所得的统计数据为参照，结合本组织的具体情况去确定管理幅度。经调查研究后发现，在组织结构的高层，管理幅度一般为4～8人，低层一般为8～15人。这种设计方法简便易行，局限性是它缺少对影响特定组织管理幅度诸因素的具体分析，提出的管理幅度建议难免与特定组织的实际条件不符。

其二，变量测定法。指把影响管理幅度的各种因素的作为变量，采用定性分析与定量分析相结合的方法来确定管理幅度的一种方法。这种设计方法的优点在于引进了定量分析，因此，它所规定的管理幅度更为科学、合理。其缺点是，在选择主要变量和确定变量时仍受主观判断的影响。

（3）两种典型的组织结构。

1）高层结构形式，即管理层次较多，而管理幅度较小。

其优点是主管人员的管理幅度较小，能够对下属进行面对面的、深入具体的领导；有利于明确领导关系，建立严格的责任制；主管人员和人数较少的下属所组成的集体规模较小；因层次多，各级主管职务相应较多，能为下属提供晋升机会，促使其积极努力工作，提高自身素质。

其缺点是由于层次较多，需要配备较多的管理者，造成管理费用大；信息的上传下达要经过多个层次，速度慢，并容易发生失真和误解；计划的控制工作较为复杂；相隔多个层次，不容易了解现状并及时处理问题。

2）扁平结构形式，即管理层次较少，而管理幅度较大。

其优点是信息传递速度快，失真少；管理费用低；便于高层领导了解基层情况；主管人员与下属组成较大的集体，有利于解决较复杂的问题；有利于实现授权，激发下属积极性，并培训下属的管理能力。

其缺点是上层管理人员的管理幅度大，负荷重，难以对下级进行深入具体的指导和监督；对领导人员的素质要求高；不利于同级间的相互沟通联络和主管人员对信息的利用。

在现代企业管理的一种趋势是：注重采用扁平结构。但是在现实企业管理中遇到高层结构和扁平结构的选择时，关键是要根据企业的具体条件加以选用，扬长避短，以取得最佳效果。

管理故事

诸葛孔明谋臣术缺失——关于管理幅度的故事

“出师未捷身先死，长使英雄泪满襟。”诸葛孔明一生事必躬亲，积劳成疾，卒于军中，终年54岁，虽业绩卓著，却始终未能为蜀国培养出一些像样的人才，最后落得“蜀中无大将，廖化做先锋”，国家大业后继无人的结局。

我们试着把管理国家比喻为经营公司。

遥想当年，孔明在隆中的草堂里指着远处的江山为迷茫中的刘备画了一幅图，告诉他这就是你的天下，刘备就此折服，拜孔明为公司的首席执行官。当时的西蜀还只是一个兵不强、马不壮的小公司，行业里也是诸侯割据纷争，局面乱七八糟，孔明立志“扫清天下浊”，攻城略地，针对市场发起了一次又一次战役，他神机妙算，营销手段变幻无穷；经过一番市场吞并重整，一些小公司被扫荡出局，西蜀的市场快速拓展，胜赤壁、得荆州、取西川、定汉中，盛极一时。随着市场做大，下属以州、郡等为单位的公司越来越多……

一方面是公司越来越大，另一方面是孔明越来越操劳，军中“二十罚已上皆自省之”，诸如任免一个县官这样的芝麻小事，孔明也要亲自处理。事无巨细、亲力亲为、日理万机、夙兴夜寐。司马懿评价说：“孔明食少事烦，其能久乎？”

启示：从现代的管理理论来看，诸葛先生的误区就是：作为一名管理人员，没有很好地理解管理幅度的深层次含义，不清楚任何管理人员的管理幅度都是有限的，究竟自己能够有效地管理多少下属呢？用兵不在兵之多寡，在于主将，在于谋臣——而谋臣之术，用兵之法，在于军中组织应该怎样布阵：每个将官能有效管理多少兵士（要设置适当的管理幅度），这样才能用兵得法、布兵有阵——而排兵布阵又受官的能力与兵的能力的影响，即“揣能”——“古之善用兵者，揣其能而料其胜负。”

二、组织结构的基本形式

组织结构是组织设计的结果，它随着生产力和社会的发展而不断发展。常见的组织结构类型有：直线型、职能型、直线-职能型、事业部型、矩阵型结构等。

（一）组织结构概念

组织结构是组织成员为了实现组织目标，在管理工作中进行分工协作，通过职务、职责及其相互关系构成的结构体系。其本质是分工协作，内涵是职、责、权关系。

在一般情况下，组织结构设计的内容包括纵向的层次结构设计、横向的部门和组织体制设计。

科学合理的组织结构和体制有利于协调组织内的人际关系，有利于充分调动组织成员的积极性、创造性，有利于组织整体效率与效益的提高。

（二）组织结构类型

1. 直线型组织结构

直线型组织结构是一种最原始、最简单的组织形式，组织中只有一套纵向垂直的行政指挥系统，如图 3-7 所示。它是一种集权式组织结构。

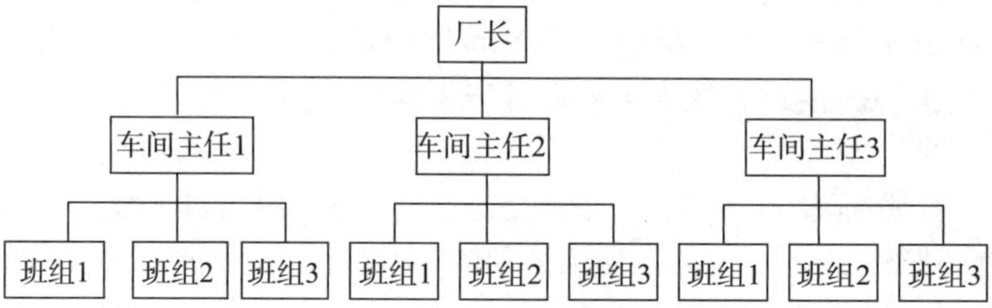

图 3-7　直线型组织结构图

（1）优点：结构简单，权责明确，领导从属关系简单，命令与指挥统一，上呈下达准确，解决问题迅速，业务人员比重大，管理成本低。

（2）缺点：没有专业管理分工，对领导的技能要求高，领导容易陷入实务主义，不能集中精力解决企业的重大问题。

（3）适应对象：组织规模不大、组织成员不多、生产或作业和管理工作比较简单的组织，例如小型企业、个体工商户。

2. 职能型组织结构

职能型组织结构是一种以职能分工为基础的分级管理结构，即将管理按专业进行划分，由职能管理机构分别领导业务机构，如图 3-8 所示。

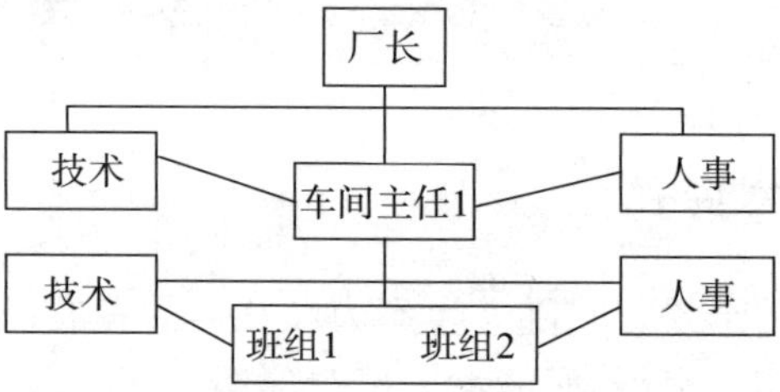

图 3-8　职能型组织结构图

（1）优点：促进管理专业化分工，解决了管理人员的技能与管理任务不相适应的矛盾，使决策者从日常烦琐的业务中解脱出来，集中精力思考重大问题，提高管理成效。

（2）缺点：破坏了命令统一的原则。

（3）适应对象：只有单一类型产品或少数几类产品的企业。

3. 直线—职能型组织结构

直线—职能型组织结构是一种在组织中设置纵向直线指挥系统的基础上，再横向设置职能管理系统的两维模式。它是最常见的一种组织结构形式。我国目前的许多组织，包括机关、学校、医院，尤其是许多中小型企业都采用这种组织结构，如图 3－9 所示。

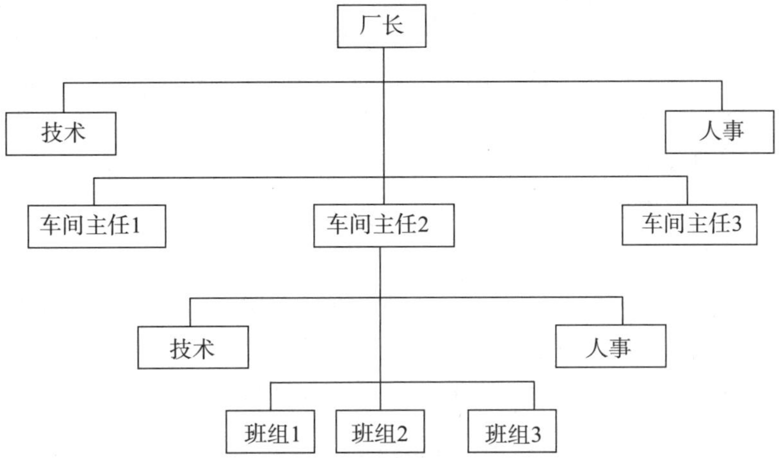

图 3－9　直线—职能型组织结构图

(1) 优点：综合了直线型和职能型的优点，既保持了直线型集中、统一指挥的优点，又汲取了职能型发挥专业管理的长处，从而提高了管理工作的效率。

(2) 缺点：其一，强调集权、统一，下级缺乏自主性，不利于提高灵活性；其二，各职能部门之间的横向联系较差，容易产生脱节和矛盾；其三，直线人员与参谋人员关系有时难以协调。

(3) 适应对象：绝大部分中小型企业，不适宜多品种生产和规模很大的企业，也不适宜创新性的工作。

4. 事业部型组织结构

事业部型组织结构是指在公司统一领导下，按产品或地区分别设立若干事业部，每个事业部都是独立核算单位，在经营管理上有很大的自主权。总公司只保留预算、人事任免和重大问题的决策权，并运用利润等指标对事业部进行考核和控制，如图 3－10 所示。

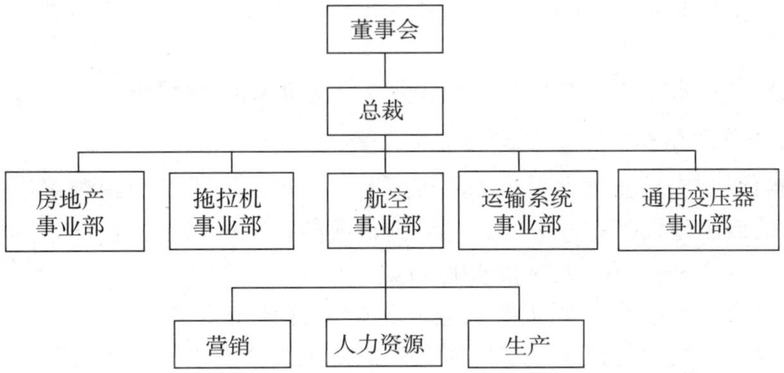

图 3－10　事业部型组织结构图

事业部型的主要特点是“集中决策，分散经营”，即在集权领导下实行分权管理。

（1）优点：第一，对产品的生产和销售实行统一管理、自主经营、独立核算，有利于发挥各事业部的积极性、主动性，并能更好地适应市场；第二，有利于最高层管理者摆脱日常事务，集中精力考虑宏观战略；第三，有利于锻炼和培养综合管理人员。

（2）缺点：第一，事业部型存在着分权带来的一些不足；第二，事业部型要求管理者必须具备很高的管理素质。

（3）适应对象：大型企业、跨国公司、多元化经营企业。

5. 矩阵型组织结构

矩阵型组织结构是由纵横两套管理系统叠加在一起组成一个矩阵，其中纵向系统是按照职能划分的指挥系统，横向系统一般是按产品、工程项目或服务组成的任务系统。各成员既同原职能部门保持组织与业务上的联系，又参加项目工作，如图 3-11 所示。

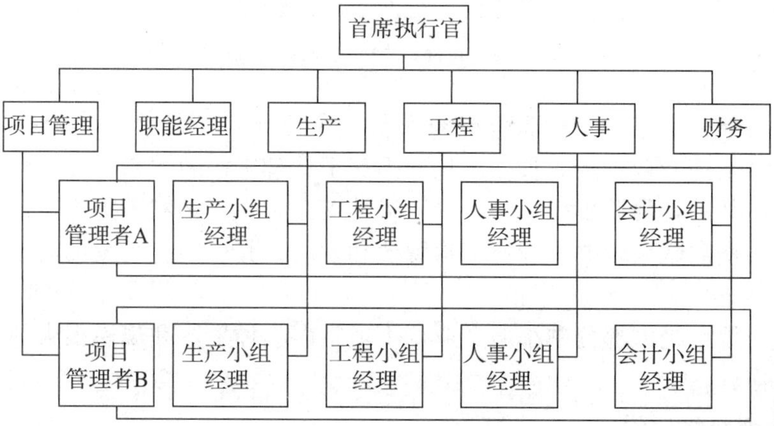

图 3-11　矩阵型组织结构图

（1）优点：使企业组织结构形成一种纵横结合的联系，加强了各职能部门之间的配合，有利于发挥专业人员的综合优势；具有较强的组织灵活性，既可以根据需要快速组建，又可以在完成任务后撤销。

（2）缺点：组织复杂，双向领导，破坏了统一指挥原则。在工作出现差错时，不易分清领导责任。

（3）适应对象：重大工程与项目、单项重大事务的临时性组织。

6. 委员会型组织结构

委员会型组织结构是通过举手表决的方式制定决策的。委员会组织可以是临时的，为了某一特定目的而组建，特定任务完成之后即行解散；也可以是常设的，以促进沟通、协调与合作，实施制定和执行重大决策职能。

现实中董事会、监事会、职工委员会、学位职称评定委员会都是委员会型的组织形式。这种集体领导与决策的组织结构，能有效地避免因个人水平能力有限所造成的各种不力决策与指挥的领导失误，但是这种体制决策速度较慢，有时难以统一思想、统一决策，出现失误时责任不清。

7. 无边界组织、虚拟组织与网络组织

无边界组织主张取消公司内部的纵向和横向的边界，打破公司与顾客、供应商等之间的外部边界障碍，构建更加灵活、富有成效的组织。其中一种重要形式就是虚拟组织，虚拟组织指公司只保留少数核心专职人员，根据项目需要临时雇用外部专家，这就可以做到由少数精干成员组成公司，通过虚拟结构，控制大批自由职业者网络，完成重大复杂项目。这一组织结构模式被应用于现代网络时，就形成网络组织，通过网络将不同地方的人员联结起来，紧密合作，更高效地完成任务。

上面介绍的几种组织结构形式各有利弊，在实际使用时，可以考虑组织目标等因素进行灵活选择。

管理实践

互联网时代，用户与企业的关系正在发生改变：第一，企业和用户之间实现了信息零距离，企业的大规模制造逐渐被大规模定制所代替；第二，去中心化，每个人都是中心，金字塔式的组织架构变得扁平化；第三，分布式管理，全球的资源企业都可以为我所用，全球就是企业的研发部和人力资源部。

传统企业的组织是串联式的，从企划研发、制造、营销、服务一直到最后的用户，企划与用户之间有很多传动轮，但这些传动轮并不知道用户在哪里，这是企业里的中间层。还有一些中间层，比如供应商、销售商。总而言之，这些中间层拉远了企业和用户之间的距离。

海尔“外去中间商，内去隔热墙”，把架设在企业和用户之间的引发效率延迟和信息失真的传动轮彻底去除，让企业和用户直接连在一块，从传统串联流程转型为可实现各方利益最大化的利益共同体。在这个利益共同体里面，各种资源可以无障碍进入，同时能够实现各方的利益最大化。

要建成并联的生态圈，组织结构一定要变。现在的海尔，没有层级，只有三种人——平台主、小微主、创客，都围着用户转，如图 3－12 所示，平台主从管控者变为服务者，

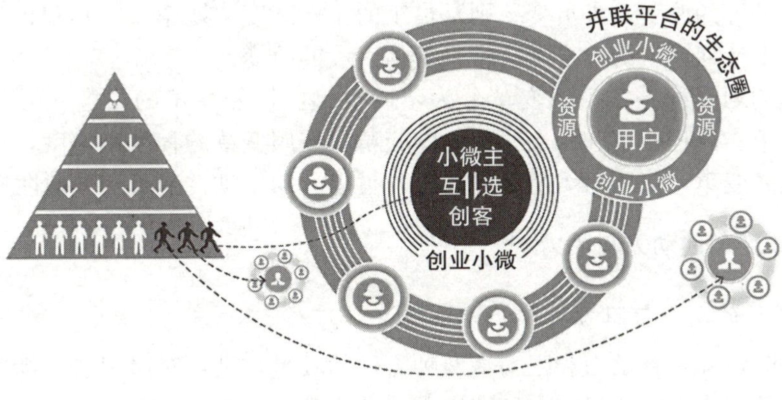

图 3－12 并联的生态圈

员工从听从上级指挥到为用户创造价值，必须要变成创业者、创客，这些创客组成小微创业企业，创客和小微主共同创造用户、市场。小微主不是由企业任命的，而是由创客共同选举的。创客和小微主间可以互选，如果小微主做了一段时间被小微成员的创客认为不称职，将会落选。如果企业内部的人都不行，还可以引进外部的资源。这些小微加上社会的资源，就变成了一个生态圈，共同去创造不同的市场。这就会形成有很多并联平台的生态圈，面对不同的市场和用户。

截至目前，海尔集团已支持内部创业人员成立200余家小微公司。创业项目包含家电、智能可穿戴设备等产品类别，涉及物流、商务、文化等服务领域。另外，在海尔创业平台，已经诞生470个项目，汇聚1 328家风险投资机构，吸引4 000多家生态资源，孵化和孕育着2 000多家创客小微公司。越来越多的社会人员选择海尔平台进行创业，海尔创建的创业生态系统已为全社会提供超过100万个就业机会。

三、组织变革

组织变革是任何组织都可能面临的问题，任何设计得再完美的组织，在运行了一段时间以后，随着组织所处的内外环境的变化，都会面对变革。组织变革实际上是而且也应该成为组织发展过程中的一项经常性活动。

（一）组织变革概述

组织变革是指为了提高组织适应内外部环境的能力，提高组织的效能，及时对组织内部各要素结构进行调整和改变，对不适应的部分进行改革和修正的过程。任何组织，无论过去如何成功，都必须随着时间和环境的变化而不断调整自我，与内外环境相适应，以适应未来组织的发展要求。

对于不同发展阶段的组织，组织变革的内容和侧重点不同。组织变革具有系统性，主要包括结构、技术和人员三个方面。结构变革包括职权关系、组织规模、沟通机制、集权程度、职位设计、组织与其他组织之间的关系等因素的改变。技术变革主要是工作流程、操作方法、设备等的改变。人员变革则是员工的工作态度、期望、认知和行为的调整和革新。组织中以上任何因素的改变都会带来其他因素的改变。

根据不同的划分标准，组织变革分为不同类型：按照变革的内容，可分为战略性变革、结构性变革、流程变革和以人为中心的变革；按照变革的程度和速度，可以分为渐进式变革和激进式变革；按照组织所处的环境，可以分为主动性变革和被动性变革。

（二）组织变革的动力与阻力

1. 组织变革的动力与阻力对比

组织变革时常面临着动力和阻力这两种力量的较量。是否对组织变革动力和阻力进行深入分析，会从根本上影响组织变革的进程以及变革的成功、失败。

组织变革的动力指的是发动、赞成和支持变革并努力实施变革的驱动力。总的来说，组织变革的动力来源于人们对变革的必要性及变革所能带来好处的认识。比如，企业内外各方面客观条件的变化、组织本身存在的缺陷和问题、各层次管理者（尤其是高层管理者）居安思危的忧患意识和开拓进取的创新意识等，都可能形成变革的推动力量，引发变革的动机、欲望和行为。

组织变革的阻力则是指人们反对、阻挠甚至对抗变革的制约力。组织变革阻力的存在给变革管理者提出了更严峻的变革管理任务。成功的组织变革管理者，应该注意到所面临的变革阻力可能会对变革成败和进程产生消极的、不利的影响，为此要减弱和转化这种阻力；同时变革管理者还应当看到，人们对待某项变革的阻力并不完全都是破坏性的，而是可以在妥善的管理或处理下转化为积极的、建设性的。比如，阻力的存在至少能引起变革管理者对所拟订变革方案和思路予以更理智、更全面的思考，并在必要时做出修正，以使组织变革方案获得不断的完善和优化，从而更好地取得组织变革的效果。

2. 组织变革阻力分析

（1）个体和群体方面的阻力。个体对组织变革的阻力，主要是因为其固有的工作和行为习惯难以改变、就业安全需要、经济收入变化、对未知状态的恐惧以及对变革的认知存有偏差而引起的。

群体对变革的阻力，可能来自群体规范的束缚，群体中原有的人际关系可能因变革而受到改变和破坏，群体领导人物与组织变革发动者之间的恩怨、摩擦和利害冲突，以及组织利益相关群体对变革可能不符合组织或该团体自身的最佳利益的顾虑等。

（2）组织的阻力。组织层面的变革阻力包括现行组织结构的束缚、组织运行的惯性、变革对现有权利关系和资源分配格局所造成的破坏和威胁，以及追求稳定、安逸和确定性甚于革新和变化的保守型组织文化等，这些都可能是影响和制约组织变革的因素。所以，组织变革这一问题不是一蹴而就的，通常宜采取分阶段有计划的、逐步推进的渐进式变革策略。

（3）外部环境的阻力。组织的外部环境条件中的社会文化传统、社会风俗习惯、某些由利益关系形成的“利益集团”等因素都会对组织变革带来阻碍。比如，在缺乏竞争性的市场中推动组织变革，组织成员的安逸心态会束缚组织变革的进程。

3. 组织变革阻力的管理对策

对于组织变革管理者来讲，要想推进组织变革顺利进行，首要任务就是要采取措施改变这两种力量的对比，促进变革更顺利地进行。具体策略如下：

一是增强或增加驱动力；

二是减少或减弱阻力；

三是同时增强动力与减少阻力。

实践证明，在不消除阻力的情况下增强驱动力，可能加剧组织中的紧张状态，从而无形中增强对变革的阻力；在增加驱动力的同时采取措施消除阻力，会更有利于加快变革的进程。

（三）组织变革过程

一般来讲，组织变革需要经历解冻、改革、冻结三个过程。

1. 解冻

解冻是鼓励成员正视现实，认识到变革的必要性，接受变革。由于任何一项组织变革都或多或少会面临着来自组织自身及其成员的一定程度的抵制力，因此，组织变革过程需要有一个解冻阶段作为实施变革的前奏。

解冻过程可以通过三种途径实现：一是增加变革的压力，例如，把奖金和接受变革联系起来，目的是为了加强组织行为脱离现状的“驱动力”；二是减少变革阻力，消除变革障碍，目的是为了减弱反抗变革的“遏制力”；三是结合上述两种方法，考虑采用减小阻力和增加动力的双重举措。

2. 改革

改革或变动阶段的任务就是按照所拟订变革方案的要求开展具体的组织变革或行动，以使组织从现有结构模式向目标模式转变。这是变革的实质性阶段，通常可以分为典型试验与全面推广两个步骤。

通过一定范围的典型试验，以便总结经验，修正进一步的变革方案。在试验取得初步成效后再进入大规模的全面实施阶段。这样做的好处是可以规避改革不成功所出现的“牵一发而动全身”的风险；同时可以使一部分对变革尚有疑虑的人能在试验阶段便及早地看到或感觉到组织变革的潜在效益，从而有利于争取组织成员在思想和行动上支持所要进行的组织变革。

3. 冻结

现实中经常出现，组织变革行动发生之后，个人和组织都有一种退回到原有习惯了的行为方式中的倾向。为了避免出现这种情况，变革的管理者就必须采取措施保证新的行为方式和组织形态能够不断地得到强化和巩固，这一强化和巩固的阶段可以视为一个冻结或者重新冻结的过程。缺乏这一冻结阶段，变革的成果就有可能退化消失，而且对组织及其成员也将只有短暂的影响。

（四）互联网时代组织结构变革趋势

互联网时代，企业为了适应前所未有的挑战，组织结构变革的趋势主要沿以下三个方向进行：

1. 组织形态扁平化

马克斯·韦伯提出，科层制组织结构（官僚制）具有机构臃肿、减缓信息传播速度、严重降度管理效率、不利于员工自我管理与创新等弊端，为了适应现代多变的市场环境对企业管理效率及快速为客户创造价值的需要，组织结构扁平化是大势所趋。

（1）扁平化含义。扁平化就是减少管理层次，加大管理幅度，增强员工自主性，提高组织信息传递效率。具体形式是砍掉中间层，进行独立运营，每个单位负责某一特定的市场或产品的经营活动。

（2）扁平化组织的好处。第一，改进沟通质量，提高沟通效率；第二，降低管理费用；第三，提高自我控制水平；第四，与市场零距离，快速响应需求。

2. 组织构成虚拟化

（1）虚拟组织的概念。虚拟组织是指为实现组织目标与共同利益，以信息网络技术为支撑，跨组织、跨时空实现核心竞争能力互补与优势资源共享，所构建的非独立法人、非实体的现代组织结构形式。

（2）虚拟组织的基本特征如下：

一是以低成本、高效率实现商业职能为目标。

二是以跨企业整合资源，跨时空分工合作为基本运行方式，将管理的重点转移到对整个社会资源的整合和调动上。虚拟组织的精髓是将有限的资源集中在附加值高的功能上，只保留企业中最关键的、最有优势的商业职能，而将其他的职能通过各种方式借助外界力量进行整合弥补，以高弹性化来适应市场的快速变化。

三是基于各自目标、共同利益，谋求双赢的利益驱动机制。虚拟组织中的成员是完全平等的，行为受利益驱动。

四是虚拟组织具有非法人性与非实体性。虚拟组织自身不具有法人资格，是多个法人与自然人的复合体。它也不是完整的组织实体，是由分布在不同地域、不同组织的单位与个人所组成的动态混合体。

五是虚拟组织以信息与网络技术支撑与载体是网络平台与多种信息技术、手段的建设与应用。

（3）虚拟组织的类型。

按照虚拟组织的构成，分为单企业虚拟组织与跨企业虚拟组织。前者指一个企业内部不同成员改制为不同的独立经营实体与虚拟的方式连接，甚至有企业外部人员，例如顾客，参与到虚拟组织的经营活动中来，及企业自身成为一个虚拟组织。后者则指多个企业之间，基于共同目标与利益以虚拟方式结成的虚拟组织。

按照虚拟组织的合作目的与商业职能整合，可以分为多种类型：单项商业职能虚拟，即产品开发、生产、营销、配送、后勤等多种虚拟组织；全产业链虚拟，即在产业链各环节进行虚拟合作的组织模式；跨产业链虚拟，即在不同产业链之间进行虚拟合作的组织。

3. 组织功能平台化

平台是快速汇集资源的生态圈，用最快的速度把各种资源汇集到一起，以满足用户互联网时代的个性化需求。互联网时代信息不对称的主动权到了用户手里，导致用户主导企业，即平台型企业。

（1）平台组织的概念。

平台组织是指以信息网络为载体，通过快速汇集资源，为诸多参与者的商业职能运作与消费提供低成本、高效率服务的虚拟化组织结构模式。

平台主体结构主要有平台主（构建平台的企业）、供给方（内部员工与小微企业，外部生产经营合作企业与个人）、顾客这三类成员。

平台基于网络或实体平台，为社会某一领域服务，实现服务于多种生产经营、技术开发、文化交流、社会交际等功能。

（2）平台组织主要特征。

一是开放性，平台组织一定是开放企业边界，实现内外部资源的整合；

二是功能性，平台组织的核心功能是为其他企业或个人提供低成本、高效率服务；

三是规模性，平台需要众多企业或个人参与，平台与主要参与者要具有一定实力，形成很大流量；

四是交互性，平台为所有参与者提供直接的、充分的交流互动的条件与机会，特别是要促进生产者与顾客的零距离接触。

（3）平台组织的两种主要形态。

平台组织典型形态：平台企业。以企业为主体，通过转型，将内部组织结构解析，分解成若干个小微企业或个体；同时开放企业边界，最大限度地引进外部资源，包括研发、生产、营销人员和顾客，构建内外部复合的开放组织结构。内部模拟市场化，外部虚拟化。

平台组织高级形态：生态圈。企业与社会高度融合，充分开放，全方位、多业态、多产业链，和谐发展的无边界生态系统。这是一种多组织、内外部组织形式的复合体。

任务6　配备人员

任务导入

小小同学通过前期对系部学生会组织的走访，了解到系部学生会下设有秘书处、宣传部、组织部、学习部、文体部、生活部、心理健康教育部、外联部、自律部九个部门。她进一步了解到宣传部的主要工作是负责墙报及简报出版、各项活动前后宣传、学生会网站建设及微博管理等，考虑到自己学的专业是电子商务，而宣传部的工作范畴正好涉及网站建设，借助这个平台可以实践专业知识。所以，小小决定加入宣传部。但是，如何进入该组织呢？小小了解到要通过新人招聘途径实现，接下来的工作，她开始咨询、搜集有关宣传部新人招聘的相关信息。

思考：宣传部内部人员是如何配置的？什么样的选聘程序才能进入自己心仪的部门？要符合哪些条件才能够顺利通过各轮测试？新进入的部门干事会接受怎样的培训？

组织设计仅为系统运行提供了可供依托的框架。框架要能发挥作用，还需由人来操作。因此，在设计了合理的组织机构和结构的基础上，还需要为这些机构的不同岗位选配合适的人员。人员配备是组织设计的逻辑延续，要通过分析人与事的特点，谋求人与事的最佳组合，实现人与事的不断发展。

知识梳理

一、人员选聘

（一）人员配备

1. 人员配备的含义

人员配备是指根据组织结构中所规定的职务数量和要求，对所需人员进行有效的选择、培训和考评的过程。人员配备是指为组织结构中的职位配备合适的人员，保证组织活动的正常进行，从而实现组织既定目标。

2. 人员配备的意义

一方面，人员配备是组织有效活动的保证。人是组织最重要的资源。组织的一切活动都需要由人来控制或进行。尤其是在组织管理活动中，主管人员起着举足轻重的作用。各级主管人员配备恰当与否，关系到组织的兴衰存亡。

另一方面，人员配备是组织发展的准备。组织是不断发展的。有效的人员配备能够满足组织未来发展对主管人员的需要，从而保持组织活动的稳定性、连续性，并使组织适应不断变化的环境状况。

（二）人员选聘的途径

人员选聘，既可以考虑从内部选聘，也可以考虑从外部招聘。

1. 内部选聘

内部选聘即从组织内部选聘那些能够胜任的人员来填充空缺职位。内部招聘形式具体有内部提升、内部调动、内部竞聘。

内部选聘的优点：简化招聘程序，降低招聘成本；组织对候选人比较了解，同时候选人也比较了解组织，能很快胜任工作；为组织成员提供了公平竞争的机会，有助于激励组织成员的进取心和士气；使组织对组织成员的训练投资得到回收。

内部选聘的缺点：提升人员数量有限，容易引发组织内部人员矛盾，挫伤组织中没有得到提升的人的积极性；可能失去了从外界获得优秀人才的机会，抑制了组织创新。

2. 外部招聘

外部招聘是指组织借助某些招聘渠道和方法，在组织外部寻找符合空缺岗位工作要求的人员。外部招聘可通过登广告、人才市场、校园招聘、组织成员推荐、猎头公司等途径来进行。

外部招聘的优点：挑选余地大，有利于获得组织所需人员；能够为组织带来新的管理经验和方法，为组织发展注入新的活力；缓解组织内部成员之间的紧张关系；帮助树立组织形象。

外部招聘的缺点：人才甄别难度大，有时会产生聘用失误问题，导致招聘成本增加；外聘人员不熟悉组织情况，进入角色慢；挫伤了内部员工的积极性。

在实际工作中，通常采用内部提升与外部招聘相结合的途径，将从外部招聘来的人员先放在较低的职位上，然后根据其表现再进行提升。

知识拓展

微软：内部推荐

美国微软公司被看作全球最吸引人才加入、有利于人才发展、留得住人才的公司之一。

微软认为，公司的首要任务就是寻找致力于通过软件开发来改善人们生活的人才，不管这样的人生活在何处，公司都要将他们网罗至旗下。

微软主要依靠公司内员工的推荐，特别是当公司进入一个新的市场时。微软有将近40%的员工是通过这个途径进入公司的。

当开发美国以外的市场时，微软宁愿启用当地的人，而不愿从总公司派人。因为公司认为只有当地的人才了解当地的价值观、工作方式、人们如何使用技术、谁是主要的竞争对手。

（三）选聘程序

合理的人员选聘程序对组织能否选聘到合适的人选至关重要，一般来讲，人员招聘的流程如下。

1. 制订招聘计划

招聘计划内容包括选聘人员的数量、质量、岗位与职位分布、选聘程序安排和组织保证等。

知识拓展

××公司人员招聘计划

一、招聘目标（人员需求）

职务名称	人员数量	其他要求
软件工程师	5	本科以上学历，35 岁以下
销售代表	3	本科以上学历，相关工作经验 3 年以上
行政文员	1	专科以上学历，女性，30 岁以下

二、信息发布时间和渠道

1.《××日报》　　1 月 18 日

2. ××招聘网站　　1 月 18 日

三、招聘小组成员名单

组长×××（人力资源部经理）：对招聘活动全面负责

成员×××（人力资源部薪酬专员）：具体负责应聘人员接待、应聘资料整理

×××（人力资源部招聘专员）：具体负责招聘信息发布，面试安排

四、选拔方案及时间安排

（一）软件工程师

资料筛选　　开发部经理　截至 1 月 25 日

初试（面试）　　开发部经理　1 月 27 日

复试（笔试）　　开发部命题小组　1 月 29 日

（二）销售代表
资料筛选　　　　销售部经理　截至1月25日
初试（面试）　　销售部经理　1月27日
复试（面试）　　销售副总　1月29日
（三）行政文员
资料筛选　　　　行政部经理　截至1月25日
面试　　　　　　行政部经理　1月27日
五、新员工的上岗时间
预计在2月1日左右
六、费用招聘预算
1.《××日报》广告刊登费　　4 000元
2.××招聘网站信息刊登费　　800元
合计：4 800元
七、招聘工作时间表
1月11日：起草招聘广告
1月12日—1月13日：进行招聘广告版面设计
1月14日：与报社、网站进行联系
1月18日：报社、网站刊登广告
1月19日—1月25日：接待应聘者、整理应聘资料、对资料进行筛选
1月26日：通知应聘者面试
1月27日：进行面试
1月29日：进行软件工程师笔试（复试）、销售代表面试（复试）
1月30日：向通过复试的人员通知录用
2月1日：新员工入职

人力资源部
××年×月×日

2. 发布招聘信息

当组织中的空缺职位不能通过内部选聘满足时，就需要借助外部招聘的各种方式进行招聘信息的发布，吸引求职者前来应聘。

3. 初试

根据收集到的应聘者的简历，对其进行筛选，通知符合组织需要的人员进行初试。初试通过两种形式完成：一是对应聘者进行初步资格审查，初步认定符合招聘条件的候选人；二是面谈，面谈可以直观地接触、了解对方的语言表达、逻辑思维和思维敏捷度等方面能力，但是，需要注意的是不要因第一印象产生偏见。

4. 复试

初试合格者可进入复试环节，复试的测试方法通常包括：

（1）智力测验，目的是衡量候选人的记忆力、思维的敏捷度和观察复杂事物相互关系的能力。

(2) 熟练程度和适应性测验，目的在于识别候选人现有的技术熟练程度、掌握这类技术的能力及其潜力。

(3) 职业测验，目的在于识别候选人最适宜担任的职务。

(4) 个性测验，目的在于识别候选人领导才能方面的潜力。

5. 录用与评估

通过初试和复试，以及必要的体检程序的人员，组织和员工签订劳动合同，完成正式录用。最后，在整个选聘结束后，需要对本次选聘工作进行总结，并对新入职员工进行跟踪和评估。

管理故事

司机考试与冰山理论

某公司准备高薪招聘一位小车司机，经过层层筛选，最后只剩下三名技术最优良的竞争者。主考者问他们："悬崖边有块金子，你们开着车去拿，觉得能距离悬崖多近而又不至于掉落呢?"

第一位说："两米。"

第二位说："半米。"

第三位说："我会尽量远离悬崖，越远越好。"

结果这家公司录用了第三位。

所谓"冰山理论"，是根据每位员工个人素质的不同表现形式，将其分为可见的"水上部分"和深藏的"水下部分"。其中，"水上部分"包括基本知识、基本技能，是人力资源管理中人们一般比较重视的方面，它们相对来说比较容易改变和发展，培训起来也比较容易见成效。而"水下部分"包括社会角色、自我概念、特质和动机，这方面处于冰山的最下层，是比较难于评估和改进的。

启示：根据冰山理论，人的才能和素质分"水上部分"和"水下部分"，水下部分构成人的潜在素质，它们是水上部分的基础，在选拔人才中，这部分内容却最具有选拔的预测价值，因此，企业在招聘员工时，不仅要招聘到能够胜任岗位的员工；更重要的是，企业要将具有潜在高素质的员工招聘到企业中来，这些员工的潜在素质是企业兴旺发达的保证。

二、员工培训

(一) 员工培训的含义

人员培训是指组织通过各种措施和方法，促进内部成员学习的活动。通过人员培训不仅可以帮助员工个人做好职业规划，同时也有助于组织激励、留住员工，对组织目标的实现具有正面积极的影响作用。

（二）培训内容

培训内容包括以下几个方面。

1. 知识培训

知识培训由以下两方面构成。

（1）规则制度培训。规则制度培训主要是对员工进行组织内部规章制度和组织外部（与员工自身密切相关）制度的培训，通过培训，员工更加熟悉、掌握组织办事流程、认清岗位职责、学会法律维权等，这在一定程度上保证了组织经营活动的顺利进展。

（2）岗位知识培训。对新入职员工来讲，通过对其进行岗位所需知识培训，对于其提高生产效率，培养劳动安全意识具有重要作用。

2. 技能培训

技能培训的内容主要包括三个方面。

（1）通用技能培训。尽管不同的岗位需要不同的专业技能，但是，对于一般员工而言，必须掌握一定的岗位通用技能，这对提高组织整体能力非常必要。

（2）专业技能培训。对于某些特定岗位，必须对员工进行实际操作技能的培训，并且在培训合格后才能上岗。这种培训形式最常见的是“传、帮、带”。

（3）人际技能培训。人际技能是协调组织成员上下级关系、传递信息的必备能力。

3. 态度培训

态度培训影响着员工的工作绩效，通过培训，可以改变员工的工作态度，但不是绝对的，关键看管理人员工作本身。管理者要根据个人特点找到适合每个人最有效的影响和控制方法，从而规范员工行为，促进其态度的转变。

（三）培训方法

培训的主要方法有课堂培训、职务轮换、提升、设立副职、集体研讨会等。

1. 课堂培训

课堂有助于员工比较系统或者深入地了解有关学科的基本理论和方法，有助于提高其理论水平。其形式多种多样，可以是脱产学习（如短训班、专题研讨会等），也可以是在职业务学习。

2. 职务轮换

职务轮换是使各级人员在不同部门的不同岗位上轮流工作，以使其全面了解整个组织的不同工作内容，得到各种不同的经验，为其今后在较高层次的职位上工作打好基础。

职务轮换的一种方式是非主管工作的轮换。参加这种轮换的多为刚从学校毕业的人员或是一些基层主管人员。这种轮换多是在生产和服务的第一线进行的。这种轮换有助于受训者了解组织最基层的各类业务活动，了解这些活动的基本特点、基本过程，对各类业务活动获得感性认识，了解基层非主管人员的工作情况和精神状态，密切与基层非主管人员的联系。

职务轮换的另一种方式是在主管职位间轮换。这种轮换是在组织同一层次、不同部门的职务上进行的轮换。其目的是提高主管人员的全面管理技能，使他们积累在不同部门管理的经验，以胜任较高层次上的管理工作。这一方法的优点是可以开阔主管人员的视野，了解各个部门的特点及其相互联系，培养其全面、综合管理能力，同时考察其实际管理能力和应变能力。

3. 提升

提升的方式主要是有计划的提升和临时性提升。

（1）有计划的提升。这种方法有助于培养那些有发展前途的，将来拟提拔到更高一级职位上的主管人员。它是按照计划好的途径，使主管人员经过层层锻炼，从低级逐步提拔到高层。

（2）临时性提升。临时性提升是指当某个主管人员由于某些原因出现职位空缺时，组织指定某个有培养前途的下级主管人员代理其职务，这样，临时性提升既是一种培养方法，对组织来说也是一种便利。

4. 设立副职

这种培训方法是让受训人员和有经验的管理人员一起工作，后者对受训人员发展给予特别注意。

5. 集体研讨会

这种方法适用于较少人员的集体。其长处是提供了与培训者的双向交流机会，对提高受训者集体责任感和改变工作态度有较大作用。同时，受训者的情况可直接反馈至培训者，从而提高了培训效率。

管理实践

东京迪士尼乐园员工培训

到东京迪士尼去游玩，人们不大可能碰到迪士尼的经理，门口卖票和检票的工作人员也许只会碰到一次，碰到最多的还是扫地的清洁工。所以东京迪士尼对清洁工非常重视，将更多的训练和教育大多集中在他们的身上。

东京迪士尼扫地的员工有些是暑假工作的学生，虽然他们只打扫两个月，但是培训他们扫地要花三天时间。

学扫地

第一天上午要培训如何扫地。扫地有三种扫把：一种是用来扒树叶的，一种是用来刮纸屑的，一种是用来掸灰尘的。这三种扫把的形状都不一样。怎样扫树叶才不会让树叶飞起来？怎样刮纸屑才能把纸屑刮得很好？怎样掸灰才不会让灰尘飘起来？这些看似简单的动作却都有严格培训。而且扫地时还另有规定：开门时、关门时、中午吃饭时、距离客人 15 米以内等情况下都不能扫。这些规范都要认真培训，严格遵守。

学照相

第一天下午学照相。十几台世界最先进的数码相机摆在一起，各种不同的品牌，每台都要学，因为客人会叫员工帮忙照相，可能会带世界上最新的照相机来这里度蜜月、旅行。如果员工不会照相，不知道这是什么东西，就不能照顾好顾客，所以学照相要学一个下午。

学包尿布

第二天上午学怎么给小孩包尿布。孩子的妈妈可能会叫员工帮忙抱一下小孩，但如果员工不会抱小孩，动作不规范，不但不能给顾客帮忙，反而增添顾客的麻烦。抱小孩的正确动作是：右手要扶住臀部，左手要托住背，左手食指要顶住颈椎，以防闪了小孩的腰，或弄伤颈椎。不但要会抱小孩，还要会替小孩换尿布。这些细节都要认真培训，严格规范。

学辨识方向

第二天下午学辨识方向。有人要上洗手间，“右前方，约 50 米，第三号景点东，那个红色的房子”；有人要喝可乐，“左前方，约 150 米，第七号景点东，那个灰色的房子”；有人要买邮票，“前面约 20 米，第十一号景点，那个蓝条相间的房子”……顾客会问各种各样的问题，所以每一名员工要把整个迪士尼的地图都熟记在脑子里，对迪士尼的每一个方向和位置都要非常明确。

训练三天后，发给员工三把扫把，开始扫地。如果在迪士尼里面，碰到这种员工，人们会觉得很舒服，下次会再来迪士尼，也就是所谓的吸引顾客回头，这就是所谓的员工面对顾客。

三、员工考评

（一）员工考评概述

1. 员工考评的概念

员工考评，指按照一定的标准，采用科学的方法，衡量与评定人员完成岗位职责任务能力与效果的管理方法。

2. 员工考评的目的

（1）发掘员工的能力。

（2）有效利用员工的能力。

（3）通过考核，对员工给予公正的评价与待遇，包括奖惩与升迁等。

3. 员工考评的作用

（1）有利于评价、监督和促进员工的工作，有明显的激励作用。

（2）为确定员工的劳动报酬与其他待遇提供科学依据。

（3）为个人认识自我、组织考评、促进员工的全面发展创造条件。

（4）有利于管理者了解下属，以便进行合理的岗位调整及职务晋升。

（二）员工考评内容

1. 德

德包括思想政治表现、社会道德与职业道德，特别是职业道德，对于企业的员工来说具有重要的意义。它直接关系到员工的工作质量、为社会所做的贡献、对社会精神文明的影响等。

2. 能

能指考核员工所从事的业务技术工作而相应具备的专业理论水平与实际能力。对员工考核主要包括基本能力和熟悉程度：其一，基本能力，包括知识、技能和体力。其二，熟悉程度，包括理解能力、判断能力、决断能力、创造能力、筹划能力、开发能力、表达能力、谈判能力、涉外能力、领导能力等。

3. 勤

勤指考核员工主观上的工作积极性和工作中的表现，包括纪律、干劲、责任心、主动性等。

4. 绩

绩指考核员工在工作过程中的实际成绩与效果，主要包括员工所完成工作成果的数量、质量及时效等。这是最重要的考核内容。对员工绩效的考核是确定对其评价、奖酬、使用的最基本的依据。

5. 个性

个性指主要了解员工的性格、偏好、思维等。对员工个性的了解有利于管理者更好地掌握下属的特点，有针对性地、更富有成效地搞好管理。

（三）员工考评程序

1. 制订考评计划

考评计划的制订是人员考评的首要工作。根据组织的基本要求和考评目的，确定考评计划的内容：考核的目标、对象、程序、实施时间与日程、考核主体、考核要求与事项等。

2. 做好考评准备工作

考评前的准备工作基本包括以下几个方面：

（1）制定考核标准。考核的标准主要有两种：一是职务标准，即组织所期望或要求做的工作内容与水平；二是职能条件，即组织期望与要求个人应具备的能力内容和水平。

（2）设计考核方法。应根据考核对象的工作性质与特点、考核标准的要求以及组织的实际情况，灵活地选择与设计考核的方法。

（3）培训考核人员。在考核前应进行对考核人员的培训，使他们掌握考核的目的与要求、程序与方法，包括进行必要的客观公正教育等。

3. 实施考评

在员工考评的具体实施阶段强调两方面工作的重要性：一是搜集信息环节，注意通过多种渠道，搜集真实、准确、全面的信息，同时在后期对信息加工时，尽可能做到量化处理。二是衡量工作环节，强调要采用事先设计的科学的考核方法，客观公正地进行衡量。

4. 分析考评结果，进行综合评价

为了得到正确的考评结果，分析环节首要的事情是进行信息的筛选，确保信息的准确性；之后进行信息的科学分类、系统分析、科学抽象，最后，做出正确的考评结论。

5. 反馈考评结果

考评结果可以作为了解员工、激励工作、开发能力、奖酬发放、调整使用、晋职晋级等的依据。所以考评结果要及时上报给上层管理者，同时反馈给员工本人。

（四）考评方式与方法

1. 考评方式

（1）自我考评。自我考评就是员工根据组织的要求定期对自己的工作情况进行评价。通过自评，管理者可以了解被考评员工的真实想法，同时可能会发现一些自己忽略的考评事情。自我考评的典型方式如述职报告。

（2）上级考评。即由上级对下级的绩效进行考评。一般而言，当上级是主管人员的直接上级时，其考评结构比较真实、客观。

（3）群众考评。群众考评主题包括除上级主管人员以外的所有人，如同级主管人员、下级、员工自己。这种形式的优点在于彼此接触较多，了解深入，因此所做的评价比较客观可信。其不足之处在于员工个人的人缘好坏对考评结果影响很大。

2. 考评方法

（1）考试法。考试法分笔试与面试两种。笔试方法简便易行，主要是考核主管人员对知识的掌握程度及其理论水平，但很难考核一个人的实际才能、创造才能和应变能力。面试方法着重考察员工的思维能力、应变能力以及处理棘手问题等方面的能力。

（2）成绩记录法。成绩记录法即将取得的各项成绩记录下来，以最后累计的结果进行评价的方法。这是一种日常的、连续的、客观记录事实的方法。这种方法主要适应于能实行日常连续记录的生产经营活动或其他职能工作，如记录生产的数量、质量、进度等。

（3）对比法。这种考评方法的基本步骤是：第一，事先选定评价的具体项目；将同一级人员编成一组；第二，按事先规定的评价项目，逐人逐项地进行对比，胜者得一分，负者得零分；第三，计算每个人的得分数，按优劣排出名次。如果选定的评价要素是若干个，那就需要通过逐项的对比，得出相应的分数，然后再把每一个参加评价人员的若干项得分加在一起，得出他们的总分数，最后排出总的名次。

（4）图尺度评价法。它是以表格的形式列举出了一些绩效构成要素，如工作质量、生产效率。此外，还需列举出跨越范围很宽的工作绩效等级，如杰出（在所有各方面的绩效都十分突出）、很好（工作绩效的大多数方面明显超出职位的要求）、好（绩效水平达到了工作标准）、需要改进（在绩效的某一方面有缺陷）、不满意（工作绩效水平无法让人接受）。

图尺度评价法步骤：第一，针对每一位下属雇员从每一项评价要素找出最能符合其绩效状况的分数。第二，将每一位雇员所得到的所有分值相加，即得到其最终的工作绩效评价结果。

（5）关键事件法。此种考评方法要求记录每一位员工在工作活动中所表现出的最佳行为或不良行为。在既定的一段时间后，根据记录的情况来讨论评价员工的工作绩效。该方法一般不单独使用。关键事件法的优点是，评估结果有事实作为评价依据，从时间上来讲依据的事实是全过程的，而不是员工离评价时间最近一段时间的表现。

（6）360 度考核法。此种方法是由与被考评者工作密切的相关人员参与，给出匿名评价，评价主体包括上级、同事、下级、顾客四组，每组至少选择 6 个人，通过这四组群体对被考评者进行全方位评价，最后的考核结果通过外部顾问公司分析后，反馈给被考评人员，如图 3－13 所示。

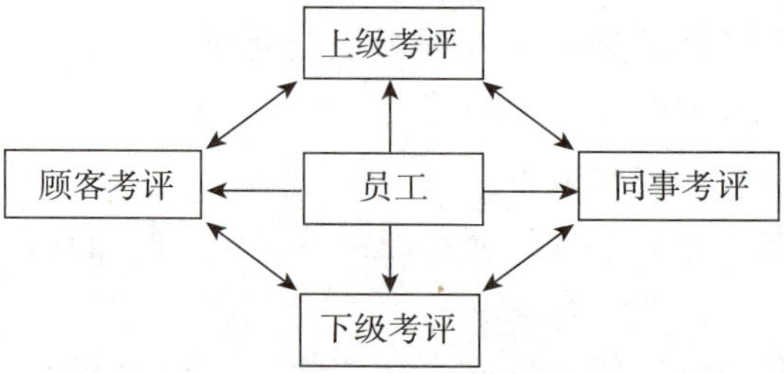

图 3－13　360 度考核法

该方法是组织中一般和中层管理人员进行绩效考评最常用的方法之一。

管理故事

尧对舜的德才考察

舜乃颛顼帝的第六代后裔，原本有着高贵的血统，可惜的是，颛顼之后各代都不争气，“皆微为庶人”，普通老百姓而已。舜的父亲更惨，连个正规的名字都没有，就叫“瞽叟”——意为年老的盲人。

时代不同，人才的选拔机制不一样。尧帝不听从众臣的推荐，既不用自己的儿子丹朱，也不用身边的诸臣，大概是他们的德才都不足以担当天子的重任吧，可见尧选才的标准相当严格和苛刻。尧对生活于底层的舜早有所闻，当听到四岳介绍说舜以孝闻名天下时，尧马上就产生了兴趣，决定对舜做深入了解，舜因此有了一显身手的机会。德行里头，孝德摆在第一位，这是非常明智与科学的：你有才但孝德不好，你还是不行。为什么？孝能使家和，家和而兴，家家户户都兴旺发达，社会才有希望。家庭是社会的直接组成因子，家之不立，社会何以立？国家何以兴？尧把孝德作为考察人才的首要因素，非常有道理。无家庭责任感、不能善待父母兄弟姐妹和子女的人，可否对他们委以重任值得我们深思。

要启用一位领导干部，必须就其德才进行全面考核。作为重点培养对象，尧对舜提出了一系列行之有效的考核方法。

先是考核其德。

尧的考核方法其实就是考验。尧将自己的两位美丽可爱的女儿娥皇和女英嫁给舜做妻子，以观其德。其次，派出自己的九个儿子作为考察小组和舜一块生活，从舜与他们的相处情况观察舜的为人。舜不负所望，夫妻和睦，尧的九个儿子也在舜的带领和影响下大有长进。第一个考验顺利通过。

其次考核其才。

一个人的才能主要体现在做事之上，因而，尧取消了笔试和面试环节，考核德行通过之后，立即就把舜放到工作岗位上试他的才干。尧先让舜任司徒之职，分管五伦（即五德：父义、母慈、兄友、弟恭及子孝）教化工作，完善和理顺公民道德建设，结果舜的成绩斐然。接着尧让舜主持组织部工作，掌管干部任免事宜，百官依顺，全都听从管理和调度。再做外交工作，专门负责接待四方来宾，在舜的主持下，各地诸侯宾客无不恭恭敬敬、彬彬有礼。最后，尧派舜深入基层，考察农林水牧，其间，即使是暴风雷雨天气，舜也从来不会迷路，工作开展得有声有色。尧对舜的表现极为满意，认为舜是德才兼备之人，于是召见舜，向舜表示把舜定为第一也是唯一的接班人，还举行了庄严的禅让仪式。

舜所经受的考验为时长、所从事的工作多且全面。这是尧聪明过人之处：没有全方位的考验，不轻易对受考验者下结论。

此后，过了 20 年，尧年老力衰，舜得以摄政，在尧的指导下代理行使天子之命；再过八年，尧崩，全国哀悼三年，舜要将权位让给尧之子丹朱，国人却不领情，舜乃顺应天意和民意，任第一把手，自此，舜的才华更得以全面发挥，“天下明德”从此而始。

尧没有看错人，他对舜所做的种种考验并非苛刻、多余，最终，结果证明，尧在人才选拔问题上做出了正确的选择，尧的禅让更使得大部落统治阶层的执政根基得到进一步的巩固和强化。

启示：尧在选择接班人的过程中，采用了多角度的绩效考核方法，前后历时二十余年。尧对舜的绩效评价是全方位的，既包括对基本能力素质的考核，又包括对关键绩效指标的考核；最终制定决策时，又充分征求了各方的意见，提高了决策质量，降低了政权交接的风险。现实企业人员考核环节也要做到全方位、多角度评价每一位员工，同时起到有效激励的效果，一定程度上保证了企业长远稳定的发展。

职业能力训练

同步测试

一、单选题

1. 以下关于组织的说法中不准确的是（　　）。

A. 组织必须由两个或两个以上的人组成

B. 组织包括不同次的分工协作

C. 组织必须有既定的目标

D. 任意一个群体都可称为一个组织

2. 一家产品单一的跨国公司在世界许多地区拥有客户和分支机构，该公司的组织结构应考虑按什么因素来划分部门（　　）。

A. 职能　　B. 产品　　C. 地区　　D. 矩阵结构

3. 某企业的员工在工作中经常接到来自上级的两个有时甚至是相互冲突的命令，以下哪种说法指出了导致这种现象的本质原因（　　）。

A. 该公司在组织设计上采取了职能结构

B. 该公司在组织运作中出现了越权指挥的问题

C. 该公司的组织层次设计过多

D. 该公司组织运行中有意或无意地违背了统一指挥的原则

4. 下列哪类企业最适合采用矩阵型组织结构（　　）。

A. 纺织厂　　B. 医院　　C. 电视剧制作中心　　D. 学校

5. 某公司随着经营范围的扩大，其由总经理直辖的营销队伍人员也从 3 人增加到 100 人，最近，公司发现营销队伍似乎有点松散，对公司的一些做法也有异议，但又找不到确切的原因。从管理的角度看，你认为出现这种情况的主要原因最大可能在于（　　）。

A. 营销人员太多，产生了鱼龙混杂的情况

B. 总经理投入的管理时间不够，致使营销人员产生了看法

C. 总经理的管理幅度太宽，以致无法对营销队伍进行有效的管理

D. 营销队伍的管理层次太多，使得总经理无法与营销人员有效沟通

6. 很多企业都是由小到大逐步发展起来的，一般在开始时往往采用的组织结构是直线型的。但是业务的扩大以及人员队伍的增加，使得高层管理者不得不通过授权的方式委托一批有实力的专业人员进行职能化管理。但是，直线职能型组织形式也存在一些固有的缺陷。下列哪种说法不是直线-职能型组织形式的缺陷（　　）。

A. 成员的工作位置不固定，容易产生临时观念

B. 各职能单位自成体系，往往不重视工作中的横向信息沟通

C. 组织弹性不足，对环境变化的反应比较迟钝

D. 不利于培养综合型管理人才

7. 某公司有员工 64 人，假设管理幅度为 8 人，该公司的管理人员应为多少人？管理层次应有多少层？（　　）

A. 10 人 4 层　　B. 9 人 3 层　　C. 9 人 4 层　　D. 8 人 3 层

8. 采取工作轮换的方式来培养管理人员，其最大的优点是有助于（　　）。

A. 提供受训者的业务专精能力　　B. 减轻上级领导的工作压力

C. 增强受训者的综合管理能力　　D. 考察受训者的高层管理能力

9. 管理人员选聘时不需要作为主要考虑标准的是（　　）。

A. 管理的欲望　　B. 冒险的精神

C. 健康的身体　　D. 沟通的技能

10. 内部招聘的最主要的缺点是（　　）。

A. 引起同事不满　　B. 有历史包袱，不能迅速展开工作

C. 要花很长时间重新了解企业状况　　D. 知识水平可能不够高

二、填空题

1. 组织设计经过八个环节，分别是________、________、________、________、________、________、________、________。

2. 管理层次受到________和________的影响。它与组织规模成________比，在组织规模已定的条件下，它与管理幅度成________比。

3. 信息技术的发展使得组织结构呈现________的趋势。

4. 组织设计中经常运用的部门划分的标准是：________、________和________。

5. 矩阵组织是一种由纵横两套系统交叉形成的复合结构组织。纵向的是________；横向的是为完成某项专门任务（如新产品开发）而组成的________。

6. 管理人员的招聘程序为________、________、________、________、________。

7. 员工培训方法有________、________和________等。

8. 员工考评包含________、________、________、________、________五个方面的内容。

9. 员工考评的程序包含________、________、________、________和________。

10. 人员选聘的途径包括________和________。

三、简述题

1. 组织结构有哪些类型？各自的优缺点是什么？

2. 管理幅度与管理层次有何关系？

3. 内部提升、外部招聘有何优缺点？

4. 传统的考评方法有什么弊端？应该如何克服？

四、案例分析题

案例 1

陷于困境的经理

王先生作为一名有能力的工程师，创办了一家小型生产企业。他的朋友帮他得到了一些印刷电路板的订货单，近期业务繁忙起来。

王先生的公司位于一处平房厂房之中，员工大约有50个。公司是一人管理体制，王先生几乎包揽了公司的所有事项，包括从计划、采购、市场、人事到生产监督的每一项工作。

王先生制定所有的决策，处理以下问题：

（1）企业计划。

（2）建立和保持与现有及潜在顾客的联系。

（3）安排财务筹资并处理日常的财务问题。

（4）招募新员工。

（5）解决生产中的问题。

（6）监管库存、货物接收和发运。

（7）在秘书的帮助下管理日常的办公事务。

他在工厂投入相当多的时间，指导工人该做什么和不该做什么。一旦他看到了自己不满意的事情，他就会叫相关的工人来改变。

最近进行体检时，他的医生告诉他："王先生，如果你再消瘦下去的话，你的心脏病将可能很快发作。"

王先生正在考虑他的健康和公司的生存问题。

分析：

1. 王先生所面临的问题如何能够得到解决？
2. 请画出王先生的企业现行的组织结构图，分析其合理性并提出改进意见。

案例 2

索尼公司的内部招聘

一天晚上，索尼董事长盛田昭夫按照惯例走进职工餐厅与职工一起就餐、聊天。他多年来一直保持着这个习惯，以培养员工的合作意识和与他们的良好关系。这天，盛田昭夫忽然发现一位年轻职工郁郁寡欢，满腹心事，闷头吃饭，谁也不理。于是，盛田昭夫就主动坐在这名员工对面，与他攀谈。

一番交谈后这个员工终于开口了："我毕业于东京大学，有一份待遇十分优厚的工作。进入索尼之前，对索尼公司崇拜得发狂。当时，我认为进入索尼，是我一生的最佳选择。

但是，现在才发现，我不是在为索尼工作，而是为科长干活。坦率地说，我这位科长是个无能之辈，更可悲的是，我所有的行动与建议都得由科长批准。我自己的一些小发明与改进，科长不仅不支持，不解释，还挖苦我癞蛤蟆想吃天鹅肉，有野心。对我来说，这名科长就是索尼。我十分泄气，心灰意懒。这就是索尼？这就是我的索尼？我居然要放弃了那份优厚的工作来到这种地方！”

这番话令盛田昭夫十分震惊，他想，类似的问题在公司内部员工中恐怕不少，管理者应该关心他们的苦恼，了解他们的处境，不能堵塞他们的上进之路，于是产生了改革人事管理制度的想法。

之后，索尼公司开始每周出版一次内部小报，刊登公司各部门的“求人广告”，员工可以自由而秘密地前去应聘，他们的上司无权阻止。

另外，索尼原则上每隔两年就让员工调换一次工作，特别是对于那些精力旺盛、干劲十足的人才，不是让他们被动地等待工作，而是主动地给他们施展才能的机会。

分析：

1. 你怎样看待索尼公司的内部招聘？
2. 这种制度在中国企业能否行得通？

技能训练

实训项目 1　系部学生会组织结构设计

实训目标

1. 使学生结合实际，加深对组织结构设计的感性认识与理解。
2. 初步培养学生设计组织结构的能力。

实训内容

1. 调查研究内容如下：

（1）系部学生会组织具体包括哪些部门？这些部门是如何划分的？其主要职责是什么？

（2）系部学生会组织每个部门内部的岗位如何设置？其岗位职责又是什么？

（3）系部学生会组织内部的层级关系是怎样的？部门与部门之间如何打交道？

（4）现行的组织架构是否促进学生会工作的运转？如有障碍，应该如何设立更适合其发展的组织结构？

2. 每一小组提交一份系部学生会组织的组织结构设计图。

3. 每一小组提交一份简要的调研分析报告。

实训要求

1. 由学生自愿组成小组，每组 5～6 人。

2. 利用课余时间，团队成员对系部学生会组织系统进行调查与访问。

3. 在调查访问之前，每组需根据课程所学知识，经过讨论制定调查访问的提纲，确定具体调研内容。

4. 各小组实训完成后组织班级交流研讨，提出改进建议。

实训评价

1. 各小组内部成员自己给出自评分数和评价结论，占总成绩权重30%。

2. 根据各组上交的组织结构设计图和调研报告小结，各小组之间交流互评，给出小组评价分数和评价意见，占总成绩权重30%。

3. 根据各组上交的组织结构设计图和调研报告小结，同时结合小组内部和各组间的评价，教师客观地给出自己的评分和评价意见，占总成绩权重40%。

4. 通过加权平均计算方法给出各小组最终的实训成绩。

实训项目2　制订系部学生会新人招聘计划

实训目标

1. 使学生结合实际，加深对人员选聘流程的感性认识与理解。

2. 培养学生具备制订人员招聘计划的能力。

3. 培养学生正确选择招聘途径和方法。

实训内容

1. 调查研究内容如下：

（1）系部学生会组织各部门的现有成员配置情况，包括部门总人数。大一、大二、大三的学生分别占多少比重，哪些成员有退出的想法?

（2）根据上述调研数据分析各部门的人员配置情况是否合理，哪些部门需要招新，要招聘多少新人，计划从哪个年级吸引人才。

2. 根据上述调查分析结果，再汇总学生会各部门内部的招聘意见，各小组初步拟订招聘计划框架。

3. 经过后期咨询系部团总支意见，不断修改完善后，每一小组提交一份详细的系部学生会新人招聘方案。

实训要求

1. 由学生自愿组成小组，每组5～6人。

2. 利用课余时间，团队成员对系部学生会组织人员配备情况进行调查与访问。

3. 在调查访问之前，每组需根据课程所学知识经过讨论调查访问的提纲，确定具体调研内容。

4. 各小组实训完成后组织班级交流研讨，提出改进建议。

实训评价

1. 各小组内部成员自己给出自评分数和评价结论，占总成绩权重30%。

2. 根据各组上交的组织结构设计图和调研报告小结，各小组之间交流互评，给出小组评价分数和评价意见，占总成绩权重30%。

3. 根据各组上交的组织结构设计图和调研报告小结，同时结合小组内部和各组间的评价，教师客观地给出自己的评分和评价意见，占总成绩权重40%。

4. 通过加权平均计算方法给出各小组最终的实训成绩。

管理游戏

向前传递

目的：通过游戏使学生明白扁平式组织结构能够减少信息的失真。

道具：每组一张小纸片，上面写着一条“消息”（见附注）。

时间：30 分钟。

程序：

1. 将全班同学分成若干小组，确定每小组传递消息的第一人和最后一人。

2. 把纸片发给每小组的第一人，第一人看完后，将纸片交给老师。

3. 消息由每小组的第一人依次向小组其他成员传递，直至最后一人。

4. 最后一人将听到的消息写在纸上交给老师。如果只有 2～3 个小组，可以让每小组最后一人在黑板上写出听到的消息，然后再让小组其他 1～2 位小组成员在黑板上写上自己听到的消息，最后让每组第一人修改距他位置最近的小组成员所写的消息。

5. 如果是纸条，则老师念完纸条的内容，再念正确的答案；如果是写在黑板上，可以大声说出每小组相同消息的不同版本。

规则：

1. 每次传递时只允许将消息说一遍。

2. 轻轻地将自己理解的消息告诉你旁边的人，并依次传递下去，只有当轮到小组某个成员时，他（她）才可以听。

3. 听到消息后，必须完全按照自己的理解告诉下一名成员。

教师任务：

1. 在上课前，为每个小组准备一份包含所有“消息”的复印件，然后将每条消息剪开。

2. 宣布完规则后，发放纸片，给每小组第一人 3～4 分钟时间，然后收回纸片。

3. 监控传递人员，他（她）们只能将消息说一遍，防止说数遍或防止同学一点一点传递。

4. 监督最后一人上交他（她）写的纸条，或者组织学生上黑板写下所听到的。

考核标准：

在规定时间内传递消息最准确者获胜，时间依人数的多少自定。

附注：

消息一

我将于 7 月 2 日到 8 月 4 日这段时间外出度假，因此我希望这段时间能够停送报纸。我记得你们可以在周六晚上送出周日的报纸，因此我希望为我安排提早投递周日的报纸。

消息二

我想将我的私人账户转为两人共有，我还想知道你们对小额商业贷款的新规定。此外，少于 10 000 美元的短期商业贷款的利率是多少？

消息三

我有意于 7 月 6 日带队参观博物馆，成员包括十名儿童、三位老人和四个年龄超过 18 岁的成年人，这四个成年人中有一人是学生。请问分别买票享受老年人和学生折扣，同购买团体票相比较，哪种方法更划算呢？

消息四

我想订购两束玫瑰，分别送往两个地方：一束送给我的母亲，她居住在奥克兰；另一束送给我的姐姐，她则住在奥林达。玫瑰一定要新鲜——甜心玫瑰送给我的母亲，纯银玫瑰送给我的姐姐。

项目四

领导（上）

项目目标

知识目标

1. 熟悉领导的概念。
2. 掌握领导理论。
3. 理解权力的来源。
4. 掌握指挥的过程和艺术。
5. 掌握激励理论与激励方法。

技能目标

1. 初步培养提高自身权威与有效运用权力的能力。
2. 初步培养有效指挥的能力。
3. 初步培养激励他人的能力。

任务7 指挥

任务导入

某市机械工业生产不景气的状况十分严重，上级领导决定采取紧急措施，调整该局的领导班子，加强领导力量。原来的领导班子成员，有的调出，有的退居二线，新的领导班子中的主要领导——局长和副局长——都是新调进来的，他们都很年轻，有较高的学历和丰富的管理经验。新的领导班子组建后，工作热情都很高。在新旧领导交班时，两位局长请几位前任领导较全面、认真地介绍了情况。在继续深入调查的基础上，局党委就下一步工作应该如何开展形成了一个基本意见。在几天后的中层干部大会上，局长发表了热情洋溢的讲话。他的讲话得到了大家的赞许。

之后，新领导开始了“新官上任三把火”。

第一，他深入基层调查、了解情况，掌握第一手资料。有时他在工厂一待就是一天，和工人师傅们广泛接触。他还提出领导要提早上班，推迟下班，检查工人的工作情况。大家认为这是不能长久实行的。

第二，他从调查中了解到有些厂生产上不去是因为缺少某些原料，局长利用自己在其他市的关系，寻找办法。有人统计，仅10月份，局长就出了4趟差。

第三，他最关心远景规划的实现，为了这个目标，他常带队到外地考察并形容自己“睡不好觉，常吃剩饭，衣服一个月一洗”。

在年终会上，两位副局长谈了对局长的看法。一位说：“我们不能很好地理解领导的意图，局长很少在办公室，我们有事找他商量，常常要跟踪追击，可是我们哪有局长的小汽车跑得快啊！”另一位说：“局长常在外考察，交代我们帮他把生产抓一下，可是具体抓什么，怎么抓，抓到什么程度都没有交代，我们无从下手啊！”上级把这些看法转达给了局长，局长却说：“这两位副局长不得力。虽然他们人不错，但缺乏干劲。”两位副局长知道局长的评价后，工作上也心灰意懒了。

一年过去了，该市机械工业生产的形势非但没有好转，反而亏损了3.8亿，比上年同期亏损多0.8亿。

思考：局长拼命工作，为什么结果却背离了他的目标？他的领导方式存在什么问题？你觉得两位副局长的干劲怎样才能调动起来？

领导是管理的基本职能之一。领导者在组织活动中要合理利用自己的各种权力，掌握科学的领导方法和高超的领导艺术，充分调动下属的积极性，实现组织的目标。

一、领导权力及其运用

（一）领导的概念

领导是领导者为实现组织的目标而运用权力向其下属施加影响力的一种行为或行为过程。领导工作包括五个必不可少的要素：领导者、被领导者、作用对象（即客观环境）、职权和领导行为。

领导工作是对个体和群体行为进行方向上的引导，类似于“领头羊”。

典型的领导行为包括：帮助下属明确工作方向，并引导鼓励下属的热情，使下属充分发挥潜能，积极努力地为实现既定目标而工作。

调动人的积极性、发挥人的创造潜力、处理好人际关系是管理的核心问题，也是领导工作的任务。

领导工作是科学、技巧、艺术和人的属性在实现组织目标过程中的有机结合。

（二）领导理论

领导理论可以分为三类：领导性格理论，领导行为理论，领导权变理论。

1. 领导性格理论

领导性格理论侧重于研究领导者的性格、素质、品质等方面的特征，把个人的品质和特点作为区别一个成功的领导者与不成功的领导者的标志。

长期以来，西方国家的管理学者们，一直把领导者的个人性格和特征作为描述和预测其领导成效的标准。这种研究试图区分领导者和一般人的不同特点，并以此来解释他们成为领导者的原因，就是所谓的性格理论，也就是研究什么样的人才能成为良好的、有效的领导者。

按其对领导特性来源的不同解释，可分为传统的领导性格理论和现代的领导性格理论。前者认为领导者所具有的品质是天生的，是由遗传决定的；而后者则认为领导的品质和特性是在实践中形成的，是可以通过教育训练培养的。在此基础上，许多学者做了大量的研究，提出了许多理论。比如，美国管理协会曾对在事业上取得成功的 1 800 名管理人员进行了调查，发现成功的管理人员一般具有下列品质和能力：（1）工作效率高；（2）有主动进取精神；（3）善于分析问题；（4）有概括能力；（5）有很强的判断能力；（6）有自信心；（7）能帮助别人提高工作的能力；（8）能以自己的行为影响别人；（9）善于用权；（10）善于调动他人的积极性。

无论是传统性格理论还是现代性格理论，都强调了领导者应具有较多的适应于领导工作的人格特性。但领导性格理论还存在着一些缺陷：（1）领导性格理论忽视了下属，而下属对领导的成效往往产生重要的影响；（2）没有具体指出不同的品质和特性在领导工作中的相对重要性；（3）不同的理论依靠的证据不一致；（4）随着研究的展开和深入，被当作领导者的性格的条目越来越多，而且有不断增多之势，这导致了理论上的争执和混乱。

事实上，性格理论所涉及的身体特征、才智和个性对管理成功的影响不是绝对重要的。其中大多数实际上也只不过是人们对于某一个领导者，特别是一个从事上层领导工作者的期望。

2. 领导行为理论

领导行为理论认为，领导者最重要的方面不是领导者的个性特征，而是领导者实际在做什么。

(1) 领导连续体。罗伯特·坦南鲍姆（Robert Tannenbaum）和沃伦·施密特（Warren H. Schmidt）于1958年提出了领导行为连续体理论。他们认为，经理们在决定何种行为（领导风格）最适合处理某一问题时常常产生困难。他们不知道是应该自己做出决定还是授权给下属做决策。为了使人们从决策的角度深刻认识领导作风的意义，他们提出了领导连续体模型。

领导风格与领导者运用权威的程度和下属在做决策时享有的自由度有关。在连续体的最左端表示的是专制型的领导；在连续体的最右端表示的是民主型的领导。在管理工作中，领导者使用的权威和下属拥有的自由度之间是一方扩大另一方缩小的关系。

一位专制的领导掌握完全的权威，自己决定一切，他不会授权下属；而一位民主的领导在指定决策过程中，会给予下属很大的权力，专制与民主仅是两个极端的情况，这两者中间还存在着许多种领导行为。

在高度专制和高度民主的领导风格之间，坦南鲍姆和施密特划分出七种主要的领导模式，如图4-1所示。

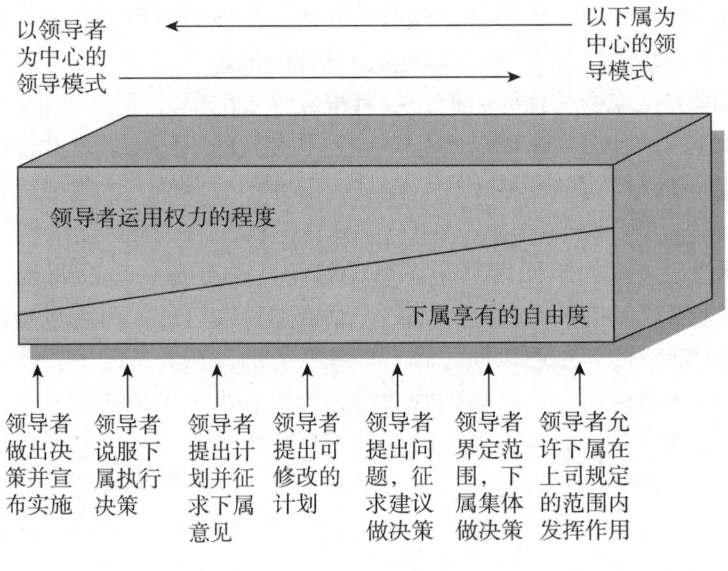

图4-1 七种主要的领导模式

第一种领导做出决策并宣布实施。在这种模式中，领导者确定一个问题，并考虑各种可供选择的方案，从中选择一种，然后向下属宣布执行，不给下属直接参与决策的机会。

第二种领导者说服下属执行决策。在这种模式中，同前一种模式一样，领导者承担确认问题和做出决策的责任。但他不是简单地宣布实施这个决策，而是认识到下属中可能会存在反对意见，于是试图通过阐明这个决策可能给下属带来的利益来说服下属接受这个决策，消除下属的反对。

第三种领导者提出计划并征求下属意见。在这种模式中，领导者提出了一个决策，并希望下属接受这个决策，他向下属提出一个有关自己的计划的详细说明，并允许下属提出问题。这样，下属就能更好地理解领导者的计划和意图，领导者和下属能够共同讨论决策的意义和作用。

第四种领导者提出可修改的计划。在这种模式中，下属可以对决策发挥某些影响作用，但确认和分析问题的主动权仍在领导者手中。领导者先对问题进行思考，提出一个暂时的可修改的计划，并把这个暂定的计划交给有关人员征求意见。

第五种领导者提出问题，征求建议做决策。在以上几种模式中，领导者在征求下属建议之前就提出了自己的解决方案，而在这个模式中，下属有机会在决策做出以前就提出自己的建议。领导者的主动作用体现在确定问题，下属的作用在于提出各种解决的方案，最后，领导者从他们自己和下属所提出的解决方案中选择一种他认为最好的解决方案。

第六种领导者界定问题范围，下属集体做决策。在这种模式中，领导者已经将决策权交给了下属。领导者的工作是弄清所要解决的问题，并为下属提出做决策的条件和要求，下属按照领导者界定的问题范围进行决策。

第七种领导者允许下属在上司规定的范围内发挥作用。这种模式表示了极度的团体自由。如果领导者参加了决策的过程，他应力图使自己与团队中的其他成员处于平等的地位，并事先声明遵守团体所做出的任何决策。

在上述各种模式中，坦南鲍姆和施密特认为，不能抽象地认为哪一种模式一定是好的，哪一种模式一定是差的。成功的领导者应该是在一定的具体条件下，善于考虑各种因素的影响、采取最恰当行动的人。当需要果断指挥时，他应善于指挥；当需要员工参与决策时，他能适当放权。领导者应根据具体的情况，如领导者自身的能力、下属及环境状况、工作性质、工作时间等，适当选择连续体中的某种领导风格，才能达到领导行为的有效性。

坦南鲍姆和施密特的理论的不足在于，他们将影响领导方式的因素，即领导者、下属和环境看成是既定的和不变的，而实际上这些因素是相互影响相互作用的；他们对影响因素的动力特征没有足够的重视，同时在考虑环境因素时主要考虑的是组织内部的环境，而对组织外部的环境以及组织与社会环境的关系缺乏重视。

(2) 利克特的四种管理模式。密歇根大学伦西斯·利克特（Rensis Likert）教授和他的同事对领导人员和经理人员的领导类型和作风做了长达30年之久的研究。他认为，有效的管理者坚决地面向下属，依靠人际沟通使各方团结一致地工作，形成一种相互支持的关系。在这种关系中，包括管理者或领导者在内的群体全部成员具有共同的需要、价值观、抱负、目标和期望。利克特假设了四种管理方法：“利用的—命令的”方法，“温和的—命令的”方法；“商议式”方法；“集体参与”方法。

1)“利用的—命令的”：采用这种方式的主管人员非常专制，很少信任下属，采取使人恐惧与惩罚的方法，偶尔兼用奖赏来激励人们，采取自上而下的沟通方式，决策权也只限于最高层。

2)“温和的—命令的”：采用这种方式的主管人员对下属怀有充分的信心，亦十分信任；采取奖赏和惩罚并用的激励方法；允许一定程度的自下而上的沟通，向下属征求一些想法和意见；授予下级一定的决策权，但牢牢掌握政策性控制。

3）“商议式”：采取这种方式的主管人员对下属抱有相当大的但又不是充分的信任和信心，他常设法采纳下属的想法和意见；采用奖赏，偶尔用惩罚和一定程度的参与；上下双向沟通信息；在最高层制定主要政策和总体决策的同时，允许低层部门做出具体问题决策，并在某些情况下进行协商。

4）“集体参与”：采取这种方式的主管人员对下属在一切事务上都抱有充分的信心和信任，总是从下属处获取设想和意见，并且积极地加以采纳；对于确定目标和评价实现目标所取得的进展方面，组织群体参与其事，在此基础上给予物质奖赏；更多地从事上下级之间与同事之间的沟通；鼓励各级组织做出决策，或者本人作为群体成员同他们的下属一起工作。

利克特发现，那些采用第四种方法的管理者一般都是极有成就的领导人，在制定目标和实现目标方面是最有效的。

（3）四分图理论。该理论由美国俄亥俄州立大学的研究人员提出。这一理论从体制和体谅两个层面研究领导者的行为。其中，体制是指组织设计、明确权责关系、确定工作目标、交代任务的方式等；体谅是指建立相互信任的气氛、尊重下级意见、注意同下级的感情等。两类因素的具体组合，就有四种领导行为，如图 4－2 所示。

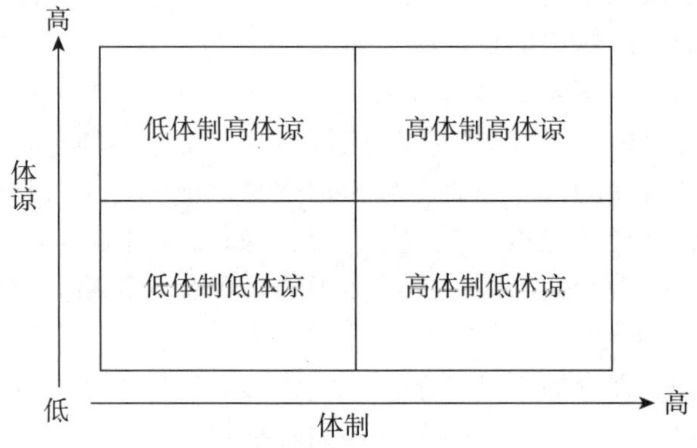

图 4－2　四分图

在四种领导行为中，究竟哪种最好呢？结论是不确定的，要视具体情况而定。例如有人认为在生产部门中效率与“体制”之间的关系成正比，而与“体谅”的关系成反比，而在非生产部门中情况恰恰相反。一般来说，高体制与低体谅带来更多的旷工、事故和抱怨。许多其他的研究证实了上述的一般结论，但也有人提供了相反的证据。出现这种情况的原因是他们只考虑了“体制”和“体谅”两个方面，而没有考虑领导所面临的环境。

（4）管理方格图。在四分图的基础上，美国得克萨斯大学的行为科学家罗伯特·布莱克（Robert R. Blake）和简·莫顿（Jane S. Mouton）在 1964 年出版的《管理方格》一书中提出研究领导方式及其有效性的管理方格理论。管理方格图的提出改变了以往各种理论中“非此即彼”式（要么以生产为中心，要么以人为中心）的绝对化观点，指出在对生产关心和对人关心的两种领导方式之间，可以进行不同程度的互相结合。

管理方格图是一张纵轴和横轴各 9 等分的方格图，纵轴表示企业领导者对人的关心程度（包含了员工对自尊的维护、基于信任而非基于服从来授予职责、提供良好的工作条件和保持良好的人际关系等）；横轴表示企业领导者对业绩的关心程度（包括政策决议的质量、程序与过程、研究工作的创造性、职能人员的服务质量、工作效率和产量），其中，第 1 格表示关心程度最小，第 9 格表示关心程度最大。全图总共 81 个小方格，分别表示“对生产的关心”和“对人的关心”这两个基本因素以不同比例结合的领导方式，如图 4－3 所示。

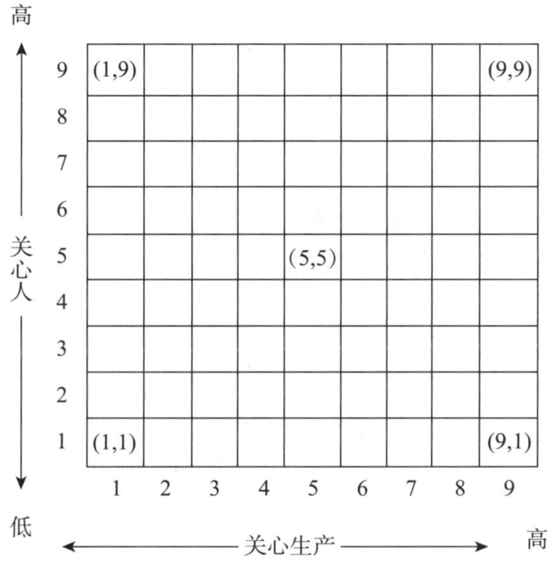

图 4－3 管理方格图

在管理方格图中，（1，1）定向表示贫乏的管理，对生产和人的关心程度都很小；（9，1）定向表示任务管理，重点抓生产任务，不大注意人的因素；（1，9）定向表示所谓俱乐部式管理，重点在于关心人，企业充满轻松友好气氛，不大关心生产任务；（5，5）定向表示中间式或不上不下式管理，既不偏重于关心生产，也不偏重于关心人，完成任务不突出；（9，9）定向表示理想型管理，对生产和对人都很关心，能使组织的目标和个人的需求最理想最有效地结合起来。

3. 领导权变理论

伊利诺伊大学的弗雷德·菲德勒（Fred E. Fiedler）从 1951 年开始，首先从组织绩效和领导态度之间的关系着手进行研究，经过长达 15 年的调查试验，提出了“有效领导的权变模式”，即菲德勒模型。他认为任何领导形态均可能有效，其有效性完全取决于是否与所处的环境相适应。他把影响领导者领导风格的环境因素归纳为三个方面：职位权力、任务结构和上下级关系。

（1）职位权力。职位权力指的是与领导者职位相关联的正式职权和从上级和整个组织各个方面所得到的支持程度，这一职位权力由领导者对下属所拥有的实有权力所决定。领导者拥有这种明确的职位权力时，则组织成员将会更顺从他的领导，有利于提高工作效率。

（2）任务结构。任务结构是指工作任务明确程度和有关人员对工作任务的职责明确程度。当工作任务本身十分明确，组织成员对工作任务的职责明确时，领导者对工作过程易于控制，整个组织完成工作任务的方向就更加明确。

（3）上下级关系。上下级关系是指下属对一位领导者的信任爱戴和拥护程度，以及领导者对下属的关心、爱护程度。这一点对履行领导职能是很重要的。因为职位权力和任务结构可以由组织控制，而上下级关系是组织无法控制的。

菲德勒的研究表明，在最不利和最有利的两种情况下，采取“任务中心”的指令型领导方式效果最好；而在中间状态的环境下，采取“以人为中心”的宽容型领导方式效果最好。

（三）领导权力

1. 权力的含义

从古至今，人们对权力的研究从未间断，对于什么是权力，也众说纷纭。大多数学者将权力视为某个人或某个组织影响、支配或控制其他人或组织，将自己的意志强加于其他人或其他组织的能力或力量。也就是说，权力是一种可以使他人的行为符合于自己的目的性，造成某种特定局面或结果的能力。

在管理实践中，领导工作的实质是管理者根据组织目标要求，运用沟通联络、激励等手段，对组织成员施加影响力，使之适应环境变化，以统一思想、统一行动，从而保证组织目标的实现。管理中的领导权力从表面上看就是一种影响力，领导者利用自己的职权或权威向下属施加影响，左右下属的思想与行动，达成自己的目的。

2. 权力的来源与类型

不管是国家、社会，抑或是一个公司，任何组织成员想要获得个人单独行动无法获得的更大利益，都不可避免地要让渡出一部分原属于个人的权力，将这些权力集中于某一个或某几个人身上，这就产生了权力。领导拥有权力意味着他能够影响和制约下属；下属愿意接受上级的领导，在于可以由此获得更多的利益。也就是说，权力来源于被领导者，因此，领导必须正视手中的权力，用权力来为下属和组织谋求利益，否则就丧失权力基础。

从形式上看，领导者权力主要来自职位或者自己本身所具有的一些特质，比如独特的个人魅力，渊博的学识或经验等。在管理中，领导的权力大致分为两类：职位权力和非职位权力。职位权力是由于组织中这个职位的存在而存在的，也就是说，职位权力并不绝对属于任何一个具体的个人，它取决于是谁被分配到了这个职位上，只要拥有这个职位，就拥有了与之相应的权力，比如奖赏权、惩罚权。非职位权力不是由领导者在组织中的职位产生的，而是领导者由于自身的某些特殊条件才具有的比如专长权、个人魅力、背景权、感情权等。

3. 权力的有效运用

在现实生活中，任何有成就的领导，成功的关键就在于能从各种相关因素提供的具体条件出发，审时度势，灵活巧妙地选择和运用恰当的用权方式。在权力的运用过程中，领导要慎重使用职位权力，善于使用非职位权力，同时要做好授权工作，具体来说，要注意以下几个问题。

（1）权力的自主和制衡。在权力的运用过程中，既要保证管理者在职责范围内能独立自主地行使权力，又要对权力进行必要的、科学的制约。

首先，要科学地分配权力。要根据组织战略和目标要求，将权力合理分配到各部门、各职位，使每个岗位上的人员拥有完成各自目标和任务所必需的权力。

其次，要规范权力运行机制。这里包含两层意思：一方面，要保证指挥链的完整、顺畅，不能出现越级指挥、断裂等现象；另一方面，要有科学、明确的规章制度保障权力的配置与运行。

最后，要建立必要的权力制衡体制。在进行机构设计时，要进行必要的权力分解，适当分离决策权、执行权和监督权。权力监督制衡的重点应围绕利益关系展开，即对给决策者带来利益的权力要进行制约，监督权与决策权和执行权无利益关系，三种权力发生利益关联时必须回避。

（2）适度运用奖惩。奖励和惩罚是领导者最常用和最有效的手段。奖惩是一个事物的两个方面，二者必须相互结合，缺一不可，同时还要掌握运用的尺度。奖惩的手段和形式要丰富多样，要根据实际情况，力求以最小的付出获得最大的回报。奖惩的目的是为了影响或改变成员的行为，因此不管是奖励还是惩罚，其结果都应向全体成员公开，这样才能取得效果。

（3）授权。授权是指上级委授给下属一定的权力，是下属在一定的监督之下有相当的自主权和行动权。授权意味着上下级之间建立起某种形式的职权关系。

在经济全球化的今天，管理中的授权运动受到两种力量的推动，一是决策的需要，二是内部管理的需要。前者指企业要想在全球竞争中获胜，就必须能够进行快速决策和迅速变革，而得到第一手信息的往往不是最高决策者，为了使决策迅速而有效，必须将决策权移至最基层的部门；后者指管理者的管理跨度增加，事无巨细的管理已经过时，管理者必须授权给他的下属以解决内部管理的需要。

1）成功授权的步骤。

成功的授权分为三个步骤。

第一，明确责任。授权就是让下属分担责任，而责任就是工作任务。领导者要为下属清晰地解释任务的内容，明确地划分责任重心，使下属在工作中不能相互推诿扯皮。这就需要领导者在授权前要广泛掌握信息。明确工作任务后，就要向下级指明完成任务后应取得哪些预定结果，达到什么预期目标。

明确责任是领导者授权取得成功的重要因素之一，领导者在分配责任时必须规定好下属应达到的预期目标，下属应负责从事的活动范围和任务，检验下属工作的标准。

第二，授予权力。在授予职权的过程中，领导者不是简单地将职权一放了之、撒手不管，允许下属任意行事，而是继续履行领导者的必要权力和义务，支持和监督下属的行为。要使下属明确领导者的意图，给予人力、物力、财力的支持，还要及时予以引导、劝导、指点和协助。成功的领导者必须做到：要求下属制定一个有效完成任务达标的方案；审议、讨论并修改下属的方案，达成共识；指出要注意的问题和隐患，提出预防和处置方法。

第三，监督检查。权利和义务是对等的，一定的权利必须承担一定的义务。正确的授权程序包括坚持请示汇报制度、及时检查监督。汇报不是可有可无的，也不是下属凭兴趣可干可不干的事情。下属负有向上级汇报工作进展和结果的义务，而且汇报应是自觉、自愿、自动进行的。但在现实中，下属并不总是自觉自愿地汇报工作，这更需要领导者做到：建立健全请示汇报制度，以制度约束下属；了解实情，体谅下属工作中的困难；依据标准客观公正地检查，避免太多的主观倾向；上下沟通，齐心协力，共同履行职责，完成任务。

2）成功授权要注意的问题。

成功的授权要注意以下几个问题。

第一，择人授权。即根据下属的能力大小和其他个性特征等区别授权。能力方面，对于能力相对较强的人应多授予一些权力，这样既可以将事情办好，又能培养下属的综合能力；对于能力相对较弱的人不宜马上授予重权，应对其多扶持并过渡一段时间以培养下属的适应能力。性格方面，对于性格外向型的人，授权他解决人事关系及部门之间沟通协调的事容易成功；对于性格内向型的人，授权其分析和研究某些问题容易成功。

第二，当众授权。当众授权有利于使其他与被授权者相关的部门和个人了解，领导者授予了谁什么职权，权力大小和职权范围是什么，从而避免在今后的工作中出现程序混乱及其他部门和个人“不买账”的现象。

第三，授权后要保持一段时间的稳定，不要稍有偏差就将授权收回。成功的领导者会正确对待下属所犯的错误，特别是被授权者开始还要有一段适应期。此时应通过适当指导或创造一些有利条件让人将功补过而不是马上收回权力。如果授权后立即变更会产生三个不利因素：一是等于向其他人宣布了自己在授权上有失误；二是此时再更换人员会使人心涣散，而且新上任者也不一定就能把事情完全处理好；三是容易使下属觉得自己并不一定受领导者的信任，有一种被欺骗的感觉。

第四，授权不授责。组织管理原则中一直有权责对等原则，但授权却是例外，授权后并不要求被授权者承担对等的责任。因为权责对等原则是针对某一职位应该拥有的权力而言的，若没有权力这一职位就没有必要设立。而授权对于领导者来说是一种可为也可不为的权力，而不是必须为的义务。在这种情况下，授权的实质就是请被授权者帮助上级做事，是一种委托行为。授权以后，当被授权者能够胜任时，说明授权正确并给予被授权者一定的奖励和表彰；但当被授权者不能胜任时，领导者应该自己来承担责任，而不能将责任推给被授权者。

第五，授权有禁区。在授权问题上存在禁区，有的多授权好，有的少授权好甚至不授权更好。领导者应该注意以下情况是授权的禁区：企业长远规划的批准权，重大人事的安排权，企业技术改造和技术进步的发展方向决定权，重要法规制度的决定权，机构设置、变更及撤销决定权，对企业的重大行动及关键环节执行情况的检查权，对涉及面广或较敏感的情况的奖惩处置权，对其他事关总体性问题的决策权。以上权力一般由最高决策层掌握，如果安排给下属应慎之又慎，以防止权力失控或“反授权”情况的发生。

二、指挥及其有效性

（一）指挥过程

指挥是领导工作的重要内容，人员和机构确定之后，如何使他们发挥作用，就是指挥的任务。

指挥过程就是领导者通过下达命令、指示等形式，使系统内部每个人的意志统一起来，将计划和领导者的决心变成统一行动，使全体成员全力以赴完成所担负任务的过程。

指挥过程包含三项具体工作：工作准备、工作部署、指导与激励。

1. 工作准备

一方面，要正确把握目标任务要求，准确了解任务标准和完成时限；另一方面，要全面了解与任务相关的环境、条件等因素，找到完成任务的有利和不利因素。在此基础上，分配和落实完成任务所需的各项资源。

2. 工作部署

要将工作目标任务的本质内涵、标准和时限，向下属传达到位，帮助下属准确认识任务的性质、内容和重要性。做好任务目标的分解，必要时要让下级参与此项工作，要求下属制定详尽可行的方案。

3. 指导与激励

工作部署后，领导的主要任务就是监督下属的实施，最大限度地激励下属的积极性，在下属遇到问题时加以指导，以促进工作的有效开展，最终按时保质地完成任务。

（二）指挥的有效性

1. 影响指挥有效性的因素

指挥的有效性主要受以下因素影响，如图 4－4 所示。

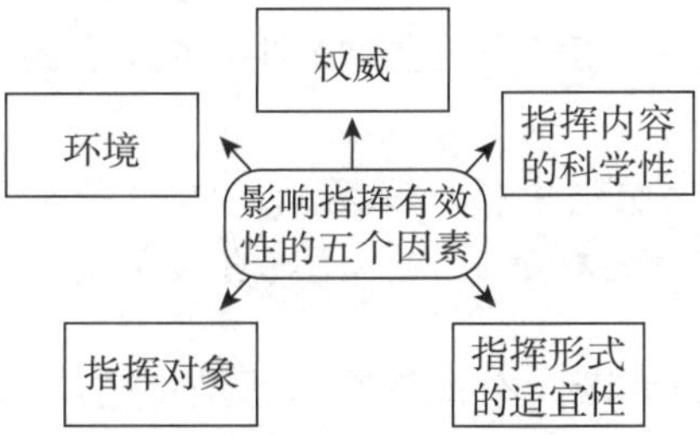

图 4－4　影响指挥有效性的因素

（1）权威。权威是指挥的基础。领导拥有权力，但是缺乏与之相匹配的权威，是无法获得下属的认同的，其权力是无法运用的，因为缺失了权力指向的对象。领导者要想做到有效指挥，首先要树立自己的权威。

（2）指挥内容的科学性。指挥内容必须科学、正确，才会产生好的指挥效果。这就要求领导者必须掌握一定的管理知识和专业知识，做出符合客观规律和实际情况的指挥。

（3）指挥形式的适宜性。科学的指挥内容要依靠合理、恰当的载体体现。采用什么样的载体，要综合考虑当前任务的性质、时间的限制等，尽可能做到高效。

（4）指挥对象。指挥应适应指挥对象的特点和需要，特别是领导者运用权力的方式要考虑到指挥对象的接受程度和习惯，不能引起指挥对象的抵触和反感。

（5）环境。指挥的效果受具体情境影响很大，这就要求领导者因时因地制宜，综合处理好指挥所涉及的各项因素，实现有效指挥。

2. 领导者做到有效指挥应注意的问题

要做到有效指挥，领导者应该注意以下几点。

第一，了解员工。组织的规模有大小，领导不一定能了解每一个员工，但至少自己的直接下属要做到深入了解。

第二，及时淘汰没有工作能力的人。为了使领导所在单位的工作氛围处于良好状态，领导应该淘汰或建议淘汰那些不管什么原因而造成的没有能力很好完成自己工作的人。这是重要的，常常又是很艰巨的、不可推卸的职责。

领导是整体利益的裁决者与负责者，只有整体利益迫使他及时地执行这项措施。职责已确定，领导应该灵活地、勇敢地完成这项任务。这项工作不是任何什么人都能做到的。整个社会组织，会由于解除一个成员，尤其是解除一个重要成员而感到受到打击。

如果社会组织的成员没有认识到淘汰工作是必要的而且也是正确的，那么每个成员的工作安全感都会受到破坏，每个成员对未来的信心将越来越少，因此工作热情也相继减少。

应该使每个成员认识到淘汰工作是必要的，而且也是正确的。

管理故事

老鹰是所有鸟类中最强壮的种族，根据动物学家所做的研究，这可能与老鹰的喂食习惯有关。老鹰一次生下四五只小鹰，由于它们的巢穴很高，所以猎捕回来的食物一次只能喂食一只小鹰，而老鹰的喂食方式并不是依平等的原则，而是哪一只小鹰抢得凶就给谁吃，在此情况下，瘦弱的小鹰吃不到食物都死了，最凶狠的小鹰存活下来，代代相传，老鹰一族也越来越强壮。

启示：“公平”不能成为组织中的公认原则，组织若无适当的淘汰制度，常会因小仁小义而耽误了进化，在竞争的环境中将会遭到自然淘汰。

第三，及时兑现给员工的承诺。不管是奖励还是惩罚，都应及时兑现，这样才能保证制度的权威和领导个人的权威。

第四，做出榜样。每个领导都有权让别人服从自己。如果这种服从只是出自怕受惩罚，那么企业工作可能搞得很不好。

有些领导无须明显地努力就能赢得职工的服从、积极性和忘我的工作精神，而另一些领导就做不到。

领导做出榜样是最有效的工作方法之一。当领导在出勤方面做出榜样时，谁也不敢迟到，当领导积极地、勇敢地、忘我地工作时，职工们也将以领导为榜样，积极地勇敢地、忘我地工作。

第五，对组织进行定期检查。对机器的所有机件不做定期检查是非常不谨慎的，对复杂的机器来说尤其如此。对机器的所有机件不做定期检查，生产效率就低，工作中就要出事故，甚至会出伤亡事故。同时，仅有日常的、表面的检查是不够的。对管理机构进行定期检查也是同样重要的。

第六，尽可能多地让下属参与决策。领导可先提出一个计划，然后收集每个人的看法，做出自己的决定，最后再证实一下自己的命令是否都被大家理解了，而且每个人都明白自己应做的那部分工作。

第七，不要在工作细节上耗费精力。领导应始终设法保持对于重大事情的研究、领导和检查，把所有不一定非要自己去做的工作交给部下和参谋部去做。

不在工作细节上耗费精力并不是说不注意细节。作为一个领导应该事事都了解，但他又不能对什么事都去研究、去解决。领导不应因关心小事情而忽视了重大事情。工作组织得好，就能做到这一点。

其实，一个聪明的领导人，应该正确地利用下属的力量，发挥团队协作精神，不仅能使团队很快成熟起来，同时也能减轻管理者的负担。在公司的管理方面，要相信“少就是多”的道理，你抓得少些，反而收获就多了。

（三）指挥形式

按照载体的不同，指挥可以分为口头指挥、书面指挥和会议指挥三种形式。领导者应综合分析内外部环境，结合具体情境，做到高效率的指挥。

1. 口头指挥

口头指挥简单、明了、及时、方便，是广为采用的且深受欢迎的指挥方式。据美国《幸福》杂志所做的一次民意测验，就经理人员来说，55%以上的人都喜欢把下属叫来做口头汇报。随着科学的发展与管理手段的进步，口头指挥已不只局限于面对面的交谈，电话指挥也占有重要的位置。运用口头指挥须注意语言艺术，要注意语言简洁有力、表达清楚、用词准确、层次分明，必要时还要交代清楚事情的原委及背景情况，使执行者心中有数。

2. 书面指挥

书面指挥是利用各种行政公文形式进行的行政指挥。书面指挥可以使责任明确、信息准确并能保留较长时间，又便于核查。运用书面指挥方式要注意规范性和严肃性。规范性就是要按照国家行政机关公文的规范形式进行指挥。严肃性是要严格控制书面指挥的质量和数量，防止文牍主义现象。

3. 会议指挥

会议指挥就是运用各种会议的形式进行指挥。开会是保证指挥统一的有效手段，能起到指导和推动工作的作用。有效地运用会议进行指挥，必须注意会议的类型、会议的准备、会议的组织技巧、会议效率等问题。运用会议进行指挥还要特别注意提高会议质量，防止会议过多过长。

任务8　激励

任务导入

格兰仕集团是一家综合性白色家电品牌企业，是中国家电业具有强大影响力的龙头企业之一。格兰仕自1978年9月28日创立以来，从轻纺明星企业，到微波炉“黄金品牌”，再到综合性白色家电集团，一直是中国制造在国际市场上的一张名片。怀抱“百年企业世界品牌”愿景，秉持“努力，让顾客感动”宗旨，格兰仕匠心智造精品电器，造福全球近200个国家和地区人民。是什么驱动着格兰仕斗志不已、不停游弋呢？答案是格兰仕的激励体系激发了广大员工的热情和积极性，从而为自身的发展提供了澎湃的动力和竞争的活力。

格兰仕首先看重员工对企业的感情投入，认为只有员工发自内心地认同企业的理念、对企业有感情，才能自觉地迸发出热情、为企业着想。在企业里要让员工都具备主人翁的心态，站在企业利益的角度来做好各环节的工作，在保证质量的同时严格控制住成本，这无疑是很难的。因而他们加强对全体员工的文化培训，用群众的语言和通俗的故事，将公司的理念和观点传达给每位员工。为自己长远、共同的利益而工作，成了格兰仕人的共识。

在注重感情投入、文化趋同的基础上，格兰仕对待不同的员工，采取不同的激励方法和策略。对待基层工作人员，他们更多地采用刚性的物质激励；而对待中高层管理人员，则更注重采用物质和精神相结合的长期激励。

思考：格兰仕为什么要采取不同的激励措施？

正确恰当地对组织成员的工作动机进行引导和激励，是绝大多数管理者的重要任务之一。激励职能就是研究如何根据人的行为规律来提高人的工作积极性。组织的生命力来源于组织中每一个成员的积极性，如何激发员工的工作热情是管理者必须解决的重要问题。

一、激励过程

（一）激励的含义

激励是指运用各种手段，刺激需要，激发员工的工作动机，使员工努力去完成组织的任务，实现组织的目标。其核心作用是调动人的积极性，最显著的特点是激发内在驱动性和自觉自愿性。

有效的激励会点燃员工的激情，促使他们的工作动机更加强烈，让他们产生超越自我和他人的欲望，并将潜在的、巨大的内驱力释放出来，为企业的目标奉献自己的热情。

（二）激励要素

影响激励的要素包含四个方面。

1. 动机

动机是推动人从事某种行为的心理动力。它是人们通过愿望、兴趣、理想表现出来的激励人们活动的主观因素。动机是用来说明个体为什么要从事某种活动，而不是用来说明某种活动本身是什么或怎样进行的。动机是个体的内在过程，行为是这种内在过程的表现。引起动机的内在条件是需要，引起动机的外在条件是诱因。驱使有机体产生一定行为的外部因素称为诱因。

2. 需要

需要是人们因缺乏某东西而产生的一种“想得到”的心理状态，通常以对某种客体的欲望、意愿、兴趣等形式表现出来。动机是在需要的基础上产生的。需要是一切行为动力的源泉，需要成为行为动力必须要先转化为动机。需要是激励的起点与基础，人的需要是人们积极性的源泉和实质。

3. 外部刺激

外部刺激的是激励的条件。它是指在激励的过程中，人们所处的外部环境中诸种影响需要的条件与因素，主要指各种管理手段及相应形成的管理环境。

4. 行为

行为是人们一切有目的的活动，它是由一系列简单动作构成的、在日常生活中所表现出来的一切动作的统称。影响人类行为的因素是多种多样的，概括起来可以分为两个方面，即外在因素和内在因素。外在因素主要是指客观存在的社会环境和自然环境，内在因素主要是指人的各种心理因素和生理因素，在这里主要是指各种心理因素，诸如人们的认识、情感、兴趣、愿望、需要、动机、理想、信念和价值观等。对人类行为具有直接支配意义的，则是人的需要和动机。

（三）激励的实质过程

激励的实质过程是在外界刺激变量（各种管理手段与环境因素）的作用下，使内在变量（需要、动机）产生持续不断的兴奋，从而引起被管理者积极的行为反应（努力实现目标），如图 4－5 所示。

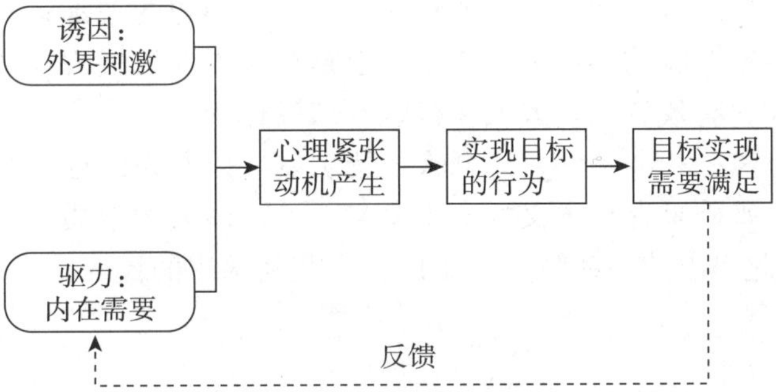

图 4－5　激励的实质过程

二、激励理论

（一）内容型激励理论

1. 马斯洛的需要层次理论

亚伯拉罕・马斯洛（Abraham Maslow），美国著名的社会心理学家、人格理论家和比较心理学家。他是人本主义运动的发起者之一和人本主义心理学的重要代表，也是第三势力的重要领导者。他的需要层次理论和自我实现理论是人本主义心理学的重要理论，对心理学尤其是管理心理学有重要影响。

需要层次理论把需要分成生理需要、安全需要、社交需要、尊重需要和自我实现需要五类。这五种需要像阶梯一样从低到高，按层次逐级递升，但这样的次序不是完全固定的，可以变化，也有种种例外情况。

一般来说，某一层次的需要相对满足了，就会向高一层次发展，追求更高一层次的需要就成为驱使行为的动力。相应地，获得基本满足的需要就不再是一股激励力量。

这五种需要可以分为两级，其中生理需要、安全需要和社交需要都属于低层次的需要，这些需要通过外部条件就可以满足；而尊重需要和自我实现需要是高层次的需要，他们是通过内部因素才能满足的，而且一个人对尊重和自我实现的需要是无止境的。同一时期，一个人可能有几种需要，但每一时期总有一种需要占支配地位，对行为起决定作用。任何一种需要都不会因为更高层次需要的发展而消失。各层次的需要相互依赖和重叠，高层次的需要发展后，低层次的需要仍然存在，只是对行为影响的程度大大减小。如图 4-6 所示。

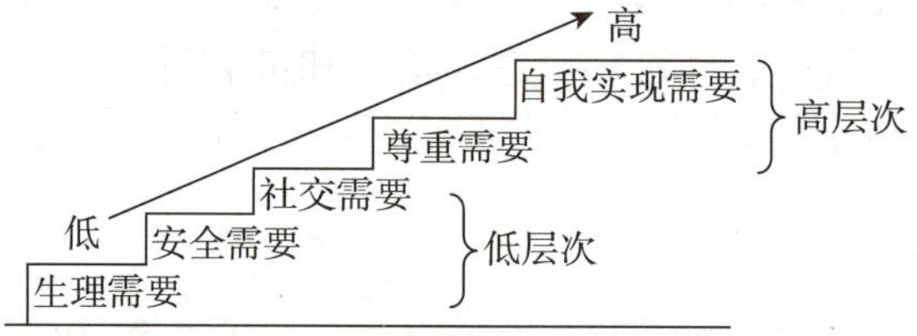

图 4-6　马斯洛需要层次理论

马斯洛的需要层次理论在一定程度上反映了人类行为和心理活动的共同规律。马斯洛从人的需要出发探索人的激励和研究人的行为，抓住了问题的关键；马斯洛指出了人的需要是由低级向高级不断发展的，这一趋势基本上是符合需要发展规律的。因此，需要层次理论对企业管理者如何有效的调动人的积极性有启发作用。

但是，马斯洛是离开社会条件、离开人的历史发展以及人的社会实践来考察人的需要及其结构的。其理论基础是存在主义的人本主义学说，即人的本质是超越社会历史的、抽象的“自然人”，由此得出的一些观点就难以适合其他国家的情况。

管理故事

王厂长每年都在全体员工之中进行一次需求调查，让每一位员工写出自己前三位的需求。调查结果由办公室的工作人员来统计，最后总结出所有员工共性需求的前三位的问题。于是，他把前三位的需求作为厂里的方针来予以考虑，与工厂的年度经营计划统一来考虑。由此，在发展了企业的经营业绩的同时，员工的需求也被考虑进去了。

启示： 员工的需求是多样的，把握住共性需求，可以很好地统一组织目标与个人目标，做到双赢。

2. 双因素理论

激励—保健因素理论是美国的行为科学家弗雷德里克·赫茨伯格（Fredrick

Herzberg）提出来的，又称双因素理论，双因素理论是他最主要的成就。

20 世纪 50 年代末期，赫茨伯格和他的助手们在美国匹兹堡地区对 200 名工程师、会计师进行了调查访问。结果发现，使职工感到满意的，都是属于工作本身或工作内容方面的；使职工感到不满的，都是属于工作环境或工作关系方面的。他把前者叫作激励因素，后者叫作保健因素。

保健因素包括公司政策、管理措施、监督、人际关系、物质工作条件、工资、福利等。当这些因素恶化到人们认为可以接受的水平以下时，就会产生对工作的不满意。但是，当人们认为这些因素很好时，它只是消除了不满意，并不会导致积极的态度，这就形成了某种既不是满意又不是不满意的中性状态。

那些能带来积极态度、满意和激励作用的因素叫作“激励因素”，这是那些能满足个人自我实现需要的因素，包括成就、赏识、挑战性的工作、增加的工作责任以及成长和发展的机会。如果这些因素具备了，就能对人们产生更大的激励。从这个意义出发，赫茨伯格认为传统的激励假设，如工资刺激、人际关系的改善、提供良好的工作条件等，都不会产生更大的激励；它们能消除不满意，防止产生问题，但这些传统的“激励因素”即使达到最佳程度，也不会产生更大的激励。

根据赫茨伯格的研究发现，领导者应该认识到保健因素是必需的，不过它一旦使不满意中和以后，就不能产生更积极的效果。只有“激励因素”才能使人们有更好的工作成绩。

双因素理论告诉我们，满足各种需要所引起的激励深度和效果是不一样的。物质需求的满足是必要的，没有它会导致不满；但是即使获得满足，它的作用往往也是很有限的、不能持久的。要调动人的积极性，不仅要注意物质利益和工作条件等外部因素，更重要的是要注意工作的安排、量才使用、个人成长与能力提升等，注意对人进行精神鼓励，给予表扬和认可，注意给人以成长、发展、晋升的机会。随着人们物质“小康”问题的解决，人们对精神“小康”的需求也越来越迫切。

管理故事

珠江三角洲开发区的一家工厂从国外引进先进的生产设备和技术代替了原来的手工操作。但是管理者发现，这时候工作人员的工作热情和效率反而下降了。管理者虽然在工作条件上尽量满足他们，但是仍然没有使员工的士气高涨起来，生产效率甚至不如原来手工操作阶段。这时候管理者找来几位老工人谈心，老工人的建议是应该让工人来自主决定生产的节奏。由于工人们过去手工做惯了，他们很不习惯于这种紧张的生产节奏。生产线进行的速度应该由工人自己来掌控，管理者只是给每个工人或者每个小组制定合理的工作量，指示他们完成工作量就可以了。结果一试行，效果很好，工人们不仅完成了任务，而且心情愉快。

启示：抓住激励因素才能激发员工的工作积极性，这些因素主要与工作本身有关。管理者要想办法使员工从工作中获得心理的满足。

3. X 理论和 Y 理论

道格拉斯·麦格雷戈（Douglas M. McGregor）提出了有关人性的两种截然不同的观

点：一种是基本上消极的X理论，另一种是基本上积极的Y理论。

(1) X理论。

员工天生不喜欢工作，只要可能，就会逃避工作。

由于员工不喜欢工作，因此必须对他们采取强制的措施或惩罚的办法，迫使他们去实现组织的目标。

员工只要有可能就会逃避责任，安于现状。

大多数员工喜欢安逸，没有雄心壮志。

(2) Y理论。

员工视工作如休息、娱乐一般自然。

如果员工对某项工作做出承诺，他们会进行自我指导和自我控制，以完成任务。

一般而言，每个人不仅能够承担责任，而且会主动寻求承担责任。

绝大多数人都具备做出正确决策的能力，而不仅仅管理者具备这一能力。

截至目前，还没有证据证实以上两种理论哪一种更为符合实际。

(二) 过程型激励理论

1. 期望理论

期望理论是美国学者维克托·弗鲁姆（Victor H. Vroom）在1964年提出的，他认为，只有当人们预期到某一行为能给个人带来既定结果，并且这种结果对个人是非常重要的时候，才会被激励起来，去做某些事情。

人们对工作积极性的高低取决于他对这种工作能满足其需要的程度及实现可能性大小的评价。激励水平取决于期望值与效价的乘积，其公式是：

激发力量＝效价×期望值

其中，激发力量指激励作用的大小；效价指目标对于满足个人需要的价值；期望值指采取某种行动实现目标可能性的大小 。

管理故事

小李很想买部手机，他看上了一款7 000元左右的手机。但是他一个月只挣1 000元钱，买7 000元钱的手机实在是困难。因此，买手机就相当于小李的高期望值、低效价的事情。因为他期望值很高，想买这部手机，但是他很不容易达到，所以它是低效价的。

启示： 要实现工作对员工的高激励，目标要定的切合实际，不能过高或者过低，同时要把握住员工的需求，进行针对性的刺激。

2. 公平理论

公平理论又称社会比较理论，它是美国行为科学家亚当斯（J. S. Adams）提出的一种激励理论。该理论侧重于研究工资报酬分配的合理性、公平性及其对职工生产积极性的影响。

公平理论的基本观点是：当一个人做出成绩并取得报酬以后，他不仅关心自己的所得报酬的绝对量，而且关心自己所得报酬的相对量。因此，他要进行种种比较来确定自己所获报酬是否合理，比较的结果将直接影响今后工作的积极性。

（三）强化理论

强化理论是美国的心理学家和行为科学家斯金纳（Skinner）等提出的一种理论，也称为行为修正理论或行为矫正理论。斯金纳认为人是没有尊严和自由的，人们做出或不做出某种行为，只取决于一个影响因素，那就是行为的后果。他提出了一种“操作条件反射”理论，认为人或动物为了达到某种目的，会采取一定的行为作用于环境。当这种行为的后果对他有利时，这种行为就会在以后重复出现；不利时，这种行为就减弱或消失。这种理论观点主张对激励进行针对性的刺激，只看员工的行为和结果之间的关系，而不是突出激励的内容和过程。

斯金纳区分了两种强化类型：正强化（又称积极强化）和负强化（又称消极强化）。当在环境中增加某种刺激时，有机体反应概率增加，这种刺激就是正强化。例如，当饥饿的白鼠按动开关时给予食物，食物便是正强化物。当某种刺激在有机体环境中消失时，反应概率增加，这种刺激便是负强化，是有机体力图避开的那种刺激。例如，当处于电击状态下的白鼠按动开关时停止电击，停止电击就是负强化。人们可以用这种正强化或负强化的办法来影响行为的后果，从而修正其行为。

管理故事

著名M公司的销售原则是行得正、不搞歪门邪道、不为销售而行贿，并规定如果发现销售员通过给予回扣销售产品，就会受到严厉惩罚。公司纠正错误倾向的方法，就是惩罚（负强化）。

某小型N公司，销售原则则是不问方法，只求销售额。该公司的销售员就习惯使用行贿的办法。公司的政策鼓励了这种倾向，就是正强化。

启示：人的行为经过强化会形成习惯，一旦形成习惯就很难改变，因此，管理者一定要重视员工的行为表现，适时强化塑造员工的行为。

三、激励的原则和方法

（一）激励的原则

1. 物质利益与精神鼓励结合

物质激励是指通过物质刺激的手段，鼓励员工做好工作。物质激励的重要性是显而易见的，因为物质是人类生存的基础，衣食住行是人类最基本的物质需要，从这层意义上说，物质利益对人类具有永恒的意义。物质激励是激励的主要模式，也是目前我们内部使用非常普遍的一种激励模式。单纯的物质激励有其一定的局限性，可能会使员工产生拜金主义，在没有物质激励的情况下就不能很好地工作。从人性的角度讲，人的欲望是无止境的，单纯的物质激励会逐渐加深对物质追求的欲望，其结果：一是增加单位的激励成本；二是在同样的激励成本的情况下，随着时间的推移，物质激励的效果会变得不明显。事实上，员工不但有物质上的需要，更有精神方面的需要，精神激励同样也能达到良好效果，嘉奖、表彰甚至一次会议上的表扬都将使人许久难忘。因此仅以物质激励不一定能起到预期的激励作用，必须把物质激励和精神激励结合起来，才能真正地调动广大员工的积极性。

管理故事

第二次世界大战以后，日本的造船企业石川岛公司百废待兴。50 岁的普广敏夫临危受命出任石川岛公司的总经理。他进行的改革措施只有两项：精简机构，重用人才。但是他的做法和别人的不太一样：在全公司发行一本杂志，员工都能投稿，使大家的真知灼见都可以在杂志上发表，相当于提供了一个沟通的机会，由此极大地调动了员工参与的意识。在当时的情况下，大家也理解企业面临的困境，因此没有一个员工要求多加工资、多发奖金。大家都很积极主动地为公司做贡献，加班加点使公司渡过难关。于是在没有付出其他额外物质报酬的前提下，企业经营被搞活了。普广敏夫就是利用了精神激励的方法，把企业做大。

启示：经理人要在重视物质激励的基础上重视精神激励，给员工以心理和精神上的帮助，引导员工向高层次前进，和企业的大目标结合起来。

根据调查，90%的人认为企业应当给员工一些精神激励，创造一些学习和培训的机会等。因此经理人一定要在重视物质激励的基础上重视精神激励，给员工以心理和精神上的帮助，引导员工向高层次前进，与企业的大目标结合起来。

2. 公平公正

公正的重点在于价值取向方面，公平则侧重于尺度的把握。在进行激励的时候，领导首先要明确自己想要的结果，这个结果必须是有利于整体利益的；然后按照结果的要求制定一系列相应的规章制度，在执行的时候务必做到“一碗水端平”，即不能存在不同的执行标准，制度的刚性必须要得到保证。

管理故事

联想公司刚创业的时候，工作人员懒散，管理较松懈。老总柳传志下定决心要改变这种状况，于是就颁布了一个制度，谁开会迟到，不仅要罚款还要罚站 5 分钟。大家并不在乎罚款，但是罚站还是很尴尬的。这个制度的执行很严格，连高层领导如副总裁、总裁这一级别的都被罚站过，甚至柳传志本人也被罚站过。

启示：正是企业领导人这种下决心要把事情干好的气魄，才真正把联想的管理制度落实到位。

领导干部实行领导，一是靠话语，二是靠行为，这就是中国古代所说的言传、身教。话语是很重要的，通过话语才能进行思想引领，才能把人的认识提到相应的高度，但作为企业领导，光有话语是不够的，还要靠行为。日本著名企业家松下幸之助认为，要提高商业效益，首先老板就要以身作则，起好带头作用。让部下从刚一开始参加工作，就培养敬业的好习惯。

员工们也会模仿经理的好习惯。例如，领导习惯在下班前把办公桌清理一下，把没干完的工作装进包里带回家，坚持当天的事当天做完。过不了多久，你的部下就会照着你的样子去做。

管理故事

蜀国名相诸葛亮因误用马谡而痛失街亭，导致北伐失利，诸葛亮挥泪斩马谡；回朝后，又表彰了唯一没有折兵损将的赵云，然后向后主刘禅上疏，请求自贬三级。当时因蜀国后主刘禅昏庸，国势减弱，但诸葛亮仍能以身作则，“禁胜于身”，使得国家法令畅行无阻，方能使蜀国一直能与魏、吴抗衡。

启示： 身教重于言教。管理者以身作则，不搞特殊化，可以有效树立权威，更好地行使领导职能，带领员工实现组织目标和个人目标。

（二）激励的方法

1. 目标激励

目标激励就是通过目标的设置来激发人的动机、引导人的行为，使被管理者的个人目标与组织目标紧密地联系在一起，以激励被管理者的积极性、主动性和创造性。

2. 支持性激励

支持性激励主要表现在领导活动中，领导者对下级的尊重、信任、关心，千方百计创造条件满足他们的合理需要，并积极为困难员工排忧解难。情感投资在现代管理中是一个非常重要的因素，领导者和被领导者的人际关系既有规章制度和社会规范的成分，更有情感成分。人的情感具有两重性，积极的情感可以提高人的活力，消极的情感可以削弱人的活力。一般来说，下属工作热情的高低同领导者与下属的交流多少成正比。古人云“士为知己者死，女为悦己者容”“感人心者，莫过于情”。有时领导者一句亲切的问候，一番安慰的话语，都可成为激励下属行为的动力。因此，现代领导者不仅要注意以理服人，更要强调以情感人。要舍得情感投资，重视与下属的人际沟通，变单向的工作往来为全方位的立体式往来，在广泛的信息交流中树立新的领导行为模式，如家庭、生活、娱乐、工作等。领导者可以在这种无拘无束、下属没有心理压力的交往中得到大量有价值的思想信息，交流思想感情，从而增进了解和信任，并真诚地帮助每一位下属，使团体内部产生一种和谐与欢乐的气氛。

3. 榜样激励

榜样激励的核心是在组织中树立正面典型和标兵，以他们良好的行为鼓舞员工，创造业绩。从心理学的观点看，任何人（特别是青年人）都有强烈的模仿心理，榜样的力量是无穷的。我国在各条战线上树立过像雷锋、李向群等一大批英雄模范人物，产生过巨大的影响，对精神文明和物质文明的建设都做出了巨大的贡献。但“榜样”的树立应当坚持实事求是，不要“虚构”和“夸张”，以免引起员工的逆反心理。

4. 评比、竞争、竞赛激励

竞争是市场经济的重要特点之一，组织中经常开展必要的评比、竞赛、竞争活动，能使员工的情绪保持紧张，提高士气，克服惰性。同时，通过评比竞赛，能使劳动者的业绩得到公正合理的评价，促进他们为企业做出更大的贡献。

5. 强化激励

强化激励就是运用强化理论，实施对员工的行为改造。领导者应该经常运用表扬、奖励（包括物质奖励和精神奖励）等正强化手段，鼓励员工，巩固和强化他们为组织创造更大的业绩，同时辅助以批评、警告、惩罚等负强化手段削弱某些员工的不良行为。在强化手段的运用上，要坚持以表扬和奖励为主的方法，避免由于惩罚过多所带来的负面效应。

6. 领导行为激励

领导行为激励强调领导者对下属的示范作用。人们常说身教重于言传，领导者作为企业主体，对其下属有较大的影响力。从权力的概念分析，领导行为就是其专长权和个人影响力的具体体现。在我国，党和国家的好干部焦裕禄、孔繁森等，他们工作中的出色成绩与深远影响都与自身的行为和修养有着密不可分的联系，这充分证明了领导行为激励的重要性。

7. 员工持股激励

员工持股激励是在市场经济条件下，对员工激励的最根本的方法之一。其出发点是实行产权多元化，鼓励员工在企业持股，利润共享。

8. 危机激励

危机激励的实质是树立全体员工的忧患意识，做到居安思危，无论是在企业顺利还是在企业困难的情况下，都永不松懈，永不满足，永不放松对竞争对手的警惕。目的是唤醒全体员工的危机意识，确保企业立于不败之地。

9. 企业文化激励

企业文化是指一个企业全体员工所共有的信念和欲望模式。推行企业文化有助于建立员工共同的价值观和企业精神，树立团队意识。优良的企业文化也是企业必不可少的激励手段，美国、日本有许多企业全面推行企业文化，取得了非常成功的经验，不但增加了员工对企业的凝聚力和自豪感，而且提高了企业素质和整体实力。

职业能力训练

同步测试

一、单选题

1. 在管理中，领导的权力大致分为职位权力和（　　）。

A. 非职位权力　　B. 奖励权　　C. 惩罚权　　D. 其他

2. 四分图理论从体制和（　　）两个方面考察领导行为。

A. 组织　　B. 下属　　C. 体谅　　D. 情感

3. 利克特的管理模式认为，极有成就的领导人采取的管理方式一般都是（　　）。

A. 商议式　　B. 集体参与　　C. 利用的—命令的　　D. 温和的—命令的

4. 根据马斯洛的需要层次理论，人的行为决定于（　　）。

A. 需要层次　　B. 激励程度　　C. 精神状态　　D. 主导需要

5. 曹雪芹虽食不果腹，仍然坚持《红楼梦》的创作，是出于其（　　）。

A. 自尊需要　　B. 情感需求　　C. 自我实现的需求　　D. 以上都不是

6. 商鞅在秦国推行改革，他在城门外立了一根木棍，声称有将木棍从南门移到北门的，奖励500金，但没有人去尝试。根据期望理论，这是由于（　　）。

A. 500金的效价太低　　B. 居民对完成要求的期望很低

C. 居民对得到报酬的期望很低　　D. 枪打出头鸟，大家都不敢尝试

7. 在人的各种需要中，最高层次的需要是（　　）。

A. 自我实现需要　　B. 安全需要　　C. 尊重需要　　D. 社会需要

8. 当人们认为自己的报酬与劳动之比，与他人的报酬与劳动之比是相等的时候，就会有较大的激励作用，这种理论称为（　　）。

A. 双因素理论　　B. 效用理论　　C. 公平理论　　D. 强化理论

9. 按照双因素理论，下述哪一种因素属于激励因素（　　）。

A. 奖金　　B. 上下级关系　　C. 工作内容的吸引力　　D. 工作的保障

10. 在其所著的《企业的人性方面》中提出X—Y理论的科学家是（　　）。

A. 麦格雷戈　　B. 弗鲁姆　　C. 亚当斯　　D. 斯金纳

二、填空题

1. 菲德勒把影响领导者领导风格的环境因素归纳为______、______、______三个方面。

2. 利克特假设了四种管理方法：________方法、________方法、________方法和________方法。

3. 领导连续流理论是________和________提出的。

4. 非职位权力主要有________、________、________、________等。

5. 管理方格图的纵轴表示____________，横轴表示____________。

6. 传统的性格理论认为领导者所具有的品质是________，是由________决定的。

7. 需要层次理论将人的需要分为________、________、________、________、________。

8. 期望理论的提出者是______。

9. 根据期望理论，激励力的大小取决于______和________的乘积。

10. 斯金纳区分了两种强化类型，分别是______和________。

三、简答题

1. 简述权力的来源。

2. 简述权力的类型。

3. 运用口头指挥应注意哪些问题。

4. 简述影响激励的要素。

5. 简述马斯洛的需要层次理论。

6. 简述激励的方法。

四、案例分析题

案例 1

会议成本分配表

日本太阳公司为提高开会效率，实行开会分析成本制度。在每次开会时，公司总是把一个醒目的会议成本分配表贴在黑板上。该成本的算法是：会议成本＝每小时平均工资的3倍×2×开会人数×会议时间（小时）。公式中平均工资乘3，是因为劳动产值高于平均工资；乘2是因为参加会议要中断经常性工作，损失要以2倍来计算。因此，参加会议的人越多，成本越高。有了成本分析，大家开会态度就会慎重，会议效果也十分明显。

分析：

1. 本案例说明了召开会议时应注意什么问题？

2. 解决该问题应该怎么办？

案例 2

明星激励法与目标管理法

A公司是一家处于西部地区的中外合资网站，成立于20世纪90年代末期，当时正值网络行业高速发展时期。这家网站的规模属于中下水平，资金实力较其他网站明显偏弱，不可能为所需人才付出发达地区同等高水平的薪酬；同时，由于处于内陆地区，地域较为偏僻和闭塞，工作与生活条件远不及沿海发达地区。以上两方面原因导致该网站在人才竞争领域明显处于劣势，本地人才严重不足，又难以吸引外地人才加盟，尤其在优秀内容编辑这一项上，该网站与竞争对手有很大差距。在网站投资建成几年内，网站内容的深刻度、创新度、吸引力各方面都比较一般。2000年，网站引入了一名新的内容部门负责人Z先生，他为激励员工独创了“明星激励法”，情况发生了改变。这一激励法是这样操作的：一方面，为调动编辑的创造力和工作，同时使其得到有效的业务锻炼，Z先生为每位编辑“量身定做”地选择了一位或几位业界有名的“明星”，先通过各种方式向编辑们传达有关“明星”的名气、声誉、身价、收入、生活方式等信息，使编辑对他们产生向往心理，然后Z先生本人和编辑一起研究“明星”的成长历程，分析、讨论该“明星”在写作、编辑和其他工作方面的风格、长处、短处，并且用心理暗示、创造条件让编辑与这些“明星”认识、对话和商榷问题等方式，让员工明白，这些“明星”不是天生的，也是普通的编辑、记者锻炼成长起来的，只要自己努力，也一定能够成为业界“名人”。另一方面，在公司的制度上、工作安排上为编辑创造成名的条件，例如设立以编辑个人名字命名的栏目，尽可能安排他们在各种公开活动上亮相等。这种“明星激励法”并未增加企业任何成本，只是给员工制定了具体的、具有美好前景和诱惑力、具有现实可行性的奋斗目标。这样的激励作用迅速收到了成效，短短半年的时间，该网站编辑在敬业精神、工作态度、工作能力等方面明显提高，内容质量大大提升，访问量快速增加，权威性和影响力也获得长足进步。

B公司是一家从事计算机硬件、软件销售和二次开发的电脑公司，公司规模不大，50人左右。公司经过多年的打拼，在本地区小有名气，并占有一定的市场规模。随着市场竞争的激烈化，为了继续保持公司的快速超常发展，提高员工的积极性，该公司总经理借鉴当时业界较为风行的“目标管理法”，对员工进行目标管理。其具体操作是这样的：公司根据预测，将第二年的销售额自上而下分配到每一部门，再由各部门分配到每位员工头上，取消原来执行的按销售比例提成的制度，改为未完成任务时只有极低提成，超额完成任务则有巨额提成。表面上看来，如果业绩真的如公司所愿，能够继续快速增长，优秀员工在超额完成任务后，收入将大幅度提高，而对于不能完成任务的“不合格”员工，公司又降低了花在他们身上的成本，似乎是一举两得的好事。但员工在仔细分析后发现，由于该公司所处市场环境竞争加剧，公司产品优势逐渐丧失，公司规模扩大、销售人员增加导致每位销售人员所拥有的潜在“蛋糕”变小，并且公司在资金实力、内部管理、配套服务方面跟不上快速增长的需要，几乎无人有信心完成两倍于前一年的销售额，多数员工产生了“被愚弄”的情绪。一年之后进行核算，全公司没有一个人能得到高额提成，核心销售人员流失殆尽。两年后，该公司已濒于倒闭。

分析：

1. 决定激励能否取得成功的主要因素有哪些？
2. 企业在对员工进行激励的实践过程中，应注意哪些问题？

技能训练

实训项目1　口头指挥

实训目标

1. 训练现场运筹与指挥的能力。
2. 培养口头指挥的能力。
3. 培养团队合作意识。

实训内容与要求

1. 以模拟公司为单位组织进行。在其总经理指挥下，由其成员在一块空地上用一条20米长的绳子围成一个正方形，绳子不能有剩余。

2. 公司成员按照此次任务要求进行分工，除总经理外，设总经理秘书一名、部门经理四名、部门成员若干名。

3. 活动开始时，主持者先将总经理同其成员隔离，向其说明游戏规则，再由总经理通过其秘书向各部门经理下达用绳子围正方形的命令。总经理不可直接指挥。

4. 部门经理再指挥其下属（要蒙上眼睛）用绳子围正方形。部门经理要与操作人员（其下属）保持 5 米的距离。

5. 在围正方形的过程中，主持者要不断设置新障碍，增加围正方形的难度。这样，总经理可能有新的指示下达，部门经理有新的或不明确的问题向总经理请示，但都必须通过秘书传递。

实训评价

1. 标准：能正确运用运筹与指挥的原理与艺术指导活动，并以在最短时间围成标准的正方形为胜利标准。

2. 评估：分别评估总经理、秘书、部门经理及其成员的能力与表现；评估每个公司的绩效与团队合作的默契程度。

实训项目 2　为所在班级制订激励计划

实训目标

1. 加深对现代激励理论的感性认识。

2. 提高有效激励、调动人的积极性的能力。

实训内容与要求

1. 调查与深入研究本班学生学习积极性和包括奖学金在内的激励状况。

2. 以模拟公司为单位，就如何在本班进一步调动学习积极性、实现有效激励组织的研讨。

3. 每人为班级起草一份激励计划。

4. 在班级组织研讨，深入分析目前的激励状况，研讨如何有效激励，充实完善同学们的激励计划。

实训评价

1. 标准：能正确分析学生的实际需求，并能正确应用激励理论与教材所介绍的激励方法制订激励计划，具有有效性、可行性。

2. 评估：每个人的发言提纲可作为一次作业，评定成绩；根据班级讨论中的表现评定成绩。

项目五

领导（下）

项目目标

知识目标

1. 掌握沟通的含义、作用、类型与过程。
2. 理解工作协调的原则、类型与技巧。
3. 认识日常人际关系的含义和作用。
4. 掌握人际交往的艺术。
5. 掌握团队建设重点。

技能目标

1. 培养主动沟通与合作的意识。
2. 具备基本工作协调能力。
3. 初步培养团队建设能力。

任务9 沟通

任务导入

都是玩笑惹的祸

军营里有一军犬目光如炬、精神饱满、威风凛凛，每逢甄别犯罪嫌疑人时总能让作案者先心虚起来。

随着训导员的一声号令，军犬很快就用嘴把丢失的东西从隐秘处叼出来，接着又向站着的人群跑去，没费多少工夫，就叼住了那个小偷。军犬兴奋地望向训导员，等待着嘉奖。但训导员却使劲摇着头对军犬说："不！不是他！再去找！"军犬大为诧异，眼睛里闪出迷惑的光。由于对训导员的绝对信赖，又使它转回头重新开始了更为谨慎的辨认。嗅觉告诉军犬，它没错！于是重新又把那个小偷叼了出来。可是训导员却不容置疑："不对！再去找！"

军犬迟疑地盯着训导员，转回身去花更长时间去嗅辨。最后，它还是站在了小偷的身边，向训导员坚定地望去：就是他！不会是别人！

"不！绝对不是！"训导员大声吼着，表情也严峻起来。

军犬的自信心被击溃了，他相信训导员超过相信自己。它放弃那个小偷，去找别人。可是不对啊！气味骗不了军犬。它焦急地踱着步，在每个人的脚边都停一会儿，忽而急促地嗅辨，忽而扭回头去窥测训导员的眼神……最后，它根据训导员的眼色把一个假小偷给叼了出来。

训导员与那些人一起哈哈大笑起来。军犬糊涂了，愣在当场。之后，训导员告诉黑子："你本来是对的，可错就错在没有坚持。"

当军犬明白这是一场骗局之后，它极度痛苦地"嗷"了一声，几大滴热泪流了出来，世界顿时失去了光彩。一个没有准则、没有对错的荒唐世界，把它所有的信念击得粉碎。或许训导只是想考验军犬，或许，这只是一个玩笑，可是，从此以后，军犬不再信任训导员，不再信赖任何人，不再目光如电，不再奔如疾风，不再虎视眈眈，更没有了威风凛凛……

思考：军犬和训导员之间发生了什么事情？这样的结果将会对军犬和训导员产生怎样的影响？这个故事中，你受到怎样的启发？假如你是训导员，为了产生不同的效果，你将会有什么举措？

作为管理者，你的信念和评判有可能影响你下属的一生。管理者与被管理者之间有一种无形的氛围，一不小心就会上演军犬的悲剧。

沟通是一种管理措施。它是种改变行为、实现变革、使信息发挥积极作用和达到目标的手段。因此，无论是工商企业、家庭个人，有效的沟通可以帮助协调系统、改善关系。如何下达命令，如何交流合作，如何沟通管理这些都是领导管理中不可忽视的沟通问题。

知识梳理

一、沟通

（一）沟通的含义

沟通，即信息交流，就是指发信息者把信息（也包括发信息者的思想、知识、观念、想法等在内）以任何方式或形式传递给接收信息者。这种交换或分享信息的过程就叫作沟通。

沟通的三要素：（1）沟通必须在两个或两个以上的主体之间进行；（2）沟通必须有一定的沟通媒介，如语言、文字等；（3）沟通必须是交换或分享信息。

（二）沟通的作用

管理者和员工之间的沟通能明确企业内的理念共识（即对组织的归属感），使全体成员的一切思维、行动都在企业管理的引导下自主运作，让组织更有向心力、凝聚力。让每一个成员都能改变工作态度，激发工作热情，提升工作实力。

在管理中，良好的沟通有如下突出作用。

1. 管理控制

任何决策都会涉及时间安排、任务分配和执行方法等问题。当企业在经营管理中面对机遇和挑战时，管理者首先要从内部沟通中获取大量信息，然后根据有效情报进行决策，或安排相关部门策划方案，以迅速解决问题。其次，基层员工可以主动与管理者沟通，汇报方案的建议，提供决策的参考；或通过沟通，在管理者的认可下自行决策。企业内部的沟通为各个部门和员工进行决策提供了信息，增强了企业管理和控制的力度。

2. 传递协调

企业中各部门和岗位之间都存在依存关系。其中的依存性越大，对协调的需要就越高。而良好的协调只有通过沟通才能实现。假如缺乏沟通，管理者对下属的认知不足，就可能导致下属对被分配的工作任务存在误解，使工作任务不能圆满完成，最终导致企业效益降低。

3. 激励作用

沟通有利于管理者激励员工，建立良好的人际关系和组织氛围，鼓舞员工的士气。领导者从沟通中了解员工状况，关心员工疾苦，在决策中就会考虑员工的需求，以提高他们的工作热情。马斯洛需求理论强调了个体对被认同和自我实现的需要，因此管理者的表扬、认可或者满意信息满足了员工需求，起到了激励的作用。同时，企业内部良好的人际关系更离不开沟通。思想上和感情上的沟通可以增进彼此的了解，消除误解、隔阂和猜忌，即使不能达到完全理解，至少也可取得谅解，建立企业和谐的组织氛围，创造“众志成城”的效果。

管理故事

沟通：听的艺术

一次，美国知名主持人林克莱特访问一名小朋友，问他说：“你长大后想要当什么呀?”

小朋友天真地回答：“嗯……我要当飞机的驾驶员!”林克莱特接着问：“如果有一天，你的飞机飞到太平洋上空所有引擎都熄火了，你会怎么办?”小朋友想了想说：“我会先告诉坐在飞机上的人绑好安全带，然后我穿上我的降落伞跳出去。”当在现场的观众笑得东倒西歪时，林克莱特继续注视这孩子，想看他是不是自作聪明的家伙。没想到，接着孩子的两行热泪夺眶而出，这才使得林克莱特发觉这孩子的悲悯之情远非笔墨所能形容。于是林克莱特问他说：“为什么要这么做?”小孩的答案透露出一个孩子真挚的想法：“我要去拿燃料，我还要回来！我还要回来!”

启示：当你听到别人说话时，你真能听懂他说的意思吗？你懂吗？如果不懂，就请听别人说完吧，这就是“听的艺术”。首先，听话不要听一半。其次，不要把自己的意思投射到别人所说的话上面。

（三）沟通的类型

由于分类的标准不同，看待问题的角度各异，因此沟通的种类很多。

1. 按沟通的组织系统分类

（1）正式沟通。正式沟通是指在组织系统内，依据一定的组织原则所进行的信息传递与交流，例如组织与组织之间的公函来往，组织内部的文件传达、召开会议，上下级之间的定期的情报交换等。另外，团体所组织的参观访问、技术交流、市场调查等也在此列。正式沟通具有组织的严肃性、程序性、稳定性、可靠性及信息不易失真的特点，但是在组织中传播速度较慢。

（2）非正式沟通。非正式沟通指的是正式沟通渠道以外的信息交流和传递以外自由进行的信息传递和交流。例如团体成员私下交换看法，朋友聚会，传播谣言和小道消息等都属于非正式沟通。非正式沟通是正式沟通的有机补充。在许多组织中，决策时利用的情报大部分是由非正式信息系统传递的。同正式沟通相比，非正式沟通虽然可靠性较低，但是往往能更灵活迅速地适应事态的变化，省略许多烦琐的程序；并且常常能提供大量的通过正式沟通渠道难以获得的信息，真实地反映员工的思想、态度和动机。因此，这种动机往往能够对管理决策起重要作用。

现代管理理论提出了一个新概念“高度的非正式沟通”。它形容利用通过灵活多变的方式来保持组织内亲密无间的信息交流，从而在一个团体、一个企业中形成一个开放的信息沟通系统。实践证明，高度的非正式沟通可以节省很多时间，避免正式场合的拘束感和谨慎感，使许多长年累月难以解决的问题在轻松的气氛下得到解决，减少了团体内人际关系的摩擦。

2. 按沟通的流动方向分类

（1）上行沟通。上行沟通是指在组织或群体中从较低层次向较高层次的沟通。它有两种表达形式：一是层层传递，即依据一定的组织原则和组织程序逐级向上反映；二是越级反映，这指的是减少中间层次，让决策者和团体成员直接对话。在上行沟通中员工可以直接把自己的意见向领导反映，获得一定程度的心理满足；管理者也可以利用这种方式了解企业的经营状况，与下属形成良好的关系，提高管理水平。但是在上行沟通过程中，下属会因级别不同造成心理距离，形成一些心理障碍；害怕“穿小鞋”，受打击报复，不愿反馈意见。同时，向上沟通常常效率不佳。有时，由于特殊的心理因素，经过层层过滤，导致信息曲解，出现适得其反的结局。

（2）下行沟通。下行沟通是指组织或群体中从较高层级向较低层级传递信息的过程。下行沟通可以使下级主管部门和团体成员及时了解组织的目标和领导意图，增加员工对所在团体的向心力与归属感。它也可以协调组织内部各个层次的活动，加强组织原则和纪律性，使组织机器正常地运转下去。如果下行沟通使用过多，会在下属中造成高高在上、独裁专横的印象，使下属产生心理抵触情绪，影响团体的士气。此外，由于来自最高决策层的信息需要经过层层传递，容易被耽误、搁置，有可能出现事后信息曲解、失真的情况。

管理故事

信息失真

少校说：今晚 8 点左右，哈雷彗星将可能在这个地区被观测到，这种彗星每隔 76 年才能看见一次。命令所有士兵穿野战服在操场上集合，我将向他们解释这一罕见的现象。如果下雨，就在礼堂集合，我会为他们放一部关于彗星的影片。

值班军官说：根据少校的命令，今晚 8 点，76 年出现一次的哈雷彗星将在操场上空出现。如果下雨，就让士兵穿着野战服列队前往礼堂，这一罕见现象将在那里出现。

上尉说：根据少校的命令，今晚 8 点，非凡的哈雷彗星将身穿野战服在礼堂出现。如果操场上有雨，少校将下达另一个命令，这种命令每隔 76 年才出现一次。

…………

士兵说：在今晚 8 点下雨的时候，著名的 76 岁的哈雷将军将在少校的陪同下，身着野战服，开着他那“彗星”牌汽车，经过操场前往礼堂。

启示：下行沟通尽管操作简单，但是由于信息传递方向的单一，很容易造成信息的失真。因此，除了单一的上行沟通和下行沟通，信息传递仍需要别的流动方向。

经比较，下行沟通操作比较容易，居高临下，甚至可以利用广播、电视等通信设施；上行沟通的使用则困难一些，它要求基层领导深入实际，及时反映情况，做细致的工作。一般来说，传统的管理方式偏重于下行沟通，管理风格趋于专制；而现代管理方式则是向下沟通与向上沟通并用，强调信息反馈，增加员工参与管理的机会。

（3）平行沟通。平行沟通是指组织或群体中各平行机构之间的交流及员工在工作中的信息传递和交流。在企业管理中，平行沟通又可具体地划分为四种类型。一是企业决策阶层与工会系统之间的信息沟通；二是高层管理人员之间的信息沟通；三是企业内各部门之间的信息沟通与中层管理人员之间的信息沟通；四是一般员工在工作和思想上的信息沟通。平行沟通不仅可以使办事程序、手续简化，节省时间，提高工作效率，而且可以使企业各个部门之间相互了解，有助于培养整体观念和合作精神，克服本位主义倾向，甚至可以增加职工之间的互谅互让，培养员工之间的友谊，满足职工的社会需要，使职工提高工作兴趣，改善工作态度。但是平行沟通沟通头绪过多，信息量大，易于造成混乱。此外，平行沟通尤其是个体之间的沟通也可能成为职工发牢骚、传播小道消息的一条途径，造成涣散团体士气的消极影响。

3. 按信息载体和渠道分类

（1）语言沟通。语言沟通形式建立在语言文字基础上，以语言文字和语言声音为其载体。语言沟通形式又可分为书面语言、口头语言和电子数据语言三大类沟通形式。

书面语言沟通是当组织或管理者的信息必须广泛向他人传播或信息必须保留时采用的沟通方式，它以报告、备忘录、信函等文字形式呈现，是口语形式所无法替代的。采用书面语言进行沟通的原则有以下几个方面：首先，文字要简洁，尽可能采用简单的用语，删除不必要的用语和想法。其次，如果文件较长，应在文件之前加目录或摘要。最后，合理组织内容，一般最重要的信息要放在最前面。

口头语言沟通是利用口语面对面地进行沟通，是管理者最常用的形式。口头沟通的优点是信息发送和反馈快捷、及时。但是口头沟通经过的中间环节越多，信息被曲解的可能性就越大。

电子数据语言沟通是指将包括图像、图表、声音、文字等在内的书面语言性质的信息通过电子信息技术转化为电子数据进行信息传递的一种沟通方式或形式，它的主要特点是成本低，覆盖面广。

（2）非语言沟通。非语言沟通是指通过某些媒介或非语言文字来传递信息。非语言沟通形式主要包括身体语言沟通形式、副语言沟通形式和物体操纵或者道具形式三种。身体语言沟通包括目光、表情、手势等身体运动、姿势人体形式；副语言沟通是通过非语言的声音，如重音、声调、停顿、语速等来传播信息的沟通形式；物体操纵即借助道具，利用颜色、光线、物品摆放来传递信息的沟通形式。

4. 按信息发送者与接收者的位置是否变换分类

（1）单向沟通。单向沟通是指信息的发送者与接收者之间相对位置不发生变化的沟通。例如上司主管只用指令和训话向下属员工表达自己的意志意愿，不听也不管下属员工有何种反馈。

这种单向的管理沟通，首先就会受到被管理者的意志意愿的抵制。如果下属员工没有形成与其要求相对应的意志意愿，这种指令要求对于下属员工的约束作用，就是很弱的。任何一个人做任何一件事，都会有自己的判断。他认为不应该的事，如果是迫不得已地去做，他总可以找到抵制的办法和理由。本来完全可以成为被管理者自我约束的要求，并能轻易做好的工作，就往往因为没有考虑下属员工的意志意愿，而最终被下属员工抵制反对，导致无法落实。其次，不沟通也就不可能确切地知晓下属员工是否具备做好工作的能力、是否明了工作做好的标准要求、是否知道承担工作的具体方法程序等一系列的问题。最后，不问青红皂白地对下属员工进行呵斥和责骂，不仅会造成员工工作情绪低落，而且会导致人心涣散。如此一来，怎么可能让下属员工做好工作，达成管理的目的呢？

（2）双向沟通。双向沟通是指信息的发送者与接收者的位置不断变化的沟通，即信息交流是双向活动。例如，作为让被管理者履行的约束，无论其内涵是否与被管理者的意志相违背，也都必须与被管理者进行充分的沟通，以获得被管理者的理解和认同。只有被管理者理解和认同了的约定，才能对被管理者具有充分的约束力，被管理者才会把这种约束当成一种自我约束而严格遵守。同时，管理者需通过互动基础上的充分有效的沟通，把握让被管理者做好工作的条件的满足情况，并及时采取措施，把尚未具备的条件创造出来，以保证下属员工的工作能稳稳地做好。

5. 按参与沟通对象多少分类

（1）自我沟通。自我沟通即自我对自身进行比较全面的认识，包括自身的形象、智力和心理承受能力等方面，以了解自己的健康状况和情绪状态。良好的自我沟通有助于我们了解、控制自己的情绪，积极的心态能够影响行动，有效行动可以改变我们的人际关系。

（2）他人沟通。他人沟通指两人间（或以上）所进行的沟通。

（3）公共沟通。公共沟通指个人面对公众发表意见，从而说服影响公众的过程。一般来说，因为在公共沟通中听众数量庞大，信息的发送者（演讲者）向听众发送某种信息（发表演讲），所以声音更高、手势幅度更大。这时候听众可以做出非语言的反馈，但语言反馈的机会却受到限制。

（四）沟通的过程

沟通过程，就是信息的发送者将要发送的信息通过一定的渠道传送，信息接收者在接收信息后，采取行动前给予信息反馈。详细了解和掌握沟通的过程，对于深入理解和掌握管理沟通具有重要的作用，如图 5－1 所示。

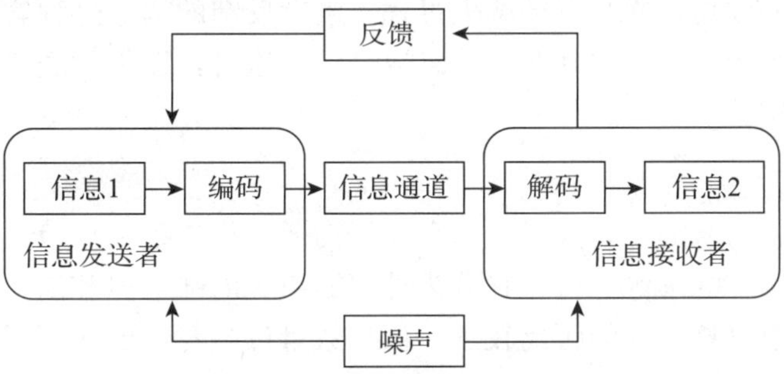

图 5－1　沟通过程

1. 发送者

发送者也称为信息源，即将信息发出的一方。信息源既可以是组织，也可以是个人。

2. 接收者

接收者是信息沟通的对象，可能是个体，或者是组织群体。注意，沟通必须在信息源和接收者之间进行，否则不能称之为沟通。

3. 信息

信息是沟通主体（信息发送者和信息接收者）传递的一组符号，可以是语言或者非语言等信息。它可以是客观事实，也可以是主观的感受或者情感反应。

4. 编码

编码是信息发送者将其信息与意义符号化，转化为一定的文字等语言形式或其他形式的符号的过程。

5. 解码

解码是信息接收者接到信息后，将符号化的信息符号还原成信息与含义，并理解其信息内容与含义的过程。

6. 通道

通道是信息传递过程中连接发送者和接收者所使用的媒介和途径。沟通的通道或渠道具有丰富性和多样性。在当今信息时代，尤其突出的变化是电子信息通道的出现和多样化。现在已经被企业利用的管理沟通电子渠道有电子数据库、电子数据交换、个人电子邮件、组群电子邮件、可视电视会议、手机及电脑与网络共同传递的电子短信息、企业内联网、企业独立网站、企业互联网、企业电子刊物等一些新渠道。作为管理信息传递的媒介物，沟通渠道的选择是相当重要的。因为渠道会影响信息传送的速度的有效性和完整性。在大量传统与新兴的沟通渠道并存的情况下，沟通的渠道选择和渠道组合有了更大空间，对于管理沟通渠道的选择和设计因而有可能上升到战略层次，即企业管理沟通制度设计的高度来进行。从理论上讲，沟通应该比以前有更快的速度、更大的信息容量、更宽的覆盖面积、更高的准确性和成功率。

7. 反馈

反馈是接收者对信息做出反应后并将之转达给发送者的过程。接收者完整无缺的沟通过程必定包括信息的成功传递与反馈两大过程。没有反馈的沟通过程容易出现沟通失误或失败。反馈是指接收者把收到并理解的信息返送给发送者，以使发送者对接收者是否正确理解了信息进行核实。

8. 噪声

噪声是妨碍信息沟通的一切因素。它存在于沟通过程的各个环节，并有可能造成信息损耗或失真。根据噪声的来源，可将它分为外部噪声、内部噪声和语义噪声。外部噪声源于环境，如传播渠道过长、空间距离较远、信息数量过多等，这些都阻碍人们对信息的理解和接收；有时在组织中，人们之间不太和谐的关系、过于强调等级和地位的组织文化等也是有效沟通的障碍。内部噪声发生在沟通主体身上，比如注意力分散、认知的差异、存在某些观念和偏见等，会对有效沟通造成干扰。语义噪声是对某些词含义的不同解释所引起的，语言表达不准确或接收者理解不同会导致信息失真。

（五）沟通的障碍和改进

从沟通的过程中已经了解到影响沟通效果的因素很多，但在影响沟通的因素中信息的传导通路最为重要。信息的生命在于传递，因此要有效地管理信息沟通，必须完善信息传递的过程。

1. 信息传递要贯彻多、快、好的原则

多，是就数量而言，是指提高单位时间内传递的信息数量；快，是就速度而言，是确保信息传递的迅速、及时；好，是就质量而言，是要消除信息传递中的干扰，保持信息的真实性。在信息传递中，这几方面是互相联系、互相制约、相互协调的。

2. 信息传递要区分对象

这一方面是指信息传递的目的性，另一方面又指信息传递的保密性。信息是有价值的，但是价值的大小却因人而异。因此，要根据信息传递的目标，研究信息对象的针对性，衡量信息传递的内容，确保信息有效用。

此外，考虑到信息的保密度，也要注意信息的适用范围，防止信息大面积扩散、泛滥，给员工造成不必要的心理负担，影响团队士气。在信息保密方面，要阻止两种倾向：一是信息过分保密的倾向。同行各企业、各职能部门以及员工之间相互保密，妨碍了彼此了解和相互协调。将本应共享的信息，由于人为地保密，结果没有及时下行传达，令信息阻塞，出现无端猜疑，影响企业管理。二是随意扩散信息的倾向。在传递信息时，如果不考虑信息的保密程度，不选择信息传递的对象，将所收集的信息随意扩散，会导致信息混乱。对于管理者来说，也要注意信息的审查与清理，不能将所有信息全部传递到会议上，增加会议负担，引起心理疲劳。总之，这两种倾向都会导致谣言和小道消息传播，不利于组织的团结，会影响团队士气和工作效率。

3. 信息传递要控制特殊渠道

所谓特殊渠道就是越级传递，撇开管理信息系统，使不同层级的人员直接沟通对话。特殊渠道虽然不是正式沟通，但在某些特殊情况下可以控制使用。例如，首先特殊渠道可以应用在重大问题的紧急处理情况下；其次，它可以改善官僚作风严重的企业管理，确保时效；再次，它可以应用于时效性有特别要求的信息汇报中；最后，它可以应用于涉及个人隐私、需要保密的材料递交。有些企业设立员工沟通日、总裁信箱和总裁秘书室就是为了减轻沟通者的心理压力，以便对特殊渠道信息传递进行控制。虽然在一些情况下，非正式沟通往往能够达到正式沟通难以达到的效果，但是特殊渠道等非正式沟通应实施有效的控制，因为它也可能成为散布谣言和小道消息的渠道，产生副作用。

4. 信息传递需要信息反馈

信息反馈是确保信息准确性的一条可靠途径。这种反馈要求是双向的，例如下级主管部门经常给上级领导提供信息，同时接受上级领导的信息查询，上级领导也要经常向下级提供信息，同时对下级提供的信息进行反馈，从而形成一种信息畅通的环流。这样做，一方面可以提高针对性，减少信息提供部门的盲目性；另一方面可以加强信息发送者和接收者之间的心理沟通，提高团队士气，调动员工参与管理的积极性。

沟通的最本质的目的就是想法的传递。为了让对方真正了解自己的想法，信息发送者应通过了解接收者的需要和可能的反应，决定自己要使用的沟通手段和方式。管理者真正掌握建设性沟通技巧的关键之处在于是否能够做到“换位思考”，也就是所谓的“己所不欲，勿施于人”。另外，在沟通中少用评价性、判断性语言，多用描述性语言。既介绍情况，又探询沟通情况，保持沟通在支持性氛围中进行。

二、工作协调

工作协调是利用各种管理和沟通手段，以期达到和谐一致，配合得当，即正确处理组织内外各种关系，为组织正常运转创造良好的条件和环境，促进组织目标的实现。

(一) 工作协调的原则

1. 统一方向原则

在企业工作协调中，维护统一的指挥方向是开展工作的指引。整个企业从最高层管理者统一领导开始，从上到下权力依次递减。

2. 建立层级原则

在企业工作协调中，清晰等级分层是开展工作的手段。企业要建立清晰的等级分层，明确定义各自管理职责权限，自主独立运行管理、处理层级日常工作。

3. 推崇尊重原则

在企业工作协调中，相互尊重是开展工作的前提。下级尊重服从上级管理的同时，上级也需要尊重基层员工岗位、职能。

4. 加强沟通原则

在企业工作协调中，沟通是开展工作的保证。上级要多征求下级意见，下级要多向上级请示和汇报，以期信息沟通畅顺。

(二) 工作协调的类型

工作协调的类型主要由纵向协调和横向协调两方面组成。

1. 纵向工作协调

纵向工作协调即在组织纵向结构的各管理层级之间的协调。纵向工作协调间存在领导管理的隶属关系，可以依靠领导权威和管理法规进行干预。纵向工作协调是基本的协调方式，关键在于协调处理好上下级间的关系。

(1) 上级关系协调。上级关系在管理中非常重要，它既是工作顺利开展的保障，又是获得上级支持信任的源泉，得到指导、提拔和重用的关键。改善上级关系最根本的是出色完成工作，以能力赢得上级信任。改善上级关系的保证是重视层级制度，尊重上级。改善上级关系的主要途径是主动与上级请示、汇报，加强沟通。改善上级关系的关键是与上级保持适当的距离，切勿触犯上级权威。

与上级共事期间，发生了矛盾与冲突，其解决原则：以理服人，分清是非曲直，用恰当的方式向上级说明、汇报；以敬为尊，明确上下级间定位，从自身认真反思事情的原因与责任。

（2）下级关系协调。水能载舟，亦能覆舟。管理协调下级关系是管理中的立足之本。协调下级关系首先要坚持以人为本，尊重下级的人格、地位和想法。其次，协调下级关系要重视交流，深入沟通，充分了解基层。最后，协调下级关系要充分信任，授权分治。

与下级冲突处理的原则：以德服人，以宽容倾听了解下级想法；以理服人，再以科学公正的态度分析问题；尽量以包容的态度接受与下级思想上的碰撞。

2. 横向工作协调

横向工作协调即在组织横向结构的同一管理层次之间的协调。由于横向工作协调都是平级关系，不存在地位或者权力差异，无法依靠权威进行干预。进行横向工作协调有人际关系方式、组织方式和制度方式。

（1）人际关系方式强调在同一层级间利用社交人际关系协调沟通。这种方式是最自由的，是基层管理者最常使用的协调手段。

（2）组织方式是借助第三方组织来参与协助、沟通以达到修正组织结构缺陷，改善组织沟通、工作的效果。

（3）制度方式是通过科学有效的组织管理制度，建立完善的组织体系来保证工作沟通的协调。因为它规范化、标准化和流程化的特点，制度方式成为工作沟通协调最基本的方式。

（三）工作协调的技巧

人类社会中的任何一个基本组织，都是由两个或两个以上个体组成的群体。沟通与协调是维系组织存在、保持和联系组织的纽带；创造和维护组织文化，提高组织效率，促进组织不断进步发展的主要途径。有效的沟通要遵循一定的沟通协调原则，也离不开有效的沟通协调技巧。下面介绍一些常用的沟通协调技巧。

1. 倾听与提问

倾听是有效沟通与工作协调的开始，也是前提工作和重要环节。良好的倾听，才能有效了解沟通与协调所需要的信息。

（1）倾听。倾听就是把注意力集中在说话人的身上，包括听者的全部身心，排除内部（如情绪低落，身体不适）的干扰，外部（如气温、噪声、异味等产生不适）的干扰，不能出现如揉眼睛、摸头发、托下巴、把胳膊放在椅子把手上等不耐烦的现象，用耳聆听，保持与说话者的目光交流。

倾听是关注讲者的全部内容，包括与自己相同和不同的观点，感兴趣和不感兴趣的内容。要善于从说话者的语言层次，强调的重点句子词语，非语言及类语言的暗示（如语速、声调、身体姿势、面部表情和手势等的变化）捕抓信息，从而感受说话者的意图、期望、愿望、设想、观点、价值观等，也包括组织整理信息。有条件的情况下，最好记笔记，并区分事实、假设和个人观点。

（2）提问。在倾听过程中，提问有两方面的内涵：反馈出你对说话内容的认真关注和尊重，反馈能赢得说话者好感和鼓励说话者；提问的目的是引导说话者的话题，找出更多信息。

提问有以下技巧：

1）使用谦虚的态度、和蔼的口气提问；

2）提问的问题要有针对性，一个问题的提出，要把话题引导到解决问题的方向上，并且根据要达到的目标不同以及各种不同的方式提出（如探索式提问、澄清式提问、暗示式提问、证明式提问、诱导式提问等）；

3）不要提出有损说话者尊严，以及对方不愿或者不能回答的问题；

4）要注意提问的时机，掌握好时机可以引导和控制说话的方式，注意倾听后再发问，同时注意不要随便发问，要伺机而动；注意在对方没有答复准备之前，不要急于提出问题；

5）要因人而异，不同的人要用不同的方式，有时单刀直入，有时可以迂回曲折，有时步步紧逼，有时声东击西。

2. 说理的语言表达

在沟通与协调过程中，要做好以下几项准备工作：

（1）对聆听的信息进行分析整理；

（2）了解聆听对象的情况：如工作关系层次（上级、同级、下级），文化、社会背景，年龄、个性特点等；

（3）要清晰待解决的问题；

（4）观点明确，准备好充分的理由。

在具体的语言表达上，要运用好以下方法技巧，以期达到最好的协调效果：

（1）取得对方的信任。说服对方，首先要换位思考，考虑对方的观点或行为，存在的客观理由，站在对方的角度考虑问题，才会消除对方的戒心。这样的说服效果才会明显；

（2）营造“鼓励”的氛围。从积极主动的角度启发对方，才有助于接受己方的意见；

（3）注意批评的方式方法。方法好不好直接影响批评的效果。以下几种不会致使别人厌烦的批评方式可供参考使用：批评从称赞和诚挚的感谢入手；批评前先提到自己的错误；用暗示的方式提醒他人注意自己的错误；领导者应以启发而不是命令来提醒别人的错误；保留别人的颜面。

（4）抓住对方的心理，诱导说理。如先了解对方感兴趣的消息，然后想办法满足对方要求；或者先讨论容易解决的问题，然后再讨论具有争议的问题。

（5）运用历史典故说理，或者用正反面对比的方法说理能增加说服力；

（6）用生动的语言表达说理富有魅力。

以情动人，说话体现真诚、尊重、同情同理；语言简洁精练，抓住重点，厘清思路；言之有序，便于理解；言简意赅，便于记忆思考；运用比喻、双关、暗示、反语等修辞手法增加表达效果；寓理于事，客观于形，使人印象深刻。

网络时代大学生人际沟通能力培养

一、网络时代大学生人际沟通的重要性

网络时代，网络沟通作为一种新型的沟通方式，具有隐秘性、包容性、补偿性和时空便捷性，为现代大学生进行人际沟通搭建了一个全新的平台，显示出极强的生命力。但是，网络又是一把“双刃剑”，由于信息的混杂、环境的虚拟和大学生自身应对的乏力，网络也给大学生人际交往带来一系列的负面影响，弱化了大学生人际沟通能力。人际沟通是指为了设定的目标，把信息、思想、情感在个人或群体之间传递，并达成协议的过程。社会是人与人相互作用的产物，“一个人的发展取决于和他直接或间接进行交往的其他一切人的发展”。因此，沟通能力是一个人生存与发展的必备能力，也是一个人成功的必要条件。对于大学生来说，良好的沟通能力有利于培养大学生健康的心理，是顺利完成学业的基础，是未来事业成功的必备素质，是职业生涯良性发展的基本条件。

二、网络对大学生人际沟通的双面性

网络构建了一个虚拟社会，扩大了人际关系圈，促进人与人之间跨时空的沟通。以互联网为工具，以文字、声音、图像及其他多媒体为媒介的沟通方式，其特点就在于超时间性、超地域性和沟通双方的互动性。然而，任何事物都要有两面性，网络对于大学生人际交往是把“双刃剑”。

1. 网络对于大学生人际交往有一定的消极作用

(1) 网络会减少大学生现实生活中的人际沟通机会，相对于以前需要面对面的交流，如今只要通过网络聊天工具就可以了。在网络交往代替现实交往的过程中，大学生的现实交往时间日益减少，大学生在现实交往中越来越冷淡，越来越疏远。通俗点说，大学生们可能宁愿上网聊QQ、微信，也不愿和同学、朋友出去聊天沟通。

(2) 对于大学生在网络中的人际关系有一定的不稳定性和盲目性。网络环境有一定的不真实性，在网络中的交往不一定了解真实的对方，无法辨别对方是好是坏，有一定的危险。而且网络交往会使大学生不适应现实生活中的人际交往，而更多地习惯“人机交往”。

(3) 网络冲击大学生的传统交往，减弱大学生现实的人际交往能力。网络交往增加了人与人之间的距离，可能引发心理危机。众多心理学家认为：网络在缩小人与人之间的空间距离的同时，无情地拉远了人与人之间的心理距离，并引发了许多心理危机。网络沟通减弱了人与人之间直接的、面对面的互动关系，使大学生在一定程度上疏远了人际交往，忽视了人际沟通知识的学习，缺乏人际沟通能力的实践锻炼，影响人际沟通能力的提高。

2. 网络对于人际交往的促进作用

网络便捷快利的特点缩短了人与人之间交往的时间距离、空间距离。不同地点、不同时间，人们想要沟通交流都可以通过网络来实现。这大大节省了人与人之间交流的时空限制，扩大了人与人之间交流的范围，增加了人与人之间交流的机会。现今社会的人际沟通中，网络扮演了一个重要的角色。

三、网络时代大学生人际沟通的培养方式

网络对于大学生人际沟通有利也有弊，对于网络的好，我们要善以利用，对于网络的弊端，我们要尽量避免。网络对大学生人际交往的积极作用是主流，但也存在着消极影响。网络时代极易让大学生淹没其中，大学生在对新技术做出迅速反应的同时，也陷入一系列的困境中。他们中的一些逃避现实，不愿与人交往，对他人漠不关心；个人主义流行，缺乏安全感；心理疾病增多；人与人之间缺乏信任感；加上过度沉迷于互联网中，减少与社会、家庭沟通的机会，从而导致家庭与社会价值观的日趋淡漠。因此，网络对大学生既是机遇，又是挑战。面对网络的汹涌浪潮，我们必须采取有效的政策，充分发挥网络的优势，降低其对当代大学生的不良冲击，大力加强对大学生网络人际交往的引导，帮助大学生正确看待和处理网络人际关系，提供一个使大学生健康发展的网络环境。

1. 坚持预防，加强对大学生网络交往的教育和引导

随着网络的日益普及，网络沟通已经成为日常交往沟通的重要途径之一。作为大学生的我们应当扬长避短，正确处理现实交往与网络交往的关系。

2. 积极推进网络立法工作，加强网络管理

监管各种有害信息的输入输出路径，同时对大学生的网上行为进行及时有效的监督，建立更为完善的法律法规，对在网上发表违规文章和散布不良信息的大学生要及时给予警告，严重时要追究其法律责任。教育大学生尊重网络行为规则，维护网络世界的秩序，提高其在网上交往过程中的社会性和规则性。

3. 重点培养大学生的是非判断能力

让大学生在多元化的价值观体系下学会选择、学会鉴别，自觉抵制那些低级、劣质和反动信息的侵蚀与诱惑，从而减少困惑、失落与盲从，规避大学生在网络中人际交往的危险因素。

4. 鼓励大学生积极培养人际沟通意识

当前大学生在人际沟通中的适应不良，主要是不想沟通、不善于沟通。从人际交往的角度来说，沟通艺术需要技巧，需要幽默，这些都是大学生所欠缺的。针对这些，可鼓励大学生多结交、多表达，善于倾听，善于处理矛盾，做到在人与人的交往中能够得心应手。

5. 多在实践中锻炼自己的人际交往沟通能力

当代大学生，需要在社会实践中锻炼自己的能力。多参加学校社团的活动，多尝试节目主持，活动组织、广告宣传等角色，在人际交往中获得丰富的社会体验。

大学生应该在网络时代的人际沟通交往中，正视网络对自己的影响，积极地、多渠道地加强现实生活中沟通能力的培养与锻炼，提高自己的人际沟通能力。

任务10　合作

任务导入

子贱放权

孔子的学生子贱有一次奉命担任某地方的官吏。当他到任以后，时常弹琴自娱，不管政事，可是他所管辖的地方却治理得井井有条，民兴业旺。这使那位卸任的官吏百思不得其解，因为他每天即使起早贪黑，从早忙到晚，也没有把地方治好。于是他请教子贱："为什么你能治理得这么好？"子贱回答说："你只靠自己的力量去进行，所以十分辛苦；而我却是借助别人的力量来完成任务。"

思考：以上典故说明一个什么问题？对管理活动的启示如何？

现代企业中的领导人喜欢把一切事揽在自己身上，事必躬亲，从来不放心把一件事交给手下人去做，这样，使得他整天忙忙碌碌不说，还会被公司的大小事务搞得焦头烂额。其实，一个聪明的领导人应正确地利用下属的力量，发挥团队协作精神，不仅能使团队很快成熟起来，同时，也能减轻管理者的负担。

知识梳理

一、人际关系与合作

（一）人际关系

1. 人际关系的含义和作用

所谓人际关系，就是人们在共同的实践活动中结成的相互关系的总称。在人的生活、学习和工作中，必然要遇到各种各样的人和事，结成各种各样的人际关系。

现代社会高度的分工协作，使人们在社会上结成一张巨大的关系网，管理者则是这张网上的结。无论从事何种管理工作，都离不开别人的支持、配合、帮助；现代管理者必须处理好上下左右之间的关系，方能进行卓有成效的管理。良好的人际关系在管理中的作用主要体现在以下几个方面：（1）能促进工作的顺利开展，有助于提高工作效率；（2）对精神文明建设有良好的促进作用；（3）对改变人的不良行为有着重大的促进作用；（4）有利于人的身心健康。

2. 人际关系的艺术

（1）出于公心，以诚相待。作为管理者在与人交往中能否出于公心，从国家和集体的整体利益出发考虑和处理问题，是影响人际关系的重要问题。因为利益问题是影响人际关系的根本问题，所以在与人交往中，出于公心既是现代管理者处理人际关系的根本原则，也是讲究人际关系艺术的基点。这就要求管理者在与人交往中要摆正各种利益关系，在优先考虑和服从国家、集体、他人利益的同时寻求各方共同利益，这也正是人际交往的重要艺术之所在。

以诚相待是指在人际交往中对上级、对同事、对下级都要说老实话，办老实事，无虚假成分。这方面有两点应当特别注意：第一，要将自己的有关情况（包括思想上的想法）对外公开，使人对自己有所了解；第二，要信任别人，不要对人总是持怀疑的态度，眼睛老盯住别人的短处。怀疑一切，到头来只会孤立自己。

（2）讲究语言，注意形象。对于管理者来说，人际交往中的语言艺术显得更为重要。因为它不仅只影响个人的关系，而更重要的是影响工作、影响事业，因此管理者在与人交往中应当十分讲究语言艺术。要使语言具有艺术性、富有感染力。应当特别注意：语言的意义明确，语言的逻辑性强，语言具有幽默感。

与人交往，语言重要，形象也不可忽视。对交往形象影响较大的主要是举止、服饰和目光。举止应当稳重大方、文明得体，既不可缩头缩脑，也不可过分放肆，不拘小节。管理者与人交往应注意自己的衣着打扮，服饰要求协调自然。“眼睛是心灵的窗口”，与人交往目光要自然得体。

（3）平等宽容，礼貌热情。管理者在人际交往中不可用等级观念待人处事，自以为高人一等，或者企图从与他人的相处中占些便宜，而应与人平等相待，互相尊重，同时能容忍别人一些非原则性问题的过失和不足。

管理者与人交往应当礼貌待人，这样有利于促进人与人之间融洽和睦，形成一种轻松愉快而又文明的气氛。管理者应学习一些必要的礼貌常识。礼貌应当是真挚感情的流露，不要过分繁多的礼节，过分了就显得虚伪。热情既是礼貌的表现，也是使人产生好感的重要因素。管理者无论从哪个角度讲都应当热情待人。

（4）信守诺言，注重信誉。一个人如果讲话不算数是交不到真正朋友的。一个单位如果没有信誉是办不成任何事的。因此，与人交往一定要信守诺言，注重信誉。这就要求，一要对自己的言辞负责，不信口开河；二要信守契约，不论是与人约会，还是合作，或者是答应别人的事，只要有约在先，就必须做到。如有特殊困难不能履约，也应事先通知；事发突然，来不及告诉的，事后定要恳切说明，表示歉意。

（二）合作

1. 合作的含义

合作是为了成就一个共同的目标、任务、利益而相互配合与协助的过程。合作存在于个人之间、群体之间、个人和群体之间。合作是群体与组织管理的核心内容，即“整体大于个体之和”。

管理故事

在天堂和地狱里，有同样的一桶粥，同样长的一把勺子。在地狱里，每个人争先恐后地去拿这把勺子取粥给自己吃。可这勺柄太长了，无论如何也吃不上自己喂的粥，结果是谁也吃不到粥。而在天堂里，一个人拿勺子取到粥喂给另一个人，这样大家互相喂对方，结果是每个人都有粥吃。

启示：相同的资源却有两种截然不同的结果，这表明，合作的背后意味着双赢或多赢。能够把一个人的赢变成双赢或多赢，只有通过合作才能实现。如果不合作，即使能赢也就是一个人赢，不可能双赢，更不可能多赢。

2. 工作中的合作

（1）明确共同目标。合作必须有共同的目标。在工作中，每个人都要把组织的目标放在首位，全力以赴地追求整体利益。管理者要善于引导，把个人目标升华为组织或群体的共同目标。绝不可把职权作为谋取私利的手段，把个人的目标置于组织或群体的目标之上。防止出现个人主义、小团体主义等影响团结与合作的障碍。

（2）出色地完成本职工作。合作的前提是必须尽心尽力地干好自己的本职工作。只有每个人都干好自己的本职工作，才会实现高效率的合作。根据“短板原理”，只要有一个人员、岗位或环节出现了问题，就会危及整个工作系统的绩效。要合作，首先必须做好自己的工作。

（3）准确的定位职务角色。职权越位，角色错位，是影响团结与合作的大敌。组织要制定明确的职务说明书，个人要准确定位本人角色，正确地行使职权，履行职责。绝不可以错位越权，上干预领导的职权，下剥夺部下的职权。规范、和谐的职权关系是工作上合作的关键因素。

（4）主动地配合他人。要寻求别人的合作，首先必须主动配合别人。特别是在别人遇到困难、急需帮助的时候，主动地伸出援助之手，不但可以及时解决对方的燃眉之急，而且会赢得对方的感激与信任。按照“报答原理”，在你遇到困难或需要帮助的时候，对方也会毫不犹豫地出手相助，合作就会成为极其自然的事了。

（5）加强工作中的沟通。影响团结与合作的障碍往往来自没有实质性矛盾的误解。显然，工作中的沟通就是极为重要的了。在工作过程中，对上级要多请示，多汇报；对下级要多商量，多鼓励；对同级要多联络，多“通气”。在沟通的过程中，误解避免了，障碍消除了，就会建立起紧密的合作关系。

（6）善于寻求别人的帮助。在做好自己工作的前提下，在工作中，要积极地寻求别人的帮助，主动地与他人联手来共同提高工作的质量与效率。要避免“单打独斗”，把自己封闭起来，既不利于工作效率的提高，也不利于人与人之间的沟通，对自己和他人都不是一件有利或愉快的事。

（7）正确处理竞争与合作的关系。人与人乃至群体与群体、组织与组织，在工作中的关系都是一种既竞争又合作的关系，即所谓“竞合关系”。处理这类关系，首先要以合作为基础，出于合作意愿，寻求共同利益，构建一种合作基础上的竞争关系；同时，发挥优势，全力拼搏，实现绩效最大化，并最终追求组织整体利益的最大化。最基本的原则与目标就是实现互惠双赢。公平、合理的竞争关系不但不会破坏合作，反而有利于更坚实的合作关系的建立。

二、团队概述和团队建设

（一）团队概述

1. 团队的含义

团队是现代社会下最有活力的高效组织形式，是现代最基本的合作形式。团队，即有明确的目标和个人角色定位，强调独立管理、自我控制、合作沟通的一种扁平型组织形式。

2. 团队的特征

（1）在组织管理上，团队属扁平型结构组织，取消中间管理层次，缩短员工与客户和企业之间的距离，增加归属感。

（2）在目标管理上，团队有明确的目标，指引每个员工确立角色和分工。

（3）在控制管理上，团队重视自主管理，自我控制。特殊表现为管理者在团队中逐步转变成协调者，引导、激励团队为达成目标自主奋斗。

（4）在功能管理上，团队由多部门成员共同合作而形成，淡化部门界限，加强协作互助，增加绩效。

（5）在关系管理上，团队成员拥有共同的目标理念、良好的沟通渠道、高程度的信任，形成紧密的凝聚力，创造出杰出的成果。

3. 团队的类型

团队的种类非常多。按照不同的形成原因，团队可以划分为工作团队、项目团队和管理团队。

（1）工作团队，最基本、常见的团队形式。它主要承担企业生产经营管理的某项工作任务，例如按照市场调查、产品设计、产品制造、产品运输、产品销售或者产品服务等工作内容组成的团队。这种团队由固定的成员和稳定职能目标而组成，一般经过专门专项工作指导训练。

（2）项目团队，主要承担企业某个具体专项任务，例如投标专案小组、绩效考核专案小组、年度规划专案小组等，由多个来自不同工作团队的成员临时构成。这种团队吸纳各类型人才，发挥专业和技能整合优势。

（3）管理团队，主要参与对员工的分工、协调和指导。与传统的“命令型”从上至下布置工作任务不同，管理团队重点在于协调整合团队力量，例如公司管理层这样的专职管理团队，管理小组、稽核小组等由员工兼职的管理团队，还有像资深经理人这样跨部门领头人组成的指导管理团队。

管理故事

团队组成

蒋大奎和陆谟经过三年苦读，获得了 MBA 学位。于是，他俩想自己出去闯天下，自立门户，两人在分析了自己的长处与不足，又做了初步市场调研后，决定涉足中、短途公路物资运输。经过筹备，他们办起了“神驼物资运输有限责任公司”，董事会决定，先小规模试探，买下三台旧卡车，择日开张。

蒋、陆两人既兴奋又不安，但他们学的是 MBA，对管理理论是熟悉的，知道应该先务虚、再务实，即先制定公司文化与战略这些“软件”，再搞运营、销售、公关等这些“硬件”。

他们观察本地公路运输服务业，觉得这些公司彼此差异不大，没有特色，这正犯了兵家之大忌。神驼必须创造自己独有的特色！经仔细推敲，他们决定“神驼”就是要在服务方面出类拔萃。但要做到这一点，需要适当的人来保证。蒋、陆两人觉得在创业阶段，公司结构与人员都必须贯彻“少而精”的原则。为此，组织结构只设两层，他俩都不要助理和秘书，直接一抓到底。分配上基本是平均的，工资也属行业中等，但奖金与企业效益直接挂钩，部分奖金不发现金，改取优惠价折算的本企业股份。基层的职工只分内、外勤，内勤是分管职能工作的职员，他们的岗位职责并不太明确，而是编成自治小组，高度自主，外勤即司机和押送员。大家有活一起干，有福一同享，分工可多学技能知识，锻炼多种能力。为此，他们在选聘职工时十分仔细，并轮流向他们介绍公司的宗旨和目标。

头半年确实很辛苦，但似乎是得大于失的。这种团结一致、拼命向前的气势和决心，确实使“神驼”服务质量在用户中一枝独秀，口碑载道。公司一开始是派人上门吸引用户，半年下来，反而是用户登门恳请提供服务，用户们还辗转相告，层层推荐。“神驼”的业务滚雪球似地增长，蒋、陆两人已有些应接不暇了。

启示：团队的组织与建设对企业成败起着不容忽视的影响，所以团队建设工作需要高度重视。

（二）团队的建设

1. 高效团队的特点

一般来说，高效团队具有以下特点。如图 5-2 所示。

（1）明确目标。高效的团队非常明确他们工作的目标，并坚信实现目标就能实现最大价值。而且，明确的团队目标还激励团队成员为实现团队效益而与团队彼此磨合，相互协作，从而提高合作绩效。

（2）相关技能。高效的团队应该由优秀的技能成员组成，他们各展所长才能创造卓越。

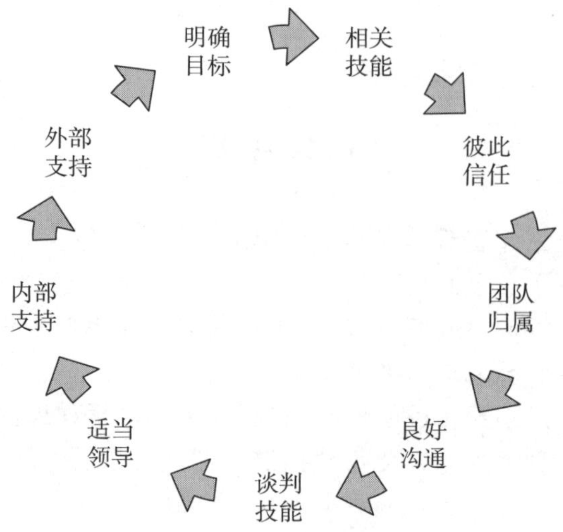

图 5-2　高效团队的特点

(3) 彼此信任。高效的团队除了能力显著，还需要对伙伴的能力深信不疑，这样才能形成良好的人际交往，实现和谐合作。

(4) 团队归属。高效的团队中明显存在强烈的团队归属感。团队成员对团队存在高度认同感和自豪感，才会产生奉献精神，为团队成功无私奉献。

(5) 良好沟通。高效的团队都有一个共同的特点就是良好的沟通。团队成员间利用各种语言和非语言沟通，以达到成员间健康信息的畅通流动，辅助团队工作的顺利开展。

(6) 谈判技能。高效的团队成员需要谈判技能支持团队工作开展落实。当团队工作是以集思广益形式开展时，团队中存在个体的不同意见。只有团队成员彼此和谐谈判，灵活调整团队分工、方向，才能带来团队成果的改革、创新。

(7) 适当领导。高效的团队都有适当的领导者激励团队克服困难，共渡难关，实现目标。领导的主要职能并非监管，而是引导、激励，指引团队树立目标，激励成员共创佳绩。

(8) 内部支持。高效的团队需要一个合理的团队内部人力资源管理支持。这包括合理的团队结构、培训机制、绩效评审机制、奖惩分配机制和激励升迁机制作为人力资源角度的支持。

(9) 外部支持。高效的团队还需要稳定的外在条件支持。这指的是管理层从外在提供给团队运作所需要的各种资源支撑，例如资金、场地、机会和认同等物质或非物质条件。

2. 团队建设阶段

(1) 孵化期，即工作团队建立伊始，管理层下达团队工作任务，并对团队成员进行教育、指导和训练。团队成员掌握工作内容后，不能再依靠管理层的指引，而是开始团队共同解决问题。

(2) 磨合期，即团队中逐渐形成工作规章制度以更好地完成工作任务。在本阶段成员的团队归属感加强，成员之间的信任加深，开始重视团队沟通与合作。为了解决内部冲突，团队在无外在指引下，逐步形成管理政策、流程和实施方法等规章制度。

（3）成长期，即团队建设不断深入的时期。在本阶段，团队成员相互了解彼此特色，根据不断完善的工作规章制度，扮演好各自的团队角色，以期更好地完成工作任务。

（4）成熟期，即团队成员完全脱离上层的直接监管，自主实施管理团队的整个工作。本阶段，团队除生产经营等基本工作任务等外，还负责行政、人事、财务等管理工作。并且团队尽量不靠外力，自主解决技术等问题，高效地完成团队任务，表现出明显的自主性和决策完整性。

3. 团队建设重点

（1）设定科学的团队目标，是团队建设的首要工作。目标的设定既要符合团队成立的出发点，又要团结成员，沟通协调，合作奋斗。因此，团队目标的设定要合理、可行、具有挑战性，以期激励团队及成员共同奋进。

（2）打造有特色的团队文化，是凝聚团队向心力的核心手段。树立正确的价值观，利用文娱活动加强成员沟通，归纳团队文化建设特色，从而塑造具有本团队特色的组织文化。

（3）促进多样的团队整合，形成团队自我成长的重要途径。根据团队工作目标，科学设计团队成员的各种组成，注重团队间相互学习，促进技能互补、学习、发展，以形成团队的优势整合。

（4）善用现代的信息沟通，加强团队沟通联系的常见方式。现代信息科技发达，沟通方式从以前点对点的书信、电话、电邮，发展到今天多向联系的 QQ、微博、微信等。加强对信息科技利用，不仅可以将团队成员紧密联系，还能将营销宣传扩展到潜在客户、供应商和商业伙伴等社交圈子，加强沟通。

（5）加强正面的团队激励，现代团队沟通的基本方法。它以平等互信的环境进行有效激励，打造团队积极向上氛围，取代“命令型”传统管理中行政任命和监督控制的管理手段。

（6）设计动机的团队奖惩，现代团队激励的重要革新。现代管理的重要革新体现在以知识技能等发展为奖惩激励的中心，拓展传统的奖酬理念上。即团队成员将获得培训、学习、发展的机会作为奖酬，扩充传统奖酬单一的薪酬奖金。根据马斯洛需要层次理论对自我实现的高度重视和现代人对自我发展的渴求，丰富奖酬方式对提高团队积极性有重要意义。

管理实践

沃尔玛的沟通管理模式

沃尔玛作为全球著名公司有他的成功之处，值得我们借鉴。

沃尔玛公司是一家美国的世界性连锁企业，以营业额计算为全球最大的公司，其控股人为沃尔顿家族。沃尔玛主要涉足零售业，是世界上雇员最多的企业，连续三年在美国《财富》杂志全球 500 强企业中居首。

沃尔玛的团队建设之道如下。

美国沃尔玛公司总裁萨姆·沃尔顿曾说过:“如果你必须将沃尔玛的管理体制浓缩成一种思想,那可能就是沟通。因为它是我们成功的真正关键之一。”

沟通就是为了达成共识,而实现沟通的前提就是让所有员工一起面对现实。沃尔玛决心要做的,就是通过信息共享、责任分担,实现良好的沟通交流。

沃尔玛公司总部设在美国阿肯色州本顿维尔市,公司的行政管理人员每周花费大部分时间飞往各地的商店,通报公司所有业务情况,让所有员工共同掌握沃尔玛公司的业务指标。在任何一个沃尔玛商店里,都定时公布该店的利润、进货、销售和减价的情况,并且不只是向经理及其助理们公布,也向每个员工、计时工和兼职雇员公布各种信息,鼓励他们争取更好的成绩。管理界有许多关于团队建设的理念和方法,但都过于抽象或复杂,搞得“团队建设”神秘兮兮的,其实“团队建设”不过是管理工作中的一项而已,并没有多少与众不同的地方,都存在“务实”和“务虚”的成分。所谓“务实”就是物质层面的东西,即表明团队建设始终要从工作出发,以工作结尾;所谓“务虚”就是精神层面的事情,即团队建设工作要搞好团队内的人际关系,要始终关注人在工作过程中的感受,想方设法提高他们的工作满意度。有一个不好的倾向是许多人认为团队建设只要大伙高高兴兴就是了,这是大错特错,如果只会做人不会做事,团队必定乌烟瘴气。

沃尔玛特别重视管理者在团队建设中的核心作用,一个好的领导能够将一支羸弱的队伍变成士气高昂、富有战斗精神的团队,而一个不好的领导足够摧毁一支威武之师。权变管理理论认为领导力由“领导、环境、下属”互动决定,领导给予什么样的领导方式取决于下属综合素质和具体工作环境。在沃尔玛有两种领导方式可供实施,即“指南针式”和“地图式”领导方式。针对那些新入门、技能较差、综合能力较低的员工,领导者要施以“地图式”领导方式,要手把手地教会他们技能、非常详细地告诉他们工作目标和要求、经常给予工作支持,否则他们永远到达不了“目的地”;而对于那些能力、经验、动力都较高的员工则只需施以“指南针式”领导方式,告诉他们你的期望,给予恰当的鼓励,他们就会像狮子一样冲向阵地。

沃尔玛特别擅长员工士气的塑造,只要员工有较好的表现,哪怕仅仅是一个天才的想法,管理者都会立刻做出积极的反馈,然后“公开大声”表扬我们的同事,并号召全体同仁效仿。管理层的这种“以小见大”的认可会极大地鼓舞我们的同事追求卓越,并成为他们长期的工作动力。相反有时我们的同事犯了错误,我们的管理层则会小心地呵护员工“已经受伤”的心灵,尽量避免在公众场合批评他,而是把他叫到没人的角落,帮他分析失误的原因,帮他找到改进工作的方法,以减轻他的心理负担,当然最后该处罚还得处罚。以上做法在沃尔玛我们称之为“大声表扬、小声批评”。在沃尔玛我们较少物质奖励,我曾经得过促销比赛第一名,但只奖励了一个10元左右的笔记本,实在无足轻重。可是我们的总经理却用10分钟时间“狠狠地”表扬了我的工作精神和方法,并给我发了一张奖状,然后又和我合影,最后还让我给大伙讲几句,这种“招待”让人很受用。沃尔玛认为“物质激励”很容易把员工引导至“唯利是图”的不轨之路,结果就破坏了团队的正气,而精神奖励更会使团队积极向上!

沃尔玛就是这样“小处着手，大处着眼”，不断地积累员工对企业的满意度。

士气有正有负，如同月有阴晴。如果员工有怨气得不到发泄，也会导致团队气氛紧张，沃尔玛为此专门设置了一些“向上”沟通的渠道。我们有个“门户开放”政策，大致的意思是员工如果觉得不满意可以向直接上级的任意上级沟通，比如通过总裁信箱、总裁热线、人事总监热线、区域总监热线，当然员工也可以直接走进任何更高管理层的办公室，向他诉说自己的“糟糕的心情”，而不用担心会受到报复或打击。另外沃尔玛还有比如“草根会议”和“人事面谈”等由人力资源部门组织的管理层不在现场的保密的沟通方式，来了解员工对企业、管理层的看法。当然这些越级沟通方式并不能得到跨级领导的直接指示，但他一定会给一些中立的、不带偏见的意见让员工和其领导亲自解决，当然员工会得到跨级领导“持续保持关注”直到员工满意为止的承诺。

现在许多企业都会有这样那样的一些绩效考核方式，但一般都是走形式。所谓的“绩效考核”只能说“好”，不能说“坏”，而且还要一样好，否则就会导致无穷无尽的人事斗争，这种考核不但达不到查明绩效的目的，而且会严重破坏团队的凝聚力。但是在沃尔玛我们的人事考核相对比较正规，不仅能够考核出一些“后进”的苗子，而且提升团队的凝聚力，这就是区别所在。因为在沃尔玛我们要求为每一位员工建立一份工作档案，其中记录着每一位员工做了些什么，哪些好，哪些不好，尤其是不好的部分，我们会在事发当时和当事人进行面谈，然后大家要就面谈的事宜双方签字，以免事后做考核的时候员工说管理层秋后算账或信口开河，沃尔玛在做绩效考核时一般都会附具体的案例，以表明“考核是以事实为依据”的，一般而言还是心服口服的，这样反而会增强员工对团队的信任度。

当然沃尔玛也在管理上因为团队沟通上出现过一些问题，导致物流系统失灵，供货商关系不畅，低价不低，会员店遇冷，公关失策等。但是后来由于制定了合理的制度，优化了沟通，反而使效率更佳。

沃尔玛采取的团队沟通方式包括以下几种。

（1）沟通前把概念澄清。

（2）发出信息的人确定沟通目标。

（3）研究环境和性格等情况。

（4）听取他人的意见，计划沟通内容。

（5）及时获取下属的反馈。

（6）既要注意符合当前的需要，又要注意长远目标的配合。

（7）言行一致。

（8）听取他人的意见要专心，真正明了对方的原意。

（9）学会换位思考，提高全局意识和协作意识。

（10）本着对工作高度负责的态度和对事不对人的态度对待沟通与协作。

值得一提的是，突破沟通障碍，还应依赖于企业管理者是否在管理活动中潜心去做。

如果企业管理者能把管理的过程视为沟通的过程，视为相互间不断回旋的过程，把训斥和命令转为留心与倾听，在长期的接触中找机会增进了解，养成换位思考的习惯，学会使用多种表现路径，就可诱发和调动员工积极的心态，达成沟通平台，换来“以心换心”“以诚换诚”的良好沟通。

从某种意义上讲，沟通已成为现在员工潜意识的重要部分，是员工激励的重要源泉。重视每一次沟通所产生的激励作用，企业管理者会发现对员工的最大帮助就是心存感激。沃尔玛做到了，所以它克服了困难并取得了现在的成绩。

职业能力训练

同步测试

一、单选题

1. 沟通必须在（　　）的主体之间进行。

A. 两个或两个以上　B. 三个或三个以上　C. 两个之间　D. 多个之间

2. （　　）是信息接收者接到信息后，将符号化的信息符号还原成信息与含义，并理解其信息内容与含义的过程。

A. 编码　B. 解码　C. 反馈　D. 传递

3. 按沟通的组织系统分类，沟通可分为（　　）。

A. 正式沟通与非正式沟通　B. 语言沟通与非语言沟通

C. 单向和双向沟通　D. 上行和下行沟通

4. （　　），即团队中逐渐形成工作规章制度以更好完成工作任务。在本阶段团队归属感加强，成员之间信任加深，重视团队沟通与合作。

A. 成熟期　B. 孵化期　C. 成长期　D. 磨合期

5. （　　），最基本、常见的团队形式。它主要承担企业生产经营管理的某项工作任务。例如按照市场调查、产品设计、产品制造、产品运输、产品销售或者产品服务等工作内容组成的团队。

A. 管理团队　B. 项目团队　C. 工作团队　D. 合作团队

6. （　　）由于都是同级关系，不存在地位或者权力差异，无法依靠权威进行干预。

A. 上级工作协调　B. 横向工作协调　C. 纵向工作协调　D. 下级工作协调

7. （　　）是指在企业工作协调中，维护统一的指挥方向是开展工作的指引。

A. 统一方向原则　B. 建立层级原则　C. 推崇尊重原则　D. 加强沟通原则

8. （　　）的要求是双向的，例如下级主管部门经常给上级领导提供信息，同时接受上级领导的信息查询，上级领导也要经常向下级提供信息，同时对下级提供的信息进行反馈，从而形成一种信息畅通的环流。

A. 特殊渠道原则　　B. 信息反馈原则
C. 多、快、好原则　　D. 区分对象原则

9. 以下哪个不是高效团队的特点？（　　）

A. 成群集党　　B. 相关技能　　C. 团队归属　　D. 明确目标

10. 团队的种类非常多，以下哪个不是团队的种类？（　　）

A. 项目团队　　B. 工作团队　　C. 特色团队　　D. 管理团队

二、填空题

1. 沟通，即信息交流，就是指信息发送者把________传递给接收信息者。这种以________的过程就叫作沟通。

2. 信息源也称________，即________。信息源既可以是组织，也可以是个人。

3. 按沟通的信息流向，可将沟通分为________、________和________。

4. 项目团队，主要承担__________。这种团队吸纳各类型人才，发挥专业和技能整合优势。

5. 合作是为了成就一个共同的目标、任务、利益而相互配合与协助的过程。合作是群体与组织管理的核心内容，即__________。

6. 工作协调的主要类型有________、________。

7. 在企业工作协调中，________是开展工作的手段，________是开展工作的前提。

8. 沟通的过程就是信息的________将要发送的信息通过一定的________传送，信息的________在接收信息后，采取行动前给予信息________。

9. 最普遍使用的语言沟通形式有________、________、________。

10. 横向工作协调，即在组织横向结构的同一管理层次之间的协调。横向工作协调由于都是同级关系，不存在__________差异，无法__________进行干预。

三、简述题

1. 简述沟通的含义和沟通三要素。
2. 简述沟通的类型如何分类。对于正式沟通和非正式沟通，你认为哪种更有效？为什么？
3. 简述沟通的障碍和改进。
4. 简述高效团队的特点。
5. 简述团队建设的重点。

四、案例分析题

案例 1

迪特尼公司的企业员工意见沟通制度

迪特尼·包威斯公司是一家拥有 12 000 余名员工的大公司，多年前就认识到员工意见沟通的重要性，并且不断地加以实践。现在，公司的员工意见沟通系统已经相当成熟和

完善。特别是在20世纪80年代，面临全球性的经济不景气，这一系统对提高公司劳动生产率发挥了巨大作用。

公司的员工意见沟通系统是建立在这样一个基本原则上的：个人或机构一旦购买了迪特尼公司的股票，他就有权知道公司的完整财务资料，并得到有关资料的定期报告。

本公司的员工也有权知道并得到这些财务资料，以及一些更详尽的管理资料。迪特尼公司的员工意见沟通系统主要分为两个部分：一是每月举行的员工协调会议，二是每年举办的主管汇报和员工大会。

（一）员工协调会议

早在20多年前，迪特尼·包威斯公司就开始试行员工协调会议，员工协调会议是每月举行一次的公开讨论会。在会议中，管理人员和员工共聚一堂，商讨一些彼此关心的问题。无论在公司的总部还是在各部门、各基层组织都举行协调会议。这看起来有点像法院结构，从地方到中央，逐层反映上去，以公司总部的首席代表协会会议为最高机构。员工协调会议是标准的双向意见沟通系统。

在开会之前，员工可事先将建议或意见反映给参加会议的员工代表，代表们将在协调会议上把意见转达给管理部门，管理部门也可以利用这个机会，同时将公司政策和计划讲解给代表们听，相互之间进行广泛的讨论。

在员工协调会议上都讨论些什么呢？下面是摘录一些资料，可由此看出大致情形。

问：新上任人员如发现工作与本身志趣不合，该怎么办？

答：公司一定会尽全力重新安置该员工，使该员工能发挥最大作用。

问：公司新设置的自动餐厅的四周墙上一片空白，很不美观，可不可以搞一些装饰？

答：管理部门已拟好预算，准备布置这片空白。

问：公司的惯例是工作八年后才有三个星期的休假，管理部门能否放宽规定，将限期改为五年？

答：公司在福利工作方面做了很大的努力，诸如团体保险、员工保险、退休金福利计划、增产奖励计划、意见奖励计划和休假计划等。我们将继续秉承以往精神，考虑这一问题，并呈报上级，如果批准了，将在整个公司实行。

问：可否对刚病愈的员工行个方便，使他们在复原期内，担任一些较轻松的工作。

答：根据公司医生的建议，给予个别对待，只要这些员工经医生证明，每周工作不得超过30个小时，但最后的决定权在医师。

问：公司有时要求员工星期六加班，是不是强迫性的？如果某位员工不愿意在星期六加班，公司是否会算他旷工？

答：除非重新规定员工工作时间，否则，星期六加班是属于自愿的。在销售高峰期，如果大家都愿加班，而少数不愿加班，应仔细了解其原因，并尽力加以解决。

要将迪特尼12 000多名职工的意见充分沟通，就必须将协调会议分成若干层次。实际上，公司内共有90多个这类组织。如果有问题在基层协调会议上不能解决，将逐级反映上去，直到有满意的答复为止。事关公司的总政策，那一定要在首席代表会议上才能决定。总部高级管理人员认为意见可行，就立即采取行动；认为意见不可行，也必须把不可行的理由向大家解释。员工协调会议的开会时间没有硬性规定，一般都是一周前在布告牌上通知。为保证员工意见能迅速逐级反映上去，基层员工协调会议应先开。

同时，迪特尼公司也鼓励员工参与另一种形式的意见沟通。公司在很多地方安装了意见箱，员工可以随时将自己的问题或意见投到意见箱里。

为了配合这一计划实行，公司还特别制定了一项奖励规定，凡是员工意见经采纳后，产生了显著效果的，公司将给予优厚的奖励。令人欣慰的是，公司从这些意见箱里获得了许多宝贵的建议。

如果员工对这种间接的意见沟通方式不满意，还可以用更直接的方式来面对面和管理人员交换意见。

（二）主管汇报

对员工来说，迪特尼公司主管汇报、员工大会的性质，与每年的股东财务报告、股东大会相类似，公司员工每人可以接到一份详细的公司年终报告。

这份主管汇报有20多页，包括公司发展情况、财务报表分析、员工福利改善、公司面临的挑战以及对协调会议所提出的主要问题的解答等。公司各部门接到主管汇报后，就开始召开员工大会。

（三）员工大会

员工大会都是利用上班时间召开的，每次人数不超过250人，时间大约三小时，大多在规模比较大的部门里召开，由总公司委派代表主持会议，各部门负责人参加。会议先由主席报告公司的财务状况和员工的薪金、福利、分红等与员工有切身关系的问题，然后便开始问答式的讨论。

这里有关个人问题是禁止提出的。员工大会不同于员工协调会议，提出来的问题一定要具有一般性、客观性，只要不是个人问题，总公司代表一律尽可能予以迅速解答。员工大会比较欢迎预先提出问题的这种方式，因为这样可以事先充分准备，不过大会也接受临时性的提议。

下面列举一些讨论的资料。

问：本公司高级管理人员的收入太少了，公司是否准备采取措施加以调整？

答：选择比较对象很重要。如果选错了参考对象，就无法做出客观评价，与同行业比较起来，本公司高层管理人员的薪金和红利等收入并不少。

问：本公司在目前经济不景气时，有无解雇员工的计划？

答：在可预见的未来，公司并无这种计划。

问：现在将公司员工的退休基金投资在债券上是否太危险了？

答：近几年来债券一直是一种很好的投资，虽然现在比较不景气，但是，如果立即将这些债券脱手，将会造成很大损失，为了这些投资，公司专门委托了几位财务专家处理，他们的意见是值得我们考虑的。

迪特尼公司每年在总部要先后举行10余次的员工大会，在各部门要举行100多次员工大会。

那么，迪特尼公司员工意见沟通系统的效果究竟如何呢？

在20世纪80年代全球经济衰退中，迪特尼公司的生产率每年平均以10%以上的速度递增。公司员工的缺勤率低于3%，流动率低于12%，在同行业最低。

分析：

1. 迪特尼公司的员工意见沟通系统属于哪种类型的沟通？

2. 你如何评价迪特尼公司的员工意见沟通系统？对你有什么启示？

案例 2

西门子的辉煌

是什么造就了西门子一百多年的辉煌？高质量的产品、完善的售后服务、不断创新以及高效的人才培训被认为是西门子成功的关键。

在人才培训方面，西门子创造了独具特色的培训体系。西门子对员工进行培训的根本目标是使他们能够从容应付来自各方面的挑战。为此，西门子为员工设计了各种各样高效的培训，这些培训从内容上看主要分为三种：(1) 新员工培训；(2) 大学精英培训；(3) 员工在职培训。

新员工培训

新员工培训又称第一职业培训。在德国，一般 15～20 岁的年轻人，如果中学毕业以后没能进入大学，要想工作，必须先在企业接受三年左右的第一职业培训。在第一职业培训期间，学生要接受双轨制教育：一周工作五天，其中三天在企业接收工作培训，另外两天在职业学校学习知识。这样，学生不仅可以在工厂学到基本的工作技巧和技术，和伙伴们一起在日常的工作实践中学到很多东西，而且可以在职业学校受到相关的基础知识教育。通过接近真刀实枪的作业，他们的职业能力及操作能力也会得到提高。由于企业内部的培训设施基本上使用的是技术最先进的培训设施，保证了第一职业培训的高水平，因此第一职业教育证书在德国经济界享有很高的声誉。由于第一职业培训理论与实践结合，为年轻人进入企业提供了有效的保障，也深受年轻人欢迎。在德国，中学毕业生中的60%～70%接受第一职业培训，20%～30%选择上大学。

西门子早在 1922 年就拨专款设立了专门用于培训工人的“学徒基金”。现在公司在全球拥有 60 多个培训场所，如在公司总部慕尼黑设有韦尔纳·冯·西门子学院，在爱尔兰设有技术助理学院，它们都配备了最先进的设备，每年培训经费近 8 亿马克。目前共有 10 000 名学徒接受第一职业培训，大约占员工总数的 5%，他们学习工商知识和技术，毕业后可以直接到生产一线工作。

在中国，西门子与北京市国际技术合作中心合作，共同建立了北京技术培训中心，西门子投资 4 000 万马克。合同规定，中心在合同期内负责为西门子在华建立的合资企业提供人员培训，目前该中心每年可以对 800 人进行培训。

第一职业培训（新员工培训）保证了员工一正式进入公司就具有很高的技术水平和职业素养，为企业的长期发展奠定了坚实的基础。

大学精英培训

西门子计划每年在全球接收 3 000 名左右的大学生，为了利用这些宝贵的人才，西门子也制订了专门的计划。

西门子注意加强与大学生的沟通，增强了对大学生的吸引力。公司同各国高校建立了密切的联系，为学生和老师安排活动，并无偿提供实习场所和教学场所，举办报告会等。1995 年 4 月，西门子在北京成立了“高校联络处”，开始与高校建立稳定而持久的伙伴关系，加强与高校教师、学生及各院系、研究所的联系和沟通。西门子每年在重点院校颁发

300 多项奖学金，并为优秀学生提供毕业后在西门子求职的指导和帮助，“高校联络处”也因而被称为西门子和高校沟通的桥梁。

进入西门子的大学毕业生首先要接受综合考核，考核内容既包括专业知识，也包括实际工作能力和团队精神，公司根据考核的结果安排适当的工作岗位。此外，西门子还从大学生中选出 30 名尖子进行专门培训，培养他们的领导能力，培训时间为 10 个月，分三个阶段进行。第一阶段，让他们全面熟悉企业的情况，学会从网络上获取信息；第二阶段，让他们进入一些商务领域工作，全面熟悉本企业的产品，并加强他们的团队精神；第三阶段，将他们安排到下属企业（包括境外企业）承担具体工作，在实际工作中获取实践经验和知识技能。目前，西门子共有 400 多名这种“精英”，其中四分之一在接受海外培训或在国外工作。大学精英培训计划为西门子储备了大量管理人员。

员工在职培训

西门子人才培训的第三个部分是员工在职培训。西门子公司认为，在世界性的竞争日益激烈的市场上，在革新、颇具灵活性和长期性的商务活动中，人是最主要的力量，知识和技术必须不断更新、换代，才能跟上商业环境以及新兴技术的发展步伐，所以公司正在努力走上一个“学习型企业”之路。为此，西门子特别重视员工的在职培训，在公司每年投入的 8 亿马克的培训费中，有 60% 用于员工在职培训。西门子员工的在职培训和进修主要有两种形式：西门子管理教程和西门子员工再培训计划，其中管理教程培训尤以独特和有效闻名。

分析：

1. 分析西门子团队建设的特点。
2. 思考西门子的辉煌给团队建设带来的启发。
3. 西门子的成果能否在中国复制？类似的团队建设该注意什么要点？能否结合案例说明观点？

技能训练

实训项目 1　紧急状况情景模拟

实训目的

1. 培养学生的沟通、合作能力。
2. 培养学生遇事应变、指挥的能力。

实训内容

某天深夜 12 点左右，学生宿舍楼一楼某房间内的水管突然爆裂，大量的水从天花板上的水管喷射而出。这时候，宿舍楼的水闸柜被上了锁，而值班的宿舍楼管并没有水闸的钥匙。由于夜深，学生都在休息，只有相邻宿舍的学生被声音惊动。地上的水也越积越多，已经淹没宿舍地面。假如你身处其中，你将如何采取措施来解决这次突发事件。

实训要求

1. 组织学生分组讨论，合作设计紧急处理方案。

2. 学生以小组为单位在课堂上展示其应急方案，并对全班同学进行答辩。

3. 现场学生对各组的应急方案提出疑问，投票选举出最优的应急方案，并全班共同合作讨论，完善该方案。

实训评价

考核标准以活动过程中学生的沟通表达、合作讨论和答辩交流能力的展现为依据。

实训项目 2　苏宁易购与家乐福中国收购案的谈判情景模拟

实训目的

1. 使学生结合实际，加深对管理系统的感性认识与理解。

2. 初步培养学生认知与自觉养成现代管理者素质的能力。

实训内容

苏宁易购（002024）2019 年 6 月 23 日晚间公告，公司全资子公司苏宁国际，拟以现金 48 亿元人民币等值欧元，收购家乐福中国 80%股份。学生以此商务谈判为实训背景，分组扮演苏宁易购和家乐福中国的人员，组织进行关于合作双方商务利益的谈判会议。

实训要求

1. 由学生自主组成小组，每组 5～6 人，讨论准备集团经理、财务人员和秘书等谈判人员配置。

2. 各组学生按照谈判人员身份合作进行对企业信息收集，谈判筹码和议案规划等准备。

3. 各组学生以正、反方对抗的形式在课堂展示商务谈判的情景模拟。

4. 各小组合作写出一份的谈判计划书。

5. 各小组对商务谈判情景模拟的双方论点进行概括记录。

实训评价

以小组为单位，分别由教师、评委小组和谈判小组根据商务谈判的现场展示和谈判前准备的谈判计划书进行评估，通过加权平均计算方法给出小组成员的单个任务成绩。

管理游戏

找图片

目的： 模拟部属与领导之间的沟通。

道具： 用信封装的角色袋。

时间： 30 分钟。

程序：

1. 把参与者分成若干组，每组五人。一人扮演上级主管，一人扮演直接主管，三人扮演部属角色。

2. 告诉学生，每个信封有五张图片，每组找出每个人都有的一种图形。

3. 将装有角色单的信封分给每个角色。

4. 强调规则。

5. 每组同学根据角色要求齐心协力完成任务。

规则：

1. 作为部属，只能与直接主管及其他两位同事用书面方式沟通，不得与上级主管直接联系。

2. 直接主管可以和上级主管及部属在纸上沟通。

3. 上级主管只能与直接主管沟通，不能越级指挥。

教师任务：

1. 复印角色单，然后分装入信封内。

2. 活动时，将所有扮演上级主管角色的同学和扮演部属角色的同学安置在不同的、较远的地方，而且背对背。

3. 控制整个活动过程，及时制止违反规则的行为。

考核标准：

不违反规则，且速度最快的小组获胜。

附：角色单

A. 部属角色单（1）

你只能与直接主管及其他两位同事用书面方式沟通，不得与上级主管直接联系。

你和其他人一样，手中都有五种图片。

你的直接主管及上级主管将领导你们完成任务。

手中的图片不可露白，也不可传递。

B. 部属角色单（2）

你只能与直接主管及其他两位同事用书面方式沟通，不得与上级主管直接联系。

你和其他人一样，手中都有五种图片。

你的直接主管及上级主管将领导你们完成任务。

手中的图片不可露白，也不可传递。

C. 部属角色单（3）

你只能与直接主管及其他两位同事用书面方式沟通，不得与上级主管直接联系。

你和其他人一样，手中都有五种图片。

你的直接主管及上级主管将领导你们完成任务。

手中的图片不可露白，也不可传递。

D. 直接主管角色单

你可以与上级主管及部属在纸上沟通。

你和其他人一样，手中都有五种图片。

你的主管将领导你们完成任务。

手中的图片不可露白，也不可传递。

E. 上级主管角色单

你只能与直接主管沟通，不能越级指挥。

你和其他人一样，手中都有五种图片。

你的任务是找出每个人相同的一种图形，并使每一成员均了解完成任务的答案。

当完成任务时，请举手。

有任何问题，可举手请教教师。

手中的图片不可露白，也不可传递。

项目六

控　制

项目目标

知识目标

1. 了解控制职能的含义、特点。
2. 掌握控制的类型和优缺点。
3. 理解控制过程和现代控制模式。
4. 了解互联网思维与控制。
5. 熟悉绩效考核的内容和程序。
6. 掌握绩效考核的方法。

技能目标

1. 能区别控制的三种类型。
2. 能熟练运用现代控制方法。
3. 培养学生的总结与评价能力。

任务 11 工作监控

任务导入

哈勃望远镜

经过长达 15 年的精心准备，耗资 15 亿美元的哈勃望远镜最后终于在 1990 年 4 月发射升空。但是，美国国家航空航天局（简称 NASA）仍然发现望远镜的主镜片存在缺陷。由于直径达 94.5 英寸的主镜片的中心过于平坦，导致成像模糊。因此望远镜对遥远的星体无法像预期那样清晰地聚焦，结果造成一半以上的实验和许多观察项目无法进行。

更让人觉得可悲的是，如果有一点更好的控制，这些是完全可以避免的。镜片的生产商珀金斯一埃默公司，使用了一个有缺陷的光学模板生产如此精密的镜片。具体原因是，在镜片生产过程中，进行检验的一种无反射校正装置没设置好。校正装置上的 1.3 毫米的误差导致镜片研磨、抛光成了误差形状。但是没有人发现这个错误。具有讽刺意味的是，与其他许多 NASA 项目所不同的是，这一次并没有时间上的压力，而是有足够充分的时间来发现望远镜上的错误。实际上，镜片的粗磨在 1978 年就开始了，直到 1981 年才抛光完毕，此后，由于“挑战者”号航天飞机的失事，完工后望远镜又在地上待了两年。NASA 负责哈勃项目的官员，对望远镜制造中的细节根本不关心。事后调查委员会的负责人说“他们至少有三次明显的证据说明问题的存在，但这三次机会都被失去了”。

思考：哈勃望远镜的例子说明了什么？控制在管理中的作用是什么？

在一个组织机构中，一件事情，无论计划做得多么完善，如果没有令人满意的控制系统，那么在实施过程中仍然会出问题。因此，对于有效管理，必须考虑到设计良好的控制系统所带来的好处。

知识梳理

一、控制的过程和方法

（一）控制概述

1. 控制的含义

控制是管理的一种重要职能。广义上，控制与计划相对应，控制是指除计划以外的所有保证计划实现的管理行为，包括组织、领导、监督、测量和调节等一系列环节；在狭义上，控制是指继计划、组织、领导之后，按照计划标准衡量计划完成情况和纠正偏差，以确保计划目标实现的一系列活动。简单地说，控制就是用于确保结果和计划相一致的过程。

2. 控制的特点

（1）控制具有整体性。这包含两层含义：一是管理控制是组织全体成员的职责，完成计划是组织全体成员共同的责任；二是控制的对象是组织的各个方面。

（2）控制具有动态性。管理控制应具有动态的特征，指的是随着组织内部环境不断地发生变化，控制标准和方法不可能固定不变。

（3）管理控制是对人的控制并由人执行。管理控制是保证工作按计划进行并实现组织目标的管理活动，而组织中的各项工作要靠人完成，各项控制活动也要靠人去执行。管理控制首先是对人的控制。管理控制的这种特点使得管理控制工作中具有更明显的人为因素干扰，这种干扰可能是正面的，如人们的责任心有助于增强控制效果，也可能是负面的，如担心被处罚的心理会影响偏差信息的搜集。如何降低人为因素所产生的负面影响是管理控制工作中的一大难题。

3. 控制的基本类型

按照不同的标志，控制可以划分为多种类型。但是，管理中最基本的控制有三种类型，即前馈控制、现场控制与反馈控制，如图 6－1 所示。

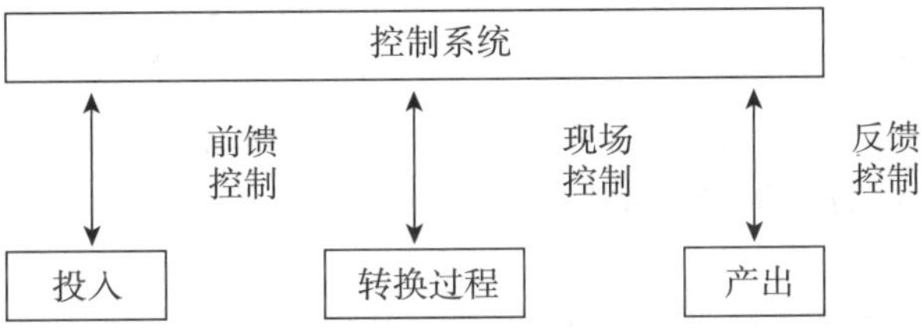

图 6－1　控制的基本类型

（1）前馈控制。前馈控制是一种预先控制，是指为增加将来的实际结果达到计划结果的可能性，而在事先所进行的管理活动，它是发生在行为之前的控制行为，即主管人员运用最新信息，包括上一控制循环中的经验教训，对可能出现的结果进行预测，然后将其与计划要求进行比较，从而在必要时调整计划或控制影响因素以确保目标的实现。

前馈控制内容：主要是搞好资源配置，包括人员挑选与配置、物质技术设备、商品材料等保证业务需要及资金的控制，是在活动开始之前实施控制。典型的前馈控制如，进厂材料和设备的检查、验收，工厂的招工考试，入学考试，干部的选拔，等等。

优点：首先，面向未来，由于在工作开始之前进行，可防患于未然，克服了反馈控制中因时间延迟及事后控制对已铸成的差错无能为力的弊端；其次，不易造成对立面的冲突，易于被职工接受并付诸实施。

缺点：需要大量、及时和准确的信息，并要求管理人员充分了解前馈控制因素与计划工作的影响关系预先控制。

适用：一切领域所有工作。

（2）现场控制。现场控制也称为同步控制或同期控制，是指管理人员在计划执行过程中，指导、监督下属完成计划要求的行动，它是监控正在发生的行为。这类控制工作是在活动进行过程中实施的控制，其纠正措施用于正在进行的计划执行过程。例如，管理人员在发现错误时，立即提出建设性的建议。

现场控制的内容：向下级指示恰当的工作方法和工作过程；监督下级的工作以保证计划目标的实现；在发现不符合标准的偏差时，立即采取纠正措施。

在现实管理实践中，大量的管理控制，尤其是基层的管理控制都属于这种类型。

优点：有指导职能，可提高工作能力及自我控制能力。

缺点：包括受管理者时间、精力、业务水平的制约。

适用：应用范围较窄，容易在控制者和被控制者之间形成心理上的对立，因此不可能成为日常性的控制办法，只能是其他方法的补充。

（3）反馈控制。反馈控制是指把对行为最终结果的考核分析作为控制将来行为的依据的一种控制方法。即通过分析工作的执行结果，将其与控制标准相比较，发现已经发生或即将出现的偏差，分析其原因和对未来的可能影响，及时拟订纠正措施并予以实施，以防止偏差继续发展或防止其今后再度发生。

反馈控制的内容：分析计划执行的最终结果与计划目标的偏差，即通过财务分析、质量分析及职工绩效考核等来测定与分析产生的偏差，目的在于改进下一过程中资源的配置及运作过程。

这种控制位于活动过程的终点，把好这最后一关，可使错误的态势不致扩大，有助于保证系统外部处于正常状态。反馈控制有一个致命的缺陷，即整个活动已告结束，活动中出现的偏差已在系统内部造成损害。

优点：工作结束之后进行的控制，注意力集中于结果上，有利于总结规律，为进一步实施创造条件，矫正今后活动，实现良性循环，提高效率。

缺点：措施实施前，偏差已产生。

反馈控制并非最好的控制，但它目前仍被广泛地使用着。目前，在组织中应用最广泛的反馈控制方法有如下四种：财务报告分析、标准成本分析、质量控制分析和工作人员成绩评定。其中，最重要、最困难的是“工作人员成绩评定”。

管理故事

魏文王问名医扁鹊说：“你们家兄弟三人，都精于医术，到底哪一位医术最好呢？”扁鹊回答说：“大哥最好，二哥次之，我最差。”

文王再问：“那么为什么你最出名呢？”

扁鹊答说：“我大哥治病，是治病于病情发作之前。由于一般人不知道他事先能铲除病因，所以他的名气无法传出去，只有我们家里的人才知道。我二哥治病，是治病于病情刚刚发作之时。一般人以为他只能治轻微的小病，所以他只在我们的村子里才小有名气。而我扁鹊治病，是治病于病情严重之时。一般人看见的都是我在经脉上穿针管来放血、在皮肤上敷药等大手术，所以他们以为我的医术最高明，因此名气响遍全国。”

文王连连点头称道：“你说得好极了。”

启示：扁鹊的这番话使人顿悟，我们不能只看重诊疗结果，却忽略发病过程。如果引申至安全管理中，那折射出的道理是：事后控制不如事中控制，事中控制不如事前控制。

4. 控制过程

控制过程包括几个步骤，即制定工作标准，衡量实际工作，判断偏差程度。如图 6-2 所示。

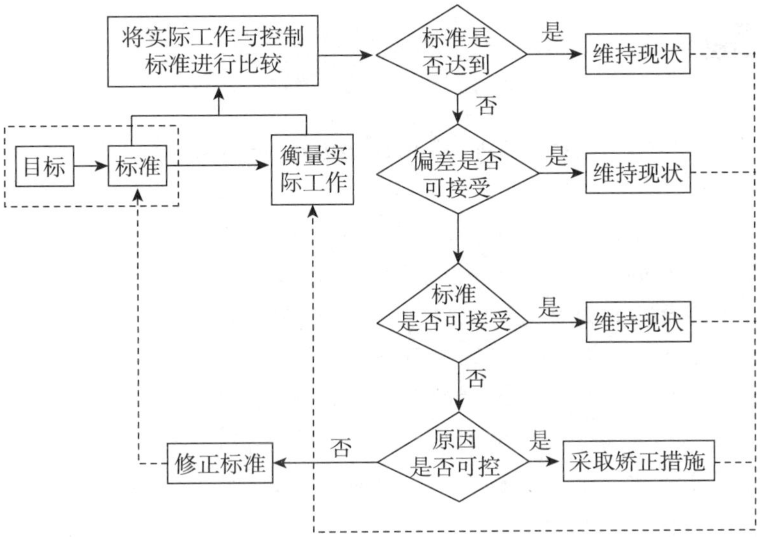

图 6-2　控制过程

(1) 制定工作标准。控制始于工作标准的建立。标准是控制的依据，没有标准，控制就成了无目的的行动，不会产生任何效果。

1) 影响控制标准的因素。

首先，外部因素的影响。例如，一家家用电器的制造商在制定其产品允许漏电量的控制标准时，必须要参照政府法规的有关条款，将其作为控制标准的下限。

其次，顾客的需求影响。在当前越来越强调质量和顾客满意的趋势下，顾客对组织标准的制定施加着越来越大的影响，是组织必须突出考虑的重要方面。

2) 控制标准表现形式：组织中的所有活动都可依据四种标准进行控制，即时间标准、数量标准、质量标准和成本标准。如对企业生产工作的控制，可检查产量是否达到数量标准，原材料规格及产品合格率是否达到质量标准，产品在时间上是否按期完成并如期交货，原材料成本及职工工资是否超出成本费用限制。

(2) 衡量实际工作。衡量实际工作是依据标准衡量、检查工作的实际执行情况，以便与预定的标准相比较。这是控制工作的中间环节，是一个发现问题的过程。

衡量实际工作的方法主要有亲自观察、统计报告、口头报告、书面报告和抽样调查等。

1) 亲自观察。这种方法能为管理者提供有关实际工作的第一手的、未经他人过滤的信息。

优点：覆盖面广泛，因为大大小小的工作活动都可以被观察，亲自观察给管理者提供了寻查隐情的机会，能获得其他来源所疏漏的信息，及时地发现并解决问题。走动管理是亲自观察的典型形式。

缺点：当衡量活动所需的信息量很大时，亲自观察不仅需要花费大量的时间和精力，而且易受个人偏见的影响，不同的观察者对同一事件可能会形成不同的印象。这种方式如果不能为员工正确理解，则会被认为是对员工不信任的标志，从而招致其抵触情绪。

知识拓展

走动管理（Managing By Wandering Around，简称 MBWA）

走动管理是美国学者彼得斯（Thomas J. Peters）和奥斯汀（Nancy Austin）提出来的一种新型的领导方式和领导艺术。这种领导方式主张面对面的领导，领导者要深入基层，深入实际，到处走走看看，进而与顾客在一起，同销售商在一起，同自己的职工在一起，也就是同预示新事物到来的第一次震动保持接触。

走动管理的基本思想是领导者通过深入基层，自由接触职工，进而在企业内部建立起广泛的、非正式的、公开的信息沟通网络，做到体察下情，沟通意见，共同为企业目标奋斗。目前，西方企业管理人员普遍认为，行动重于空谈，深入现场解决实际问题远比组织名目繁多的委员会和撰写冗长的研究报告更有意义。所以，一个运转有效的企业，其领导者很少坐在办公室里发号施令，而是深入现场和基层，发现问题，解决问题。这种新型的领导方式不仅会极大地提高管理的效率，而且会极大地促进上下级之间的思想交流和感情联系，有利于提高全体职工的士气，促进企业发展。

运用走动管理，需要重点同时做好三件事。这三件事是：倾听、教育和促进。倾听是保持接触的基本要素，即从供应商那里、从顾客那里、从自己的职工那里获得第一手的、未被歪曲的真实情况。倾听必须是建立在关心的基础之上。走动管理的同时必须进行教育和促进。通过到处走走，领导者可以把价值观念面对面地传播给职工，可以为职工提供直接的帮助，进而教育职工，促进职工的发展。

2）统计报告：能提供大量的数据、图表，不仅一目了然，而且能显示各项指标之间的相互关系。但是这种方法所提供的信息也是有限的，它只能为一些可以量化的工作情况提供数字指示，而忽略了其他重要的、主观的因素。

3）口头报告，如会议、面对面或电话交谈获得。这种衡量实际工作的方法的优缺点与亲自观察相似。虽然信息被过滤了，但这种方法较为快捷，能够带来反馈信息，并且能借助表情、声调、言语等加深管理者对信息的理解。口头报告的一个主要缺陷是难以制作成信息文件以备以后参考，然而随着语言识别、录音等技术水平的提高，口头报告也能像书面报告一样被永久记录下来。

4）书面报告：实际工作也可以通过书面报告来衡量。和统计报告一样，它比一二手资料来得缓慢，但更为正式。这种方式比口头报告更为综合、简洁，而且易于归档，便于查找。

5）抽样调查：对从整批调查对象中抽取出的部分样本进行调查，并把结果看成是整批调查对象的近似特征，如随机抽取几件产品来检查成批产品质量，找几位同学谈话来了解整个班级的情况等都属于抽样调查。这种方法可节省调查成本及时间。

另外，组织中也会存在很多无法直接测量的工作，只能凭借某些现象进行推断。如从职工的合理化建议增多或许可以推断管理者的民主化管理有所加强，迟到现象增多可能是分配不公所致等。事实上，各种方法都有其优缺点，具体衡量实际工作时应综合利用不同的方法。

（3）判断偏差程度。衡量实际工作情况的目的是为管理者提供有用的信息，为矫正偏差提供依据。在工作业绩评定完成后，便可以将其与控制标准进行比较，得出偏差的大小和方向。

1）偏差的大小分析：如果实际工作与标准相符，便没有任何偏差产生。然而在实际的与预期的工作之间很少完全没有偏差，而且在实践中，实际工作也不需要总是与标准丝毫不差。通常，工作标准有一个事先确定的、可接受的偏差范围。以一家电话机生产厂为例，该厂指定了应该每位工人每小时生产 50 部电话机的生产率标准，可接受的偏差是每人每小时正负 5 部。可接受的偏差为控制过程确定了界限。如果实际产量在 45～55 部，那么就认为生产处于正常控制之下，不需要采取矫正措施，而超出这一范围的比较结果则表示情况失控，需要采取矫正措施。

2）偏差的方向分析：还以电话机厂为例，如果实际产量是每人每小时 42 部，就意味着负向的偏差超出了可接受的范围，应该采取矫正措施。再假设现在的产量是每人每小时 58 部，偏差超出了可接受的范围，但偏差是正向的。人们可能会认为这种正向的偏差是求之不得的，不应该采取矫正措施。但是，如果该厂对超出的产量没有市场需求或没有库存空间，那么这一偏差就会带来问题；而且超出的产量可能占用了应用于其他方面的资源。因此，遇到这种情况，也应对偏差进行分析、判断，必要时采取矫正措施。

将实际工作与标准进行比较还存在一个频率的问题，这主要取决于控制对象的重要性和复杂性。对于那些较为长期、较高水平的标准，适合采用年度的比较。而对产量、出勤率等短期、基础性的标准，则需要比较频繁的比较。

（4）评价实际工作并采取措施。在得出实际工作与标准进行比较的结果之后，管理者便可以对实际工作进行评价，并依据偏差的程度和性质，分析其产生的原因，采取相应的措施：或维持现状，或矫正偏差，或修改标准。

1）分析偏差原因。如果发现存在偏差，则更应该认真分析偏差产生的原因。实际工作中出现的大幅度偏差，原因往往是多种多样的。

一种情况是：起初制订的标准过高或过低，对此有必要对所制定的标准进行修正。如果多数员工都能大幅度地超出标准或无人能达到标准，这常常说明标准本身存在问题，而非实际工作的问题。

另一种情况是：所制订的标准本身没有问题，但由于环境发生了巨大的变化，或一些不可控制的因素造成大幅度偏差的出现，进而使原本适用的标准变得不合时宜，这时也有必要重新调整原有的标准。

2）采取矫正措施。在控制实践中，人们只能是在分析偏差原因的基础上，针对那些可以控制的因素采取相应的矫正措施，把实际工作拉回计划的轨道上来。

5. 控制方法

管理活动中的控制方法有许多种，常用的有以下几种。

（1）预算控制。预算就是用数字，特别是用财务数字的形式来描述企业未来的活动计划，它预估了企业在未来时期的经营活动中的资金流量（如销售收入、生产成本、利润等），同时也限制了各部门（或各项活动）在资金、劳动、材料、能源等方面的支出额度。

预算控制就是通过编制预算，以编制的预算为基础来执行和控制组织的活动，并比较预算与实际的差异，分析差距的原因，然后对差距进行处理。

1）弹性预算。为使预算适应将来可能出现变化的环境，在编制预算中必须注意预算的弹性问题。实行弹性预算的方法主要有两种，一种是变动预算，另一种是滚动预算。变动预算是基于依成本依习性不同而将其分解的一种预算方法；滚动预算是先制定一定时期的预算，然后每隔一定时间，就要定期修改以使其符合新的情况，从而形成时间向后推移一段的新预算。

2）程序性预算。程序性预算是按照制订计划—编制程序—制定预算的程序编制的。它完全是以计划为基础的，按照计划目标的实际需要来分配资源，使资源最有效地保证目标的实现。

3）零基预算。零基预算就是在制定某项职能预算时从零起点开始其预算过程，即每次都是重新由零开始编制预算。零基预算主要使用于营销、研究开发、人事、财务等部门。

零基预算的步骤：第一，把每一项支援性活动描述为一个决策的组件，每个组件都包含目标、行动及所需资源；第二，对每一个组件或活动，采用成本—效益分析的方法进行评价和安排顺序；第三，在上一步的基础上对拥有的资源按照每种职能对于实现组织目标所作的贡献大小来进行分配。

（2）非预算控制。管理者用来进行控制的非预算方法大致分为行政控制、经济分析及其他特殊控制技术等几类。

1）行政控制是泛指借用行政手段监测、控制受控系统的方法。它主要包括以下几种。

第一，实地观察，即管理者亲自到工作现场，对受控系统的运营进行直接的巡视、察看，了解运行情况，直接衡量工作绩效，如发现偏差，则予以及时纠正。

第二，资料统计，即利用连续反映受控系统运行情况的原始记录，实施有效的控制。坚持对有关统计资料进行分析与积累，控制系统运行，监测偏差，并及时采取纠正行动。

第三，报告，即关于受控系统运行信息的各种报告。这些报告较为详尽地提供有关信息并进行偏差分析，为纠正偏差的行动提供依据和指南。

第四，会计核查与审计，即借助会计或审计手段考察财务记录的可靠性和真实性，并进而了解与控制企业的生产经营活动。这种控制手段既可以由企业内部有关人员进行，又可以聘请企业外部的专家来进行。

第五，企业诊断，就是由有关专家，对企业经营的诸方面或某一特定方面进行调查分析，找出存在的问题，提出解决问题的建议等一系列活动。企业诊断有利于深入分析研究一些问题，摸清产生问题的根源，从而为采取有力纠正措施提供可靠依据。它是管理控制的一种有效工具。

2）经济分析。利用管理经济学和管理会计学所提供的一些专门方法，对实际系统进行经济分析，是管理控制的重要手段。比率分析是其常用的一类方法。

比率分析包括以下几方面。

第一，盈利能力分析。盈利能力分析是反映企业从一定时期从事某种经营活动的赢利程度的指标，主要包括三方面内容。

其一是销售利润率。销售利润率是企业销售利润与销售额之间的比值。它是反映企业从一定时期的产品销售中获利多少的指标。其计算公式为：

$$销售利润率=\frac{利润总额}{销售额}\times 100\%$$

其二是资产收益率。资产收益率又称为投资报酬率，是企业或部门实现利润与占有资产的比率，它是反映企业资产利用效果的一个重要指标。其计算公式为：

$$资产收益率=\frac{利润总额+利息}{总资产年均余额}\times 100\%$$

$$总资产年均余额=\frac{期初资产总额+期末资产总额}{2}$$

其三是所有者权益收益率。所有者权益收益率又称股东权益收益率，它是净利润与平均所有者权益（股东权益）的比值。其计算公式为：

$$所有者权益收益率=\frac{净利润}{平均所有者权益}\times 100\%$$

$$平均所有者权益=\frac{期初所有者权益+期末所有者权益}{2}$$

第二，偿债能力分析。其主要包括以下几点。

其一是流动比率。流动比率是企业的流动资产与流动负债之比，表示企业用它的流动资产偿还其流动负债的能力，是反映企业偿还短期负债能力的一个指标。其计算公式为：

$$流动比率=\frac{流动资产}{流动负债}\times 100\%$$

其二是速动比率。速动比率是流动资产中的速动资产除以流动负债的比率。其中速动资产是指流动资产减去存货后的部分。其计算公式为：

$$速动资产=流动资产-存货$$

$$速动比率=\frac{速动资产}{流动负债}\times 100\%$$

其三是资产负债比率。资产负债比率是企业总负债与总资产之比，它是反映企业所有者提供的资产与外部债权人提供的资金的比率关系的指标。其计算公式为：

$$资产负债率=\frac{负债}{资产}\times 100\%$$

第三，营运能力分析。其包括两个方面的内容。

其一是存货周转率。存货周转率也叫存货周转次数，是企业一定时期的销售成本与平均存货的比率。其计算公式为：

$$存货周转率(周转次数)=\frac{销售成本}{存货平均余额}$$

$$存货平均余额 = \frac{期初存货+期末存货}{2}$$

$$存货平均周转天数 = \frac{360}{存货周转率}$$

其二是流动资产周转率。流动资产周转率是指销售收入与全部流动资产平均余额之比。

$$流动资产周转率(周转次数) = \frac{销售收入净额}{流动资产平均余额}$$

$$流动资产平均余额 = \frac{年初流动资产+年末流动资产}{2}$$

$$流动资产周转天数 = \frac{360}{流动资产周转次数}$$

二、现代控制理念和模式

（一）市场控制与社群控制

随着时代的发展、管理的日趋复杂，重视市场机制与文化机制的现代新型控制方式应运而生。它主要包括市场控制与社群控制两方面。

1. 市场控制

（1）市场控制的含义。

市场控制是指在企业内部管理的过程中，借用市场机制与市场价值体系进行评估与控制的方式。

（2）市场控制的类型。

1）公司层的市场控制。现代大公司大多进行多角化经营，设置独立面向不同市场面的事业部，公司高层不可能进行传统意义上的控制。通常采用盈利率、市场占有率等市场指标进行控制与评价。这既有利于激励事业部的独立经营，又保证了公司高层的有效控制。

2）事业单位层次的市场控制。为了有效控制事业单位内部各部门与职能的高效运行，可以模拟市场交易机制的运行。为内部各部门之间提供产品或服务，参照市场价格制定内部转移价格（或称内部结算价格）。

3）个人层次的市场控制。即通过人才市场的价格与同绩效挂钩的奖酬体系衡量员工价值来加以控制的方式。

通过招聘薪金衡量员工价值。不同水平的管理者和不同技能的员工，其在招聘过程中的薪金水平会有明显的不同。这就会通过薪金来控制聘用人才的质量，并进而激励原有企业员工的培训提高。

建立与绩效挂钩的奖酬体系。通过这一体系，将员工的工作数量与质量同奖酬紧密挂钩，就会有效地控制员工的工作状况与效果。

董事会对经营者的控制。经营者对企业绩效具有至关重要的作用，因此，董事会对经营者的激励与控制也就显得极为重要。其对经营者的市场控制主要表现为：一是通过职业经理人市场，挑选与淘汰经营者；二是建立与绩效紧密挂钩的奖酬体系来加以控制。一般有两种典型的激励方法：短期激励，即经营者的奖金与短期利润目标直接挂钩；长期激励，即经营者奖酬的相当部分取决于他所管理的公司的长期绩效，通常是股票期权。

2. 社群控制

社群控制是指以一定文化为基础，一定的群体依靠共同价值和群体规范导向、规范与约束其成员的一种社会控制力。

（1）组织文化是社群控制的基础。

组织文化是组织全体成员共同创造并共同信奉的信念与价值观。组织文化对组织及其成员具有巨大的导向与规范作用。而且，这种导向与规范作用是内在的，远比传统控制的外在作用的力度要大得多，持续的时间要长得多。这就使得建立在组织文化基础上的社群控制具有其他控制所不具备的优势。不同组织的文化有强有弱，进而对组织的控制产生不同的影响。

（2）授权赋能是社群控制的必要条件。

实行社群控制，就必须充分信任员工，对员工进行授权赋能，给予员工必要的决策权，相信他们会从组织的利益出发处理问题。在价值指导的框架中，激励员工培养和运用判断能力，自主地、负责地、灵活地处理工作。

（3）建立自我指导型团队，实行实时控制保证了社群控制的有效实施。

建立自我指导型团队，即在组织内，重建激励机制，强化责任感和团队精神，实行建立在相互尊重，高度自觉基础上的自我控制，摒弃传统的“监督、检查、干预”控制手段。

实行社群控制，由于是一种充分授权与高度自觉的控制，每个成员都能独立自主地、随时处理各类问题，因此，完全可以实行真正的实时控制，而不必再进行事后控制。

（二）全面质量管理

1. 含义

全面质量管理，即 TQM（Total Quality Management）。指一个组织以质量为中心，以全员参与为基础，目的在于通过顾客满意和本组织所有成员及社会受益而达到长期成功的管理途径。

2. 基本工作程序

美国统计学家戴明（W. E. Deming）发明的 PDCA 管理循环是全面质量管理最基本的工作程序，即计划—执行—检查—处理（Plan、Do、Check、Action）。因此也称之为戴明循环。

第一个阶段称为计划阶段，又叫 P 阶段。这个阶段的主要内容是通过市场调查、用户访问、国家计划指示等，搞清楚用户对产品质量的要求，确定质量政策、质量目标和质量计划等。第二个阶段为执行阶段，又称 D 阶段。这个阶段是实施 P 阶段所规定的内容，如根据质量标准进行产品设计、试制、试验，其中包括计划执行前的人员培训。第三个阶段为检查阶段，又称 C 阶段。这个阶段主要是在计划执行过程中或执行之后，检查执行情况是否符合计划的预期结果。第四阶段为处理阶段，又称A阶段。主要是根据检查结果，采取相应的措施。这四个阶段循环往复，没有终点，只有起点。

3. PDCA管理循环的步骤

在全面质量管理中，通常还可以把PDCA循环四阶段进一步细化为八个步骤，如图6-3所示。

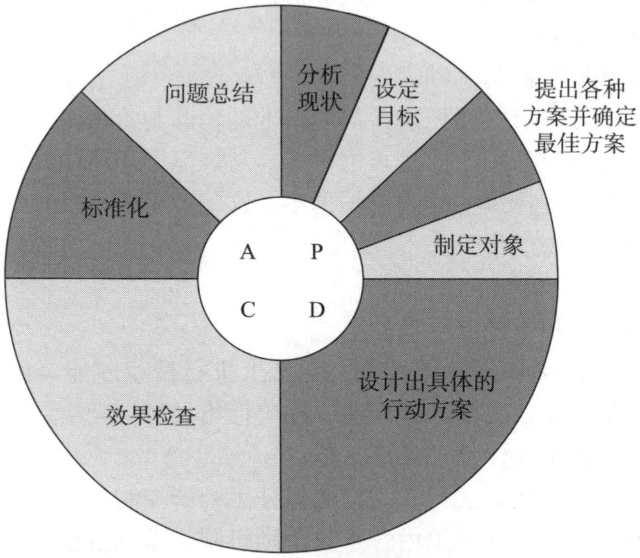

图6-3 PDCA管理循环

步骤一：分析现状。强调的是对现状的把握和发现问题的意识、能力，发现问题是解决问题的第一步，是分析问题的条件。比如，一个企业如果对市场发展动态信息缺少灵敏性，可能花大力气开发的新产品，在另一个企业已经是普通产品，就会造成人力、物力、财力的浪费。选择一个合理的项目可以减少研发的失败率，降低新产品投资的风险。选择课题时可以使用调查表、排列图、水平对比等方法，使头脑风暴能够结构化呈现较直观的信息，从而做出合理决策。

步骤二：设定目标。找准问题后分析产生问题的原因至关重要，运用头脑风暴法等多种集思广益的科学方法，把导致问题产生的所有原因统统找出来。

明确了研究活动的主题后，需要设定一个活动目标，也就是规定活动所要做到的内容和达到的标准。目标可以是“定性+定量”化的，能够用数量来表示的指标要尽可能量化，不能用数量来表示的指标也要明确。目标是用来衡量实验效果的指标，所以设定应该有依据，要通过充分的现状调查和比较来获得。例如，一种新药的开发必须了解政府部门所制定的新药审批政策和标准。制定目标时可以使用关联图、因果图来系统化地揭示各种可能之间的联系，同时使用甘特图来制订计划时间表，从而可以确定研究进度并进行有效的控制。

步骤三：提出各种方案并确定最佳方案。创新并非单纯指发明创造的创新产品，还可以包括产品革新、产品改进和产品仿制等。其过程就是设立假说，然后去验证假说，目的是从影响产品特性的一些因素中去寻找出好的原料搭配、好的工艺参数搭配和工艺路线。

然而现实条件中不可能把所有想到的实验方案都实施，所以提出各种方案后优选并确定出最佳的方案是较有效率的方法。筛选出所需要的最佳方案，统计质量工具能够发挥较好的作用。正交试验设计法、矩阵图都是进行多方案设计中效率高、效果好的工具方法。

步骤四：制定对策。有了好的方案，其中的细节也不能忽视，计划的内容如何完成好，需要将方案步骤具体化，逐一制定对策，明确回答出方案中的“5W1H”，即：为什么制定该措施（Why），达到什么目标（What），在何处执行（Where），由谁负责完成（Who），什么时间完成（When），如何完成（How），使用过程决策程序图或流程图，方案的具体实施步骤将会得到分解。

步骤五：设计出具体的行动方案。采取有效的行动，通过对组织内外部信息的利用和处理，做出设计和决策，是当代组织最重要的核心能力。设计和决策水平决定了组织执行力。

对策制定完成后就进入了实验、验证阶段。在这一阶段除了按计划和方案实施外，还必须要对过程进行测量，确保工作能够按计划进度实施。同时进行数据采集，搜集过程中的原始记录和数据等项目文档。

步骤六：效果检查。“下属只做你检查的工作，不做你希望的工作。”IBM 的前 CEO 的这句话将检查验证、评估效果的重要性一语道破。

方案是否有效、目标是否完成，需要进行效果检查后才能得出结论。将采取的对策进行确认后，对采集到的证据进行总结分析，把完成情况同目标值进行比较，看是否达到预定的目标。如果没有出现预期的结果，应该确认是否严格按照计划实施对策；如果是，就意味着对策失败，那就要重新进行最佳方案的确定。

步骤七：标准化。标准化是维持企业治理现状不下滑，积累、沉淀经验的最好方法，也是企业治理水平不断提升的基础。可以这样说，标准化是企业治理系统的动力，没有标准化，企业就不会进步，甚至下滑。对已被证明的有成效的措施，要进行标准化，制定成工作标准，以便以后的执行和推广。

步骤八：问题总结，处理遗留问题。所有问题不可能在一个 PDCA 循环中全部解决，遗留的问题会自动转进下一个 PDCA 循环，如此周而复始，螺旋式上升。

对于方案效果不显著的或者实施过程中出现的问题，要进行总结，为开展新一轮的 PDCA循环提供依据。例如，设计一个新型红外滤光膜，在完成一轮循环后，进行效果检查时发现其中一项的光学性能指标未达到标准要求，总结经验后进入第二轮 PDCA 循环，按计划重新实施后才达到目标值。

管理故事

曲突徙薪

有位客人到某人家里做客，看见主人家的灶上烟囱是直的，旁边又有很多木材。客人告诉主人说，烟囱要改曲，木材须移去，否则将来可能会有火灾。主人听了没有做任何表示。

不久主人家里果然失火，四周的邻居赶紧跑来救火，最后火被扑灭了，于是主人烹羊宰牛，宴请四邻，以酬谢他们救火的功劳，但并没有请当初建议他将木材移走、烟囱改曲的人。

有人对主人说："如果当初听了那位客人的话，今天也不用准备筵席，而且没有火灾的损失，现在论功行赏，原先给你建议的人没有被感恩，而救火的人却是座上客，真是很奇怪的事呢！"主人顿时省悟，赶紧去邀请当初给予建议的那个客人来吃酒。

启示：对可能发生的事故应防患于未然，消除产生事故的因素，还应该多多听取别人正确的建议，问题解决时也不要忘了恩人。

（三）虚拟控制

1. 虚拟控制的含义

虚拟控制是指在互联网条件下，依托信息与网络技术，运用虚拟工具与手段，保证虚拟企业或采用虚拟方式管理的组织实际绩效与目标相一致的管理行为。

2. 虚拟控制的类型

（1）虚拟预先控制。主要步骤：确立虚拟组织目标，订立相应标准；虚拟企业边界控制，寻求与选择虚拟合作伙伴，实现最佳规模；设计经营职能与资源的有机组合与配置等。

（2）虚拟同步控制。主要步骤：协调各虚拟职能运行状况；跨时空监控实际工作质量与进度；考核各单元与整体绩效；及时发现并纠正出现的偏差；根据需要动态调整资源投入与配置等。

（3）虚拟反馈控制。主要步骤：衡量各单元与整体绩效；科学地进行利益分配；总结经验教训，调整下一运营周期的职能分工与资源配置等。

3. 虚拟控制的方式与手段

（1）契约：必须把虚拟企业各个成员优势互补、合作共赢的经济关系通过契约、合同等法律形式确定下来，具有法律强制力。

（2）信息技术与网络：实现跨边界连接与交流最基本的手段。

（3）虚拟团队：跨时空组建的管理与项目团队是实现虚拟控制的组织手段。

（4）利益分配机制：通过富有激励性的利益分配机制，促进科学分工，紧密合作，共创共赢。

（四）互联网思维与控制

1. 社会化思维：强化社群控制

互联网时代，人们之间的社会交往日益紧密、频繁，社会因素与相互作用对控制过程产生影响的范围与深度出现巨大变化。

管理者应高度重视人与人之间乃至群体之间与群体内部之间关系的影响，特别是对群体文化进行社会化控制。善于运用社会互动、价值观念、社会潮流、群体规范、组织氛围等社会文化机制。

2. 平台思维：多主体参与控制

在互联网时代，企业将建设开放式平台。因此，管理控制也将随之出现开放格局，从而使得对产品生产与服务的过程走向开放，生产经营的整个过程将会更加透明。

在互联网时代，不但在企业内部员工参与监督控制，而且相关组织、合作者、特别是用户也将参与监督控制。与人们生活息息相关的产品，可能会受到来自社会的更为广泛、力度更大的监督控制。

3. 大数据思维：科学化的数据控制

企业实施管理控制，能够以更加低廉的成本、更加便捷的方式获得大量相关数据，可以使控制过程凭借有大数据而更加科学。

数据、网络控制手段的应用，在相当多的领域借助软件、计算机，乃至网络实行虚拟化、自动化控制。

4. 用户思维：市场控制

用户是产品与服务的使用者与最终评价者，为用户带来最大化价值是控制的终极标准。

企业从理念到组织、从研发到生产，都尽可能做到与用户零距离，向用户提供能带来价值最大化的产品与服务。实行市场化控制，就是将市场机制引进企业内部，将企业生产经营过程向用户开放。

管理实践

阿里巴巴：成功运营数据资产的管理典范
（大数据控制防范贷款风险）

马云在2012年公开宣称“平台、数据、金融”是阿里巴巴未来的指导路线。阿里数据平台事业部服务器上攒下了超过100PB已“清洗”的数据。从2004年淘宝开始统计日志起，整个淘宝系统统一了日志格式，每个用户在淘宝上的浏览、购买、支付等任意行为都被日志系统记录下来。基于用户的浏览和购买历史，阿里巴巴不断丰富自己对用户的画像，得到了用户偏好的精确信息，做出了强大的精确广告系统，成为集团利润的一个基点；基于对商家交易信息的了解，阿里巴巴能够精确评估商家的偿还能力，从而打造效率和效益极高的供应链金融；基于用户的支付信息，阿里巴巴比任何银行都了解每个消费者的购买力，正在准备推出“虚拟信用卡”，积极备战支付业务，届时势必掀起继余额宝之后的又一轮互联网金融风暴。

任务 12 绩效考核

任务导入

联想绩效考核体系

联想集团从 1984 年创业时的 11 个人、20 万元资金，发展到今天已拥有近万名员工，成为具有一定规模的贸、工、技一体化的中国民营高科技企业。特有的企业文化，尤其是其独具特色的绩效考核体系，吸引着大批的优秀人才。

联想集团的考核体系结构围绕“静态的职责＋动态的目标”两条主线展开，建立起目标与职责协调一致的岗位责任考核体系。

考核实施体系的框架包括四个部分：职责分解、目标分解、目标与职责结合和考核实施。

绩效考核首先是进行职责的分解，职责的分解又具体地表现在部门的分解和员工个人的分解，使各部门个人明确自己的工作任务 ，主要包括以下几点。

1. 确立部门职责

部门职责指部门为实现其宗旨而应履行的工作责任和应承担的工作项目，它确定了部门在公司增值流程中的工作范围和职责边界。

2. 建立工作流程

工作流程包括工作本身的过程、信息与管理控制过程。它在部门内部，在独立的部门与部门之间、处与处之间，建立职责的联系、规章和规范。

3. 制定岗位职责

岗位职责具体明确一个标准岗位应承担的职责、岗位素质、工作条件、岗位考核等规定。

4. 设定工作目标

目标是部门和员工正确的努力方向，也可作为绩效考核的有力依据。

按照职责这条横线，与时间、目标这条纵线的有机整合，使各部门、岗位之间的职责和工作关系有机地协调起来。

联想实行的就是典型的目标管理型。将目标落到实处，在目标与职责之间建立清晰的分解和对应关系，为了建立这种联系，集团管理部门协助建立了大量的各种运作和核算模型，最具特色的是联想电脑公司的“屋顶图”。“屋顶图”是联想电脑公司根据管理会计原理，结合自己的产品成本结构建立的一个量化的产品经营核算体系。

设定职责和目标后，联想利用制度化的手段对各层员工进行考核评价：

一是定期检查评议。以干部考核评价为例，联想集团干部每季要写对照上月工作目标的述职报告、自我评价和下季工作计划。述职报告和下季工作计划都要与直接上级商议，双方认可。二是量化考核、细化到人。比如，电脑公司的综合考核评价体系分部门业绩考核、员工绩效考核两部分。部门业绩考核的目的是通过检查各部门中心工作和主要目标完成情况，加强公司对各部门工作的导向性，增强公司整体团队意识，促进员工业绩与部门业绩的有机结合；员工绩效考核的目的是使员工了解组织目标，将个人表现与组织目标紧密结合，客观评价员工，建立有效沟通反馈渠道，不断改进绩效，运用考核结果实现有效激励，帮助组织进行人事决策。三是考核形式是多视角、全方位的。考核形式包括上级对下级的考核，平级之间、下级对上级的评议以及部门互评等。

思考：根据上述材料，你能归纳、总结出联想集团的绩效考核体系的优缺点吗？你认为绩效考核的基础是什么？

对于企业来讲，绩效考核要想做得好，最基本的前提是要制定科学有效、可执行的绩效考核方案，认真组织落实。对于联想集团来讲，它的绩效考核的优缺点可以从目标管理应用，制度化考核手段，多视角、全方位的考核形式，考核期限设置，考核内容五方面来进一步总结、提炼。

知识梳理

一、绩效考核的内容与程序

（一）绩效考核的含义

绩效考核又称绩效评估，是对员工在工作岗位上的行为表现进行测量、分析和评价的过程，以形成客观公正的人事决策。它是人力资源管理中的一项重要工作，因为绩效考核的结果会影响到员工工资、奖金的发放以及未来的职位的升迁等切身利益。

（二）绩效考核的类型

1. 按照绩效考核的时间划分，分为日常考核和定期考核

（1）日常考核。日常考核指的是对被评估者的出勤、工作量、工作态度和行为等做经常性的记录评估。该种形式的考核侧重于评价员工的工作过程。

（2）定期考核。定期考核指的是考核主体根据一定的周期对员工定期进行评估，例如季度考核、年度考核等。

2. 按照绩效考核结果的表现形式划分，分为定性考核和定量考核

（1）定性考核。定性考核结果多呈现为文字形式，多使用五级等次（优秀、良好、中等、及格、不及格）来对员工各方面表现进行评价。

（2）定量考核。定量考核经常使用具体的数据、系数等数量形式对员工工作情况进行评价。

（三）绩效考核的内容

1. 企业绩效考核的内容

不同组织绩效考核的内容各不相同，站在企业整体绩效考核的角度，绩效考核的主要内容有：

其一，企业经济效益与社会效益的考核；

其二，企业竞争力与长期发展能力的考核；

其三，市场开拓与营销及顾客服务的效果考核；

其四，各种生产经营与管理工作过程的效率与质量考核；

其五，产品与服务的数量、质量的考核。

2. 员工绩效考核的内容

站在员工绩效考核的角度，绩效考核的内容包括工作业绩、工作态度、工作能力三方面。

（1）工作业绩。工作业绩是指员工在岗期间，完成工作任务的数量、质量及工作效率。这部分的考核是对员工绩效考核的核心。

（2）工作态度。工作态度是指对员工工作的认真度、负责度、努力程度、积极程度等方面的评价，此种评价考核带有很明显的主观性。

（3）工作能力。工作能力是指员工在从事本职工作时，其自身能力的适应程度。比如，某员工具备扎实的理论知识，同时其专业技能比较娴熟，代表其工作能力较强。

（四）绩效考核的程序

1. 制订绩效考核计划

为了保证绩效考核工作的顺利推进，首先要制订计划，即明确考核的目的、内容，考核时间和地点以及由谁来进行考核。

知识拓展

福建省××有限公司绩效考核办法（试行）

（一）考核时间

每月考核一次，时间为每月5日对上月各部门业务完成情况进行考核

（二）考核领导小组

公司成立绩效考核领导小组，由公司常务副总经理任组长、副总经理任副组长、综合管理部、财务部、生产部、经营部、品质管理部负责人为组员。

（三）考核流程

1. 月份终了5日内，综合管理部将各职位的《管理人员考核表》发放到各考核员工手上。

2. 员工对照自己的工作完成情况进行自评，并填写未完成的工作及其原因、工作中

存在的问题及改进措施、工作体会及对公司部门的要求与建议，于10日前将《管理人员考核表》交综合管理部。

3. 考核小组依据综合管理部汇总的材料做出考核结论，签字确认，由综合管理部将考核结论情况于每月20日前汇总报常务副总经理核批。

（四）绩效考核方案中奖罚金额基数的确定：按2018年月均加工费收入的110%来核算。2019年各月工作计划为20.8万元为考核基数，实际超出部分公司奖励20%，未完成考核基数的则扣罚10%。

（五）绩效考核方案中绩效考核工资和评分标准的确定

各管理人员各拿出部分基本工资，即常务副总500元、总分250分；副总经理500元、总分250分；部长400元、总分200分；副部长300元、总分150分。

计算公式:考核绩效应付总工资=考核基本总工资±奖罚

每分应得考核工资=考核绩效应付总工资÷考核总分数(参与考核每人得分汇总)

个人应得绩效考核工资=每分应得工资×得分

（六）生产部考核指标及奖惩方案

1. 生产计划完成率

计算方法：当月经营部下单应完成的增值额×90%。

计算依据：加工成品入库产量月报表、月生产计划考核指标。

奖惩说明：按考核基本工资中的40%计算，即占绩效考评分40%。

每超额完成生产计划1%，则奖励绩效分2分，否则未完成计划，每少完成计划1%，则扣绩效分2分，以此类推。

2. 产品质量扣款率3%以下

计算方法：（当月生产产品质量扣款金额/当月产品加工费收入）×100%。

计算依据：客户反馈确认单、生产日报表。

奖惩说明：按考核基本工资中的25%计算，即占绩效考评分25%。

当月产品质量扣款率每降低0.5%，则奖励绩效分2分，否则当月产品质量扣款率每增加0.5%，则扣绩效分2分，以此类推。

3. 成本控制

基本要求：以2019年度公司下达的生产成本指标作为必须完成的基数。

计算依据：收入报表、各种成本性指标的实际开支报表。

奖惩说明：按全部考核基本工资的20%计算，即占绩效考评总分的20%。

成本节约计划的1%，则奖励绩效分2分；如未完成计划，每超计划的1%，则扣绩效分2分，以此类推。

4. 部门基础工作和纪律性关联考核

奖惩说明：按考核基本工资中的15%计算，即占绩效考评分15%。

（七）经营部考核指标及奖惩方案

1. 下单完成率

计算方法：(当月实际下单总金额/230 000)×100%。

计算依据：当月销售加工合同。

奖惩说明：按考核基本工资中的35%计算，即占绩效考评分35%。

2. 原材料供应及时率

计算方法：因原材料供应不及时造成停台数，考核基数为5台。

计算依据：按生产部和经营部双方确认停台数。

奖惩说明：按考核基本工资中的20%计算，即占绩效考评分20%。

即每天停台数5台以上，则每台扣绩效分0.5分，以此类推。

3. 销售货款回笼率达80%以上

计算方法为：本期实收货款/本期应收货款×100%。

计算依据：销售报表、应收账。

奖惩说明：按基本工资20%中的20%计算。

回笼率每超额完成计划1%，则奖励绩效分2分，否则未完成计划，每少完成计划1%，则扣绩效分2分，以此类推。

4. 成本控制

基本要求：以2019年度公司下达的生产成本指标作为必须完成的基数。

计算依据：收入报表、各种成本性指标的实际开支报表。

奖惩说明：按全部考核基本工资的15%计算，即占绩效考评总分的15%。

成本节约计划的1%，则奖励绩效分2分；如未完成计划，每超计划的1%，则扣绩效分2分，以此类推。

5. 部门基础工作和纪律性关联考核

奖惩说明：按考核基本工资中的10%计算，即占绩效考评分10%。

（八）品质部考核指标及奖惩方案

1. 产品质量扣款率3%以下

计算方法：(当月生产产品质量扣款金额/当月产品加工费收入)×100%。

计算依据：客户反馈确认单、生产日报表。

奖惩说明：按考核基本工资中的40%计算，即占绩效考评分40%。

当月产品质量扣款率每降低0.5%，则奖励绩效分4分，否则当月产品质量扣款率每增加0.5%，则扣绩效分4分，以此类推。

2. 成本控制

基本要求：以2019年度公司下达的生产成本指标作为必须完成的基数。

计算依据：收入报表、各种成本性指标的实际开支报表。

奖惩说明：按全部考核基本工资的40%计算，即占绩效考评总分的40%。

成本节约计划的1%，则奖励绩效分4分；如未完成计划，每超计划的1%，则扣绩效分4分，以此类推。

3. 部门基础工作和纪律性关联考核

奖惩说明：按考核基本工资中的20%计算，即占绩效考评分20%。

（九）综合管理部考核及奖惩方案

1. 成本控制

基本要求：以2019年度公司下达的生产成本指标作为必须完成的基数。

计算依据：收入报表、各种成本性指标的实际开支报表。

奖惩说明：按全部考核基本工资的20%计算，即占绩效考评总分的20%。

成本节约计划的1%，则奖励绩效分2分；如未完成计划，每超计划的1%，则扣绩效分2分，以此类推。

2. 公司制度的监督与执行

按公司已出台的规章制度进行监督和检查，对出现的问题能及时调查、反馈并及时做出处理和执行。

奖惩说明：按基本工资30%中的30%计算。

3. 安全、防火防盗管理工作

及时配合督促各部门做好防火工作，认真做好防盗工作和门卫的管理工作。

奖惩说明：按基本工资20%中的20%计算。

4. 其他基础工作

奖惩说明：按基本工资30%中的30%计算。

（十）财务部考核及奖惩方案

1. 资金回笼率

（1）基本要求：资金回笼率达80%以上。

（2）计算方法：本期实收货款/本期应收货款×100%。

（3）计算依据：销售报表、资金报表、应收账款明细表。

（4）奖惩说明：按全部考核基本工资的20%计算，即占绩效考评总分的20%。

回笼率每超计划的1%，则奖励绩效分2分；如未完成计划，每少完成计划的1%，则扣绩效分2分，以此类推。

2. 成本控制

基本要求：以2019年度公司下达的生产成本指标作为必须完成的基数。

计算依据：收入报表、各种成本性指标的实际开支报表。

奖惩说明：按全部考核基本工资的20%计算，即占绩效考评总分的20%。

成本节约计划的1%，则奖励绩效分2分；如未完成计划，每超计划的1%，则扣绩效分2分，以此类推。

3. 部门基础工作以及纪律性关联考核

奖惩说明：按基本工资60%中的60%计算。

（十一）公司领导考核及奖惩方案

1. 常务副总经理的绩效考核分按各部门部长的考核得分的一定比例进行分配得分，具体为：经营部30%、生产部25%，品质部20%、管理部和财务部25%。

2. 副总经理的绩效考核分按各部门部长的考核得分的一定比例进行分配得分，具体为：管理部30%、财务部30%、经营部15%、生产部15%，品质部10%。

（十二）后勤管理的一般员工的考核另行制定，本方案由综合管理部、财务部负责制定。

（十三）本方案从2019年4月份开始试行。

2. 做好绩效考核技术准备

这项工作具体包括评估标准的准备、选择评估方法、培训评估人员等。

3. 搜集信息

在明确考核对象的前提下，通过多种渠道，采用多种方法搜集考核内容与工作要项等相关信息，信息要全面、真实、准确，尽可能量化。

4. 分析评价

这一阶段主要是对绩效考核的内容作综合性评价，下达全面性评价结论。

5. 反馈绩效考核结果

这一阶段主要通过面谈反馈和非正式反馈将绩效考核的评价意见反馈给被考核者，以便考核者总结经验教训，探索提高绩效的途径。

二、绩效考核的方法

绩效考核需要使用一定的方法，除了项目三中任务六当中介绍的员工考评方法之外，这里重点介绍以下两种方法。

（一）排队法

排队法是将一名员工与他人或多人的工作业绩进行比较，做出从最佳至最差的排列，并把每个评估者的工作表现与某一具体的标准逐项对比。它是一种相对而不是绝对的绩效考核方法。

它包括了三种发展完善的方法即个体排名、小组排名和两两比较。

1. 个体排名

个体排名只将被评估者从最好到最差排序，相互之间很少联系。

2. 小组排名

小组排名的评定人员将评估对象按业绩分类。例如，一位表现出色的员工可被列入10%的先进小组，而表现极差的员工则归入10%的后进小组。

3. 两两比较

在一组员工中，每人都与他人两两进行比较，比较结果或“优”或“差”于对方，如表6-1所示。等全部比较完毕后，将每位员工得“优”的次数做出排名，尽管这种方式理论上允许每个人与小组中其他成员的一一比较，但如果组织人数较多，实际操作会较困难。

（二）目标管理

1. 目标管理的含义

目标管理是一种程序或过程，它使组织中的上级和下级一起协商，根据组织的使命确定一定时期内组织的总目标，由此决定上、下级的责任和分目标，并把这些目标作为组织经营、评估和奖励每个单位和个人贡献的标准。

表 6-1　两两评估法实例

工作质量						创造性					
评估人						评估人					
作为对比评估的另一方						作为对比评估的另一方					
A						A					
B						B					
C						C					
D						D					
E						E					

B为最高　　　　　　　　A为最高

注：“+”意味“好于”；“—”意味“不如”。把每一个特性指标空格内的“+”都加起来，就可以得到排序结果。

2. 目标管理的基本特点

（1）员工参与管理：目标管理是员工参与管理的一种形式，由上下级共同商定，依次确定各种目标。

（2）以自我管理为中心：目标管理的基本精神是以自我管理为中心。目标的实施由目标责任者自我进行，通过自身监督与衡量，不断修正自己的行为，以达到目标的实现。

（3）强调自我评价：目标管理强调自我对工作中的成绩、不足、错误进行对照总结，经常自检自查，不断提高效益。

（4）重视成果：目标管理将评价重点放在工作成效上，按员工的实际贡献大小如实地评价一个人，使评价更具建设性。

管理故事

幸岛短尾猴的故事

位于日本南部宫崎县的幸岛是短尾猴的故乡。日本科学家对幸岛短尾猴的研究已有半个世纪之久，研究过程中最著名的发现是猴子也会清洗红薯。科学家将这种行为看作非人类种群表现出的一种文化现象。

1952年，日本京都大学的一位教授带着几名学生对短尾猴进行了观察研究。在研究的过程中，他们在沙土里种植了一些红薯，走的时候就把这些红薯留下了。后来，猴子发现了红薯，就开始作为食物来吃。由于是在沙土里生长的，红薯上经常黏着一些沙子，比较磕牙。后来，有一个聪明的猴子发现，把红薯放到水里洗一下，然后再吃，就不会磕牙了，于是他高兴地把这个发现告诉了身边的小猴子，这些猴子也开始用水洗红薯吃，再后来，这些猴子又把这个秘密告诉了其他猴子，甚至告诉了其他岛上的猴子。于是，一天，一个令人震撼的场景出现了，在皎洁的月光下，100 多只猴子排着队在水里洗红薯。

启示：一个人在小范围内做正确的事情的时候，他的行为可以影响到身边的人，而这种影响可以产生一种聚合效应。在目标管理里，领导带头谈目标、定目标、回顾目标，就是在做正确的事情，而领导的这种行为可以影响到经理层和员工，使大家逐渐培养一种目标管理行为，最终形成自我控制。

3. 目标管理实施的三个阶段

目标管理的具体做法分三个阶段：第一阶段为目标的设置；第二阶段为实现目标过程的管理；第三阶段为总结和评估。

（1）目标的设置。这是目标管理最重要的阶段，第一阶段可以细分为四个步骤。

1）高层管理预定目标，这是一个暂时的、可以改变的目标预案，即可以先由上级提出，再同下级讨论；也可以由下级提出，上级批准。首先，无论哪种方式，必须共同商量决定；其次，领导必须根据企业的使命和长远战略，估计客观环境带来的机会和挑战，对该企业的优劣有清醒的认识，对组织应该和能够完成的目标心中有数。

2）重新审议组织结构和职责分工。目标管理要求每一个分目标都有确定的责任主体。因此预定目标之后，需要重新审查现有组织结构，根据新的目标分解要求进行调整，明确目标责任者和协调关系。

3）确立下级的目标。首先应让下级明确组织的规划和目标，然后商定下级的分目标。在讨论中，上级要尊重下级，平等待人，耐心倾听下级意见，帮助下级发展一致性和支持性目标。分目标要具体量化，便于考核；分清轻重缓急，以免顾此失彼；既要有挑战性，又要有实现可能。每个员工和部门的分目标要和其他的分目标协调一致，支持本单位和组织目标的实现。

4）上级和下级就实现各项目标所需的条件以及实现目标后的奖惩事宜达成协议。分目标制定后，要授予下级相应的资源配置的权力，实现权责利的统一。由下级写成书面协议，编制目标记录卡片，整个组织汇总所有资料后，绘制出目标图。

（2）实现目标过程的管理。目标管理重视结果，强调自主、自治和自觉，并不等于领导可以放手不管，相反由于形成了目标体系，一环失误，就会牵动全局。因此领导在目标实施过程中的管理是不可或缺的。首先进行定期检查，利用双方经常接触的机会和信息反馈渠道自然地进行；其次要向下级通报进度，便于互相协调；再次要帮助下级解决工作中出现的困难问题，当出现意外、不可测事件严重影响组织目标实现时，也可以通过一定的手续，修改原定的目标。

（3）总结和评估。达到预定的期限后，下级首先进行自我评估，提交书面报告；然后上下级一起考核目标完成情况，决定奖惩；同时讨论下一阶段目标，开始新循环。如果目标没有完成，应分析原因总结教训，切忌相互指责，以保持相互信任的气氛。

管理实践

制药公司的目标管理

一家制药公司，决定在整个公司内实施目标管理，根据目标实施和完成情况，一年进行一次绩效评估。事实上他们之前在为销售部门制定奖金系统时已经用了这种方法。公司通过对比实际销售额与目标销售额，支付给销售人员相应的奖金。这样销售人员的实际薪资就包括基本工资和一定比例的个人销售奖金两部分。销售额大幅度提高了，但是生产部门却为难了，他们很难完成交货计划。销售部抱怨生产部不能按时交货。总经理和高级管理层决定为所有部门和个人经理以及关键员工建立一个目标设定流程。为了实施这个新的方法，他们需要用到绩效评估系统。生产部门的目标包括按时交货和库存成本两个部分。他们请了一家公司咨询指导管理人员设计新的绩效评估系统，并就现有的薪资结构提出改变的建议。他们付给咨询顾问高昂的费用修改基本薪资结构，包括岗位分析和工作描述；还请咨询顾问参与制定奖金系统，该系统与年度目标的实现程度密切关联。他们指导经理们如何组织目标设定的讨论和绩效回顾流程。总经理期待着能很快提高业绩。然而不幸的是，业绩不但没有上升，反而下滑了。部门间的矛盾加剧，尤其是销售部和生产部。生产部埋怨销售部销售预测准确性太差，而销售部埋怨生产部无法按时交货。每个部门都指责其他部门的问题。客户满意度下降，利润也在下滑。

职业能力训练

同步测试

一、单选题

1. 管理者正在使用财务信息将上一个季度的实际工作绩效与预算工作绩效进行比较，他运用的是（　　）。

A. 前馈控制　　B. 同期控制　　C. 反馈控制　　D. 积极控制

2. 工人每天须生产 100 个零件，废品率低于 1%。这属于控制过程中的（　　）。

A. 确立标准　　B. 衡量绩效　　C. 差异分析　　D. 纠正偏差

3. 管理控制过程中的关键环节是（　　）。

A. 制定控制目标　B. 建立控制标准　C. 衡量实际工作　D. 纠正偏差

4. 种庄稼需要水，但这一地区几年老不下雨，怎么办？一种方法是灌溉，另一种方法是改种耐旱作物。这两种措施分别是（　　）。

A. 纠正偏差和调整计划　　B. 调整计划和纠正偏差

C. 反馈控制和前馈控制　　D. 前馈控制和反馈控制

5. 一般而言，预算控制属于（　　）。

A. 反馈控制　　B. 先导控制　　C. 现场控制　　D. 实时控制

6. 组织管理中广泛运用的控制方法是（　　）。

A. 收入控制　　B. 比率分析控制　　C. 预算控制　　D. 审计控制

7. 对某位员工的绩效考核以优秀、良好、中等、及格、不及格的形式表示的评估方法是（　　）。

A. 日常评估　　B. 定期评估　　C. 定性评估　　D. 定量评估

8. 员工绩效考核的核心是（　　）。

A. 工作方法　　B. 工作业绩　　C. 工作态度　　D. 工作能力

9. （　　）是一个人的政治思想素质、品德、责任心、使命感与进取精神等。

A. 德　　B. 能　　C. 勤　　D. 绩

10. 管理者从被考核人员中找出工作绩效最好的员工列为第一名，并将其名字从名单中划去，然后，从剩下的名单中找出工作绩效最差的员工列为最后一名，也把其名字从名单中划去，这种考核方法是（　　）。

A. 两两比较　　B. 排队法　　C. 目标管理　　D. 360 度绩效评估法

二、填空题

1. 控制是指按照________衡量计划完成情况和________，以确保计划目标实现的一系列活动。

2. 按照控制的类型分类，控制分为________、________和________。

3. 控制过程可以划分为三个步骤，分别是________、________和________。

4. 常用的控制方法有________和________两大类。

5. 全面质量管理最基本的工作程序________、________、________和________。

6. 实行社群控制，由于是一种________控制，每个成员都能独立自主地、随时处理各类问题。

7. 按照绩效考核结果的表现形式划分，分为________和________。

8. 站在员工绩效考核的角度，绩效考核的内容包括________、________和________

9. 目标管理的基本特点________、________、________和________。

10. 目标管理实施的三个阶段指的是________、________和________。

三、简述题

1. 解释控制的含义和控制的整个过程。

2. 简述三种控制的类型，分别描述它们的概念、适用情况、目的。

3. 绩效考核的程序是怎样的？

4. 如何理解目标管理的内涵？

四、案例分析题

案例 1

经理与售货员的对话

在某大型电子零件批发公司的一家连锁商店里，刚出任经理的比尔正被一些事搞得心烦意乱。店里两位售货员，每天上午轮流去隔壁的自助餐喝咖啡，吃甜馅饼。因为少了一个售货员，顾客们在店里等候服务已经司空见惯。更令人头痛的是，这家零售商店的营业额一直达不到公司的平均水平。当比尔对售货员们谈及这两件事的时候，他们不屑一顾地答道："你看看公司付给我们多少工资！你还能要求什么？"比尔对他们回应道："在我们讨论工资的事并且谈出点眉目来之前，有一件要紧的事，就是要你们明确知道我对你们的工作有什么要求。让我们来确定三件事：第一，在安排好的上班时间内，谁也不可以离开商店。当然，在你们的午餐时间里，你们爱干什么都行。第二，如果这家商店还要营业，不搬到别处去的话，我们每天的平均销售额应该是1 000美元。总公司的记录表明，每位顾客大约购买 5 美元的货，那就是说，一天要接待 200 位顾客。我们是两位售货员当班，平均一下，我要求你们每人每天接待 100 位顾客。第三，就是你们怎样来接待顾客，我希望你们做到一丝不苟，礼貌周到。他们想了解什么，你们要有问必答。这三件事你们清楚了吗？如果是这样的话，让我们来瞧一瞧你们的工资，看看出了什么毛病，想一想根据我们对这项工作提出的要求，应该干点什么事来跟工资相称。你们考虑考虑。"

分析：

从这则例子中，顾客服务和营业收入都未能达到预期水平，而员工却在抱怨公司付给他们的工资太少了。到底哪一方面出了问题？

案例 2

信用卡公司的客户服务质量控制计划

美国某信用卡公司的卡片分部认识到高质量客户服务是多么重要。客户服务不仅影响公司信誉，也和公司利润息息相关。比如，一张信用卡每早到客户手中一天，公司可获得 33 美分的额外销售收入，这样一年下来，公司将有 140 万美元的净利润，及时地将新办理的和更换的信用卡送到客户手中是客户服务质量的一个重要方面，但这远远不够。

决定对客户服务质量进行控制来反映其重要性的想法，最初是由卡片分部的一个地区副总裁凯西·帕克提出来的。她说："一段时间以来，我们对传统的评价客户服务的方法不大满意。向管理部门提交的报告有偏差，因为它们很少包括有问题但没有抱怨的客户，或那些只是勉强满意公司服务的客户。"她相信，真正衡量客户服务的标准必须基于和反映持卡人的见解。这就意味着要对公司控制程序进行彻底检查。第一项工作就是确定用户对公司的期望。对抱怨信件的分析指出了客户服务的三个重要特点：及时性、准确性和反应灵敏性。持卡者希望准时收到账单、快速处理地址变动、采取行动解决抱怨。

了解了客户期望，公司质量保证人员开始建立控制客户服务质量的标准。所建立的180多个标准反映了诸如申请处理、信用卡发行、账单查询反应及账户服务费代理等服务项目的可接受的服务质量。这些标准都基于用户所期望的服务的及时性、准确性和反应灵敏性上。同时也考虑了其他一些因素。

除了客户见解，服务质量标准还反映了公司竞争性、能力和一些经济因素。比如，一些标准因竞争引入，一些标准受组织现行处理能力影响，另一些标准反映了经济上的能力。考虑了每一个因素后，适当的标准就成型了，所以开始实施控制服务质量的计划。

计划实施的效果很好，比如处理信用卡申请的时间由35天降到15天，更换信用卡从15天降到2天，回答用户查询时间从16天降到10天。这些改进给公司带来的潜在利润是巨大的。例如，办理新卡和更换旧卡节省的时间会给公司带来1 750万美元的额外收入。另外，如果用户能及时收到信用卡，他们就不会使用竞争者的卡片了。

该质量控制计划潜在的收入和利润对公司还有其他的益处，该计划使整个公司都注重客户期望。各部门都以自己的客户服务记录为骄傲。而且每个雇员都对改进客户服务做出了贡献，使员工士气大增。每个雇员在为客户服务时，都认为自己是公司的一部分，是公司的代表。

信用卡部客户服务质量控制计划的成功，使公司其他部门纷纷效仿。无疑，它对该公司的贡献将是非常巨大的。

分析：

1. 该公司控制客户服务质量的计划是前馈控制、反馈控制还是现场控制?
2. 找出该公司对计划进行有效控制的三个因素。
3. 为什么该公司将标准设立在经济可行的水平上，而不是最高可能的水平上?

技能训练

实训项目1　制定××班级目标管理方案

实训目标

1. 增强对目标管理的感性认识。
2. 掌握目标管理的实施要领。

实训内容

1. 以小组为单位，为所在班级制定一个目标管理方案，方案必须充分体现目标管理的特点与要求，有完整的结构。

2. 班级组织一次交流，介绍、分析与评价各小组的目标管理方案。

实训要求

1. 按照目标管理的三步骤进行方案的设计。

2. 明确目标管理的目的、内容、程序与方法。

应进行必要的调查研究，正确地确定目标项目与标准，要具有可操作性。

实训评价

1. 根据方案的完整性、规范性、实用性等进行评分。
2. 由部分学生对交流学生的方案进行评估。
3. 教师进行最后点评，确定成绩。

实训项目 2　制定××班干部的绩效考核方案

实训目标

1. 增强对绩效考核的感性认识。
2. 掌握绩效考核的实施要领。

实训内容

1. 根据××班的实际情况和班干部的学期工作完成情况，制定一套有效的班干部绩效考核方案。
2. 每一小组经过内部讨论、修改，提交一份方案。
3. 利用实训课，在全班进行各小组方案交流与评价。

实训要求

1. 从工作态度、业绩、能力三方面进行绩效考核方案的设计。
2. 明确绩效考核方案的目的、内容、程序与方法。

实训评价

1. 根据方案的完整性、规范性、实用性等进行评分。
2. 由部分学生对交流学生的方案进行评估。
3. 教师进行最后点评，确定成绩。

管理游戏

踏数字

目的：感受前馈控制和现场控制的重要性。

道具：彩色粉笔若干支、秒表。

时间：30 分钟。

程序：

1. 分组，6～8 人一组。
2. 小组商讨如何快速且按规则踏数字。
3. 去活动场地，画正方形、起始线及写数字。

秒表计时，每组所用时间从起始线起跑开始到踏完 33 个数字又回到起始线为止。

规则：

1. 按 1～33 的顺序踏数字。

2. 在任意时点，正方形内只能出现一只脚。

3. 每位同学至少要踏 4 个数字。

教师任务：

1. 活动之前，选择空地、谁负责画正方形，谁在地面写数字。

2. 在黑板上演示活动：画正方形，在正方形内任意散落数字 1、2、3、…、32、33。

3. 派 3 人画正方形和起始线、指定若干人写数字，尽量使每位同学都有任务。

4. 教师计时。

5. 发动其他组同学与教师一起控制整个活动过程。若有违反规则的行为，则被淘汰出局。

考核标准：

不违反规则且速度最快的小组获胜。

项目七

走进企业

项目目标

知识目标

1. 了解企业的类型和特征。
2. 掌握现代企业制度。
3. 了解企业管理概念和内容。
4. 理解企业管理创新的内容。
5. 了解现代企业管理变革的趋势。

技能目标

1. 培养分析企业属性，界定企业类型的基本能力。
2. 培养初步参与企业管理的能力。
3. 培养参与企业变革的初步能力。

任务 13 认识现代企业

任务导入

小叶是一位即将毕业的高职市场营销专业的学生。他中学时候便梦想着开一家属于自己的公司，并且能发展成为一家集团公司。他在校期间积极开展勤工俭学，大三时，在一家汽车销售公司顶岗实习，不仅积累了一些企业工作经验，而且获得了近 2 万元报酬。现在国家倡导大学生自主创业，小叶决定自己创业。通过国家贷款的支持、父母亲友的资助和自己勤工俭学的积累，大约筹集资金 20 万元，他准备建立一个小型企业。而建立一个企业需要明确几个问题：一是建立一个什么类型的企业，即决定进入哪个领域，选择什么样的服务对象和服务项目，采用哪种企业组织形式；二是需要招聘哪些人才，这些人才如何分工协作，来完成企业的任务，即所谓的建立什么类型的组织结构；三是要清楚如何管理团队，提高企业的战斗力、凝聚力。

思考：你知道哪些企业类型和组织形式？你认为小叶创办这个企业选择怎样的形式较合适？

企业管理的对象是各类企业，要理解企业管理的基础知识，了解企业管理的基本要领，首先必须要全面、系统、完整地了解企业、认识企业。管理者只有对企业进行了深入细致的了解，特别是对企业的责任和使命有全面、深刻的认识，才能为管理的成功奠定扎实的基础。

知识梳理

一、企业

（一）企业的含义和特征

1. 企业的含义

企业一词，源于英语中的“Enterprise”。“Enterprise”原意是企图冒险从事某项事业，且具有持续经营的意思，后来引申为经营组织或经营体。

企业是从事生产、流通和服务等经济活动，以产品或服务满足社会需要并获取盈利，依法设立、自主经营、独立核算、自负盈亏的经济实体，是具有法人资格的基本经济单位。

作为一个法人实体，企业必须具备以下基本要素：(1) 拥有一定数量的生产设备和资金；(2) 具有从事生产和经营活动的场所；(3) 具有一定数量的生产者和经营管理者；(4) 具有从事生产、流通等经济活动的能力；(5) 进行自主经营、独立核算，并具有法人地位；（6）能自负盈亏、以收抵支并获取利润。

企业是商品经济发展的产物，是社会化生产发展的必然结果。企业最早诞生在工业领域，即工业企业，而且经历了三个阶段，即手工业作坊、手工业工场和工厂企业。后来，大量工厂的涌现，广泛地与社会的各领域产生联系，并迅速扩展到商业、建筑、金融、服务等各个领域，由此，产生了各种类型的企业。

2. 企业的特征

（1）经济性，企业作为一种经济型组织，主要从事经济活动。

（2）营利性，企业以营利为目的，创造利润，谋求发展。

（3）社会性，企业作为社会的一员，影响社会，并被社会影响。

（4）合法性，企业是依法设立的组织，具有法律地位，得到国家法律的认可和保护。

（5）财产独立性，企业实行独立财务核算，对经济业务做出全面反映和控制。

（6）组织完备性，企业由各层次的经营管理人员及职工组成。

（二）企业的类型

企业类型多样，可以从以下角度进行具体细分。

（1）按企业投资主体的不同，可将企业分为国有企业、集体企业、私营企业、混合所有制企业等。

（2）按从属的行业可将企业分为工业企业、商业企业、交通运输企业、金融企业、邮电企业、建筑安装企业、旅游企业、服务性企业等。

（3）按企业的生产组织形式分，可将企业分为单一企业、多元企业、经济联合体和企业集团。

（4）按法律形式分，可将企业分为自然人企业和法人企业。

1）自然人企业是指具有民事权利能力和民事行为能力的公民依法投资建立的企业。自然人企业的财产属于出资者私人财产的一部分，企业不是民事主体，只有出资者才是民事主体。个人业主制企业和合伙制企业是最典型的自然人企业。

2）法人企业是指以营利为目的，具有民事权利能力，依法独自享有民事权利和独立承担民事义务的经济组织体。企业法人必须具备以下条件：有符合国家规定的资金数额，有自己的名称、组织章程、组织机构和经营场所，能够独立承担民事责任，依照法定程序成立，经主管机关核准登记。法人企业的典型形式为公司制企业和股份合作制企业。

公司制企业是现代企业制度的主要形式，按公司对外承担债务责任形式的不同进行划分，公司一般分为无限责任公司、有限责任公司和股份有限公司。

无限责任公司指由两个以上的股东组成，全体股东对公司债务承担连带无限责任的公司。它的优点是组织及建立过程简单，组建条件容易实现，出资方式灵活，股东可以分担风险，共享利益，业务保密性强，信誉良好；缺点是股东所负责任太大，公司一旦破产，会导致股东倾家荡产，不利于保护投资者利益。同时，由于公司的组建是以个人信用为基础的，因此无限责任公司的筹资能力有限。

有限责任公司是指由一定人数的股东组成，各股东以其出资额为限对公司债务负清偿责任，公司以其全部资产对公司债务承担有限责任的公司。有限责任公司不能对外发行股票，股东只有一份表示股份份额的股权证书，股份的转让受严格限制。它的优点是设立程序比较简单，不必发布公告，也不必公开其账目，公司内部机构设置灵活；缺点是由于不能公开发行股票，限制了筹集资金的规模和范围，往往不能适应大规模生产经营活动的需要。因此，这种公司形式一般适用于中小企业。

股份有限公司是指由一定人数以上的股东组成，公司的全部资本分为金额相等的股份，公司以其全部资产对公司债务承担有限责任的企业法人。股份有限公司的财务公开，股份在法律和公司章程规定的范围内可以自由转让。股份有限公司的股东承担有限责任，投资风险小；可上市向社会发行股票，筹资能力强，能迅速扩展企业规模，增强企业在市场上的竞争力。由于股票易于迅速转让，提高了资本的流动性，有利于鞭策公司提高经济效益，因此，它是现代市场经济中最适合于大中型企业的组织形式。但是股份有限公司的设立程序复杂，不易组建和歇业；公司营业情况和财务状况需要向社会公开，保密性不强；股东缺少对企业长远发展的关心，所有权和经营权的分离会产生复杂的授权及控制关系。

二、现代企业制度

（一）现代企业的特点

现代企业是指企业的所有权和经营权相分离、拥有现代化的技术和现代化管理的企业。现代企业除了具有传统企业的基本特征外，还具有以下几个明显的特征。

1. 所有权和经营权分离

从产权关系上，在传统的业主制企业和合伙制企业中，业主既是投资者，也是直接的控制者和经营者，企业是自然人，企业的经营决策和管理工作都是由业主负责的，业主对公司要承担无限连带责任，投资风险较大，限制了筹资渠道和投资规模，也限制了企业的发展规模。随着企业的发展、公司制企业的诞生，企业可以面向社会筹集资金，公司资本所有权的多元化和分散化、公司的规模日益扩大化、管理日益复杂化、必然要求所有权和经营权的分离，由此诞生了以有限责任公司和股份有限公司为代表的现代企业。

2. 拥有现代先进技术

和传统的企业相比，现代企业是以社会化大生产为基础，大规模地采用机器进行生产，拥有比较复杂的技术设备，现代科学知识和现代科学技术广泛地运用于生产，科学技术在生产经营中的作用越来越重要。

3. 管理日益现代化

管理日益现代化既是现代企业的特征，也是现代企业发展的必然要求，因为在现代企业里，整个生产过程包括了一系列相互衔接、紧密联系的部门和环节，而且还要求有各种必不可少的辅助部门、服务部门和管理部门与之相配合，配备不同工种的工人、技术人员和管理人员，劳动分工日益精细、协作关系日益密切，精密的分工、严密的劳动协作必然要求加强管理。

（二）现代企业制度的构成

现代企业制度是指以完善的企业法人制度为基础，以有限责任制度为保证，以公司企业为主要形式，以产权清晰、权责明确、政企分开、管理科学为条件的新型企业制度。现代企业制度的基本内容包括三个方面：现代企业产权制度、现代企业组织制度和现代企业管理制度。

产权制度确立了企业的法人地位和法人财产权，使企业真正作为自主经营、自负盈亏的法人实体进入市场；组织制度确立了权责明确的组织体系（治理结构），使企业高效率经营和长期发展有了组织保证；管理制度则通过实施现代化管理，保证企业充分利用各项资源，在竞争中立于不败之地。三者相辅相成，共同构成了现代企业制度的总体框架。

1. 现代企业的产权制度

现代企业产权制度是指以产权为依托，对财产占有、使用、收益和处分过程中形成的各种产权主体的地位、行为权利、责任、相互关系加以规范的法律制度。

企业的产权制度，是界定和保护参与企业的个人和经济组织的财产权利的法律和规则。企业产权制度的发展经历了三种形态，即业主制产权制度、合伙制产权制度和公司制产权制度。业主制产权制度是最早出现的企业产权制度形态，合伙制产权制度是由于业主制企业的扩张而形成的。由于技术的进步，生产技术变得越来越复杂，企业的资金投入也越来越多，企业也迫切需要通过扩大规模来提高经济效益；在激烈的市场竞争中，企业的经营风险大，广大投资者也希望有一种降低风险的保护制度。于是，向社会公众或其他法人发行股票募集资本，公司制企业就应运而生。

公司制产权制度是一种现代企业产权制度，它的突出特点是企业的所有权和经营权分离，企业的投资者负有限责任。现代企业产权制度的主要表现：

（1）企业拥有独立的法人财产资本由股东投资形成，企业作为一个独立的主体拥有由股东投资形成的全部法人财产权，并以其全部法人财产自主经营、自负盈亏。

（2）企业的所有权与经营权分离，股东以其投入资本的多少享有相应份额的财产所有权，但其既无权直接从企业财产中抽回，也无权直接处置自己投资的财产，而只能通过股息分红获得投资回报。而且，投资者不一定直接从事企业的经营管理活动，企业的经营管理者可以不是股东。

（3）投资者有限责任制度。股东将财产投入法人企业后，投入的这部分资产与未投入的财产相分离，股东仅以投资的数额为限对公司债务承担责任。如果企业破产而全部资产不足以抵偿债务，每个股东损失的最大限度只是丧失他对该企业的全部出资。

2. 现代企业组织制度

企业的组织制度，即企业组织形式的制度安排，规定着企业内部的分工和权责分配的关系。组织制度是企业组织的基本规范。它规定了企业的组织指挥系统，划定了各部门以及成员的职责。

现代企业通常实行公司制度，其主要形式有有限责任公司和股份有限公司。按照《公司法》的要求，公司企业法人治理机构实行决策、执行、监督三权分立，三者之间相互制约从而形成良好的运行机制。这种法人治理机构由股东大会、董事会、经理班子和监事会组成，共同构成相互依赖又相互制衡的公司治理结构，并有效运转。

（1）股东大会。股东大会是由全体股东组成的，是公司的最高权力机构。股东大会通过股东会议决定公司的经营方针，选举和罢免董事会、监事会成员，修改公司章程，审议和批准公司的财务预算、决算、投资及收益分配等重大事项。股东大会会议由股东按照出资比例行使表决权。

（2）董事会。董事会是公司的经营决策机构，它由股东大会选举产生。董事会执行股东大会的决议，决定公司的经营计划和投资方案，制定公司预算、决算和利润分配方案，决定公司内部管理机构的设置，聘任或解聘经理，根据经理提名聘任或解聘副经理、财务负责人等公司高级职员。董事长由董事会选举产生，一般为公司法人代表，董事会实行集体决策。

（3）经理班子。经理班子是指由总经理、副总经理和公司高级职员组成的执行机构。企业对公司总经理实行聘任制，由董事会聘任总经理。总经理负责公司的日常生产经营活动，对公司的生产经营和管理进行全面领导，依照公司章程和董事会的授权行使职权。总经理对董事会负责，经理列席董事会会议。

（4）监事会。监事会是股东大会领导下的公司监督机构。监事会成员由股东代表和一定比例的职工代表组成，其中股东代表由股东大会选举产生，职工代表由公司职工民主选举产生。监事会依法和依照公司章程对董事会成员、总经理和高级职员行使职权的活动进行监督，检查公司的经营和财务状况，可对董事、经理的任免、奖惩提出建议；提议召开临时股东会及公司章程规定的其他职权；监事列席董事会会议。监事会成员不得兼任公司的董事及其他高级管理职位。

3. 现代企业管理制度

企业的管理制度是企业员工在企业生产经营活动中共同遵守的规定和准则的总称。企业为求得最大效益，在生产管理实践活动中制定了各种带有强制性义务，并能保障一定权利的各项规定或条例，包括企业的人事管理制度、生产管理制度、财务管理制度等一切规章制度。企业管理制度是企业管理工作的依据，是实现企业目标的有力措施和手段。

建立现代企业管理制度，就是要求企业适应现代生产力发展的客观规律，按照市场经济发展的需要，积极应用现代科学技术成果，包括现代经营管理的思想、理论和技术，有效进行管理，创造最佳的经济效益。这就要求企业围绕实现企业的战略目标，按照系统观念和整体优化的要求，在管理思想、管理组织、管理方法和管理手段方面实现现代化，并把这四个方面的现代化的内容同各项管理职能有机结合起来，形成完整的现代化企业管理。现代企业管理制度的确立，主要应包括以下内容：

（1）树立正确的经营理念与经营战略。企业的经营理念是形成公司一切经营活动的最高行为规范，是公司管理制度的最高层次，所以企业必须在内外部环境分析的基础上，树立正确的经营理念，并在经营理念的指导下，确定公司的战略目标，形成并选择战略方案。

（2）建立适应企业生产经营需要的组织机构和管理制度。企业的经营战略和经营策略必须通过一定的组织机构来组织实施，要明确各层次人员的职责，建立高效的组织机构，建立科学的管理制度，将职能领域的管理行为规范化，形成日常经营的管理制度，这也是公司经营观念的载体，是实现公司目标与战略的保证。

（3）有效地使用现代的管理方法和管理手段。广泛吸收和培养拥有现代化科学知识的人才、更新管理观念，建立和完善现代的企业信息管理系统，实现管理方法和管理手段的现代化。

任务 14　企业管理与创新

任务导入

宗庆后的管理

可口可乐中国总裁杜达夫曾说："可口可乐今后在中国最大的挑战来自娃哈哈。"宗庆后，杭州娃哈哈集团公司董事长兼总经理，担任中国工业经济协会常务理事、中国保健食品协会副会长、浙江省饮料工业协会会长等职务。娃哈哈如何成为可乐巨人担忧的对手，其有什么特别之处？娃哈哈如何实现有效管理？宗庆后在《娃哈哈方法》一书中提出了"管理创新三阶段"论。

第一阶段经验管理。宗庆后所经历的管理第一阶段是经验管理阶段，即宗庆后的个人英雄主义阶段。他的特征是能人治厂，凭感觉、靠经验管理。这是一种火车头式的方式，企业的整个运作都靠能人拉动，靠其个人的能力、素质、经验和风格在发挥着巨大的作用。在这个阶段宗庆后事必躬亲、身先士卒，与员工一起起早贪黑地干，这个阶段也是娃哈哈大家庭形成的时代。我们可以想象得到那是一个怎样的时代，娃哈哈凭借着儿童营养液、AD 钙奶等产品驰骋天下。这一时期，也是宗庆后个人权威彻底建立起来的时期。这个阶段宗庆后最大的管理特色是以亲情塑造团队、以权威建立权威，理论上比较粗放，但企业凝聚力强，锻造了一个可以一扫天下的"子弟兵"队伍。

第二阶段科学管理。20 世纪 90 年代中期娃哈哈迎来了自己的第一个重要的转型时期。宗庆后的管理创新也进入了第二个阶段。在此阶段，宗庆后完成了娃哈哈的两大管理创新：一是改变企业资本结构，重组企业股权，与法国达能合资；二是逐渐形成联销体营销网络，建立以通路为平台的企业运作模式。而这一阶段最重要的管理变革，就是宗庆后与时俱进进行管理分层授权，以适应企业做大做强的形势。这之后的娃哈哈在宗庆后的领导下屡战屡胜，"宗氏兵法"开始名扬天下，"非常营销"成为饮料行业的标杆。娃哈哈靠战略领先创造优势，攀上中国食品饮料行业的宝座。我们发现娃哈哈的每一个产品都不是先吃螃蟹，但在"宗氏兵法"的指导下，娃哈哈做一个赚一个，当娃哈哈出现充裕的现金流和优美的企业增长曲线时，便不断惹来企业界对其神化的追逐。

第三阶段现代管理。在进入跨国竞争和全面竞争时代之后，娃哈哈的管理变革再次遭遇转型，这是宗庆后的第三次管理创新。宗庆后给出的解决方案是企业流程再造。这里所说的“企业流程再造”，相比于以通路为平台的“组织流程再造”，主要区别是宗庆后开始从企业结构的层面上升到企业信息整合的层面。通过企业流程再造，可以通过信息化提高企业的整体运作水平，从而使管理层从日常工作中的随意决策变成依靠科学的决策。在经过多方面的考虑之后，宗庆后聘请美国埃森哲公司为娃哈哈实施企业流程再造的“外脑”，主要内容包括：实施应用 SAP 软件、供应链优化系统和管理信息系统，建立企业科学的分级授权体制。

从经验管理，到科学管理，再到现代管理，这是企业变革的必然进程，不可逾越。目前大多数的中国企业还处于经验管理阶段，但是很多管理者没有弄清本企业所处的进程，就盲目套用所谓先进的管理方式和方法，由此注定了不可避免的大起大落的宿命结局。

从“有为”到“无为”，宗庆后完成了他在娃哈哈的“管理三阶段”，宗庆后依靠后天的自我修炼，进入中国当代一流企业家行列。其“宗氏兵法”成为娃哈哈市场制胜的法宝，“宗氏兵法”造就了独一无二的“娃哈哈模式”，这些成功方法的背后是宗庆后个人思想的闪光。

宗庆后认为，从“有为”到“无为”：一是要充分地信任下属、充分地授权，实现责权利相统一；二是推行契约化的管理，也就是制度化的管理，让契约成为管理中的一只“有形的手”；三是设置一种能减少交易成本的分配机制；四是依靠企业文化从根本上去改变人的价值观念，改变人的意识，使企业文化成为管理过程中一只“无形的手”；五是减少管理的内容，根据社会分工理论尽可能将一些管理事务交给社会，比如住房问题、社会保险问题、子女教育问题，因为管理内容的减少是实施有效管理的很重要的因素。

思考：企业管理是什么？“宗氏兵法”反映了企业管理的哪些特征？宗庆后为何能成为卓越的企业家？他在娃哈哈中扮演什么角色？

企业是一个有机的整体，企业管理是一个完整的系统，它是由生产管理、财务管理、营销管理、人力资源管理等子系统构成的，各子系统在企业管理中所处的地位是由它们在企业生产经营活动中所起的作用决定的，各子系统之间存在着密切关系。企业管理是一般管理原理与方法在企业中的应用，其核心是从用人办事的角度提升企业经营效益。

知识梳理

一、企业管理

（一）企业管理概述

1. 企业管理的概念

企业管理是指企业的领导者和全体员工，为了充分利用各种资源，保证整个生产经营活动的统一协调，实现企业管理的任务，达到提高经济效益的目的而进行的计划、组织、领导、控制等一系列综合性活动。由此可知：

（1）企业管理作为一个过程，是通过计划、组织、领导和控制等职能来实现的。

（2）企业管理的对象是企业中的各种资源，包括人力、物力、财力、信息和时间等。

（3）企业管理的目的在于完成各项预定的任务，达到企业的经营目标，实现企业盈利。

（4）企业管理是在一定的社会和自然环境下进行的活动。

2. 企业管理的任务

根据市场需要为社会生产产品、提供服务，满足人们的物质文化生活要求，在为国家积累财富、为企业员工谋求利益、为企业自身发展创造条件的同时，还应为环境保护、社会公益事业发展及社会精神文明建设做出相应的贡献。

3. 企业管理的必要性

企业管理作为一种社会分工，是协作劳动的需要。共同劳动的分工越细、技术越复杂、规模越大，管理也就越重要。管理是一种资源，也是一种财富。一个企业经营的成败三分靠技术、七分靠有效管理。生产技术大体相同的企业，其经济效益的高低主要取决于是否重视和加强管理。

企业的生产经济活动包括两部分的内容：一部分属于企业内部的活动，即以生产为中心的基本生产过程、辅助生产过程及产前的技术准备过程和产后的服务过程，对这些过程的管理统称为生产管理；另一部分属于企业外部的，关系到社会经济的流通、分配、消费等过程，包括物资供应、产品销售、市场预测与市场调查、对用户服务等，对这些过程的管理统称为经营管理，它是生产管理的延伸。随着市场经济的发展，企业的活动从组织生产扩展到组织经营，使企业的管理从生产过程扩展到流通领域。由于组织经营促使企业直接进入市场，参与市场竞争，更加注重经济效益，从而使企业进行运筹决策、营销谋略等管理问题变得更为重要。因此，科学的经营管理艺术已经成为企业生存和发展的重要手段。

（二）企业管理的内容

1. 经营决策管理

经营决策管理是指确定经营目标，制订经营计划，组织力量实施经营计划，并把商品销售到社会、市场、消费者中。具体内容包括：经营管理的市场调查、经营的预测与决策、经营的计划工作、产品计划与决策、销售计划与决策和财务计划与决策等。

2. 市场营销管理

市场营销管理是指企业识别和分析市场机会，研究和选择目标市场，制订营销策略，实施营销控制，实现企业营销任务和目标的管理过程。具体内容包括：市场营销定位、目标市场的选择和市场营销战略的分类及选择和市场营销策略的应用等。

3. 生产管理

生产管理是指通过生产计划、生产组织、生产过程的控制，按照市场和用户需要的质量、价格和交货期，以高效率、低成本的最经济的办法制造产品和提供服务的管理过程。企业的生产过程和生产要素管理是企业管理的重要内容。进行生产过程管理的目的是要以最佳的生产方式将各种生产要素有效地结合起来，对企业生产的各个环节、各个方面工作进行合理地安排，使其在时间上、空间上平衡衔接、紧密配合，形成一个协调的系统，保证企业按既定的产品品种、数量、质量、期限、成本等目标生产产品。生产管理具体内容包括：生产技术经济准备、生产过程组织、劳动组织与劳动定额、先进的生产组织方式、生产计划、生产作业计划与控制、生产调度、安全生产、文明生产等。

4. 质量管理

质量管理是指高效率地制造用户满意的产品和提供用户满意的服务，而在保证与提高产品和服务的质量方面所进行的系统管理活动。它包括研究市场所需的质量水平，确定符合市场需求的质量标准，国际质量认证，质量经济分析，质量控制等。在企业管理活动中，应充分认识质量管理的重要性，高度重视质量管理活动，要对产品的设计过程、试制过程、辅助过程等实行全面的质量管理。

5. 技术管理

技术管理主要包括产品寿命周期的研究、产品的设计工作、设备和工具的设计工作、技术情报和处理的信息工作。技术管理工作的核心是技术创新。技术创新就是企业将新的知识与技术用于企业的生产经营之中，以创造和实现企业利润的活动。技术创新必须以市场需求为出发点，以提高竞争力为方向，以进行新的要素组合或采用新的技术为过程，以实现企业的利润，提高企业的效益为目的。

通过技术管理实现技术创新是提高企业竞争力的源泉。随着科技的迅猛发展，技术创新将成为企业制胜的法宝。企业应根据市场的需要不断地对老产品进行技术革新，研究开发出新技术、新工艺、新结构、新材料的全新产品，以不断提高其核心竞争力。

6. 人力资源管理

人力资源管理就是预测组织人力资源需求并做出人力需求计划、招聘选择人员，进行有效组织、考核绩效、支付报酬和有效激励，结合组织与个人需要进行有效开发，以便实现最优组织绩效的全过程。它包括人力资源规划、人员选聘与培训、员工职业生涯规划、人力投入与配置、人员激励、人力资源评价等。

7. 物资管理

物资管理就是对企业生产过程中所需各种物资的采购、储备、使用等进行计划、组织和控制。加强物资管理，合理地组织采购、储存、使用物资，对于促进企业生产发展、提高产品质量、降低产品成本、加强资金周转、增强企业盈利等都具有十分重要的意义。物资管理包括物资计划制订、物资采购、物资使用和物资储备等。

8. 财务管理

财务管理工作主要是指日常会计活动，成本、费用、成果的核算，财务计划的制订，财务纪律的执行检查，企业经济效益的评价等活动，是企业管理的一个重要组成部分。企业财务管理的主要内容包括资金筹集、资金投资、资金运用管理和企业财务分析等。

9. 信息管理

随着科学技术特别是信息工程、计算机技术等高科技的飞速发展和普及，当今世界已进入到了信息时代。企业和组织要求信息处理的数量越来越大，速度越来越快。为了让管理者及时掌握准确、可靠的信息，以及执行之后构成真实的反馈，必须建立一个功能齐全和高效率的信息管理系统，所以信息管理也作为企业中的一项重要工作。信息管理包括信息搜集、信息传输、信息加工和信息存储、管理信息系统的开发与利用等。

二、企业管理创新

管理与创新是企业持续发展的永恒主题。管理是企业持续发展的基础，而创新是企业持续发展的动力。企业在动态环境中生存，仅有维持是不够的，还必须不断调整企业管理的内容和目标，以适应环境变化的要求。管理创新是创造一种新的更有效的资源整合方式。它是企业为了在市场竞争中赢得管理优势，重新组合管理资源，以更有效的管理行为实现组织创新效益的过程。

（一）企业管理创新概述

1. 企业管理创新的含义

经济学家约瑟夫·熊彼特在其所著的《经济发展理论》一书中提出了“创新”的概念，并将其定义为“企业家对生产要素重新组合”，认为没有创新就没有资本主义，更没有资本主义的发展。管理大师德鲁克指出，创新可以认为是“使人力和物质资源拥有新的更大的物质生产能力的活动”。他还指出：“企业管理不是一种官僚性质的工作，它必须是创新性的，而不是适应性的工作。”这就是说，企业管理要根据企业内外环境的变化，不断地创新，以实现管理要素更加合理地组合运行，从而创造出新的生产力，取得更高的劳动效率。

因此，可以认为，企业管理创新就是企业不断根据市场和社会变化，重新调整人才、资本和科技要素，以知识创新适应市场，满足市场需求，同时达到自身的效益和社会责任的目标的过程。

管理创新是指对管理活动的创新。它通过改进与创新行为，创造一种新的更有效的资源整合方式，使之与环境相协调，以更好地实现组织目标，实现可持续发展。

2. 企业管理创新的作用

管理创新在企业发展中具有多方面的作用，具体表现在：

（1）提高企业经济效益。管理创新的目标就是提高企业有限资源的配置效率。

（2）稳定企业、推动企业发展。管理创新为企业提供更有效的管理方式、方法和手段，有利于企业的稳定与发展。

（3）拓展市场，帮助竞争。企业在进行市场竞争和市场拓展时，将遇到众多的竞争对手、面对各种类型的顾客，这一竞争过程实为一个动态博弈过程，企业如果能在这一过程中首先获得该博弈的均衡解，即管理创新具体方案，便能战胜对手，获得成功。

（4）有助于企业家的形成。就一个企业而言，创新对企业员工、对各级管理者都很重要，但对高层管理者来说，尤其重要。因为高层管理者主要进行例外管理，他们必须根据企业内外环境的变化，与时俱进，不断完善、创新，使企业发展与内外环境的变化相适应。这正如熊彼特所说：“企业家精神的真谛就是创新，创新是一种管理职能。”

（二）企业管理创新的内容

管理创新作为管理的职能之一，贯穿于管理活动的整个过程。

1. 模式创新

模式创新是企业管理创新的源泉。管理模式体现了一个企业的核心竞争力状况，有了先进的模式，才会有更高的效率。模式创新就是能够结合企业的特点或职能部门的特点，创造出全新的管理模式并获得成功。管理模式的创新具体有以下几个方面：企业管理综合性创新，企业中某一职能部门管理的综合性创新，管理思想、手段、方法等综合性创新。

2. 制度创新

制度创新是企业运行的保障。企业制度创新是指企业在生产经营过程中建立新的生产经营函数或将各种要素进行新的组合行为。制度创新包括的内容很广泛，有分析制度、预测制度、计划制度、决策制度、控制制度、组织制度、评价制度、激励约束制度的创新等等。当前，我国企业改革的首要任务是建立适应市场经济体制的现代企业制度。

3. 组织创新

组织创新是企业创新的关键。组织创新就是创建适应环境变化与生产力发展的新组织形式的活动。具体内容包括：企业组织的职能结构、组织体制、机构设置、横向协调、运行机制和跨企业组织联系等六个方面的变革与创新。通过组织创新，建立合适的组织机构，企业可以以竞争对手无法效仿的方式运作，拥有资源整合、优势互补的强大的竞争力。

4. 技术创新

技术创新是企业创新的核心。技术创新是企业家抓住市场上潜在的盈利机会，以获取商业利益为目标，采取新的生产工艺直至提供新的产品的过程。根据技术创新的对象不同主要有产品创新和工艺创新。没有技术创新，就没有产品的生命力和竞争力。

5. 文化创新

文化创新是企业成功的导向。文化创新是指将文化因素融入企业管理，以形成新的价值观体系，最终达到增强企业活力，提升企业市场竞争力和市场地位，引导企业走向成功的经营目的。企业文化创新具体包括企业职工在长期的生产经营活动中培育形成并共同遵循的精神文化、制度文化、行为文化等方面的创新。

6. 战略创新

战略创新是企业发展壮大的关键。战略创新就是突破常规思维模式，依靠敏锐的分析判断能力，根据不断变化的内在条件和外部经济环境，制定出新的经营规划，其核心是价值创新。近年来，市场竞争日益激烈，有的企业在竞争中失利，公司营利性增长成了要面临的巨大挑战。成功企业战略方法的个性是非常明显的，能够突破常规思维，并且随着时间的推移，不断地对经营战略赋予新的思想，也就是说成功的企业非常注重战略创新。

（三）企业管理创新的过程

管理创新作为一个过程可以分为四个阶段：寻找机会、提出构思、迅速行动、坚持不懈。

1. 寻找机会

创新是对原有秩序的破坏。原有秩序之所以要打破，是因为其内部存在着或出现了某种不协调的现象。创新活动正是从发现和利用旧秩序内部的这些不协调现象开始的，不协调为创新提供了契机。旧秩序中的不协调既可能存在于系统的内部，也可能产生于系统的外部。

2. 提出构想

观察到企业的不协调现象的产生后，估计它们可能会给企业带来积极的或消极的后果，并在此基础上努力将威胁转换为机会，提出构想，消除不协调。

3. 迅速行动

创新成功的秘密在于迅速行动。管理创新人员将各种协调、构想以及解决方案迅速付出行动才有意义。行动对于创新思想的实践成果尤为重要。

4. 坚持不懈

管理创新是有风险的，是可能失败的。创新的过程是不断尝试、不断失败、不断提高的过程。因此，为取得管理创新的最终成功，必须坚定不移地继续下去，绝不能半途而废。

（四）现代企业管理的变革

管理是社会进步的物质力量，是实现现代化的关键因素，随着社会经济的发展，管理本身也在不断地发展。为适应竞争、应对挑战，企业管理将呈现以下变革趋势。

1. 管理思想人本化

以人为本，重视人的创造性，注意调动人的积极性，注重激发人的潜能，将成为重要的管理理念，体现在企业管理的全过程之中。

人本化的管理思想在企业中的运用，主要是更加重视企业中人的作用，通过更好地满足员工的需要来满足顾客和投资者的需要。在市场环境复杂多变、技术创新日新月异、人的价值观和生活方式千变万化的情况下，企业员工的积极性、主动性和创造性直接影响着企业的生存与发展，因此，特别需要树立以人为本的管理思想。人本化的管理思想主要表现在以下几个方面。

（1）激发员工的潜能。企业员工是比资金、设备更加重要的资本，而人力资本投资是企业最重要的、回报率最高的投资。基于这种认识，企业将越来越注重分析和研究不同类别、不同时期员工的需求特点和影响其积极性、主动性、创造性发挥的因素，采取适合于职工的特点，能发挥其潜力的管理方式和方法。影响员工工作状态的因素有其价值观、个人能力、个人需要等个人因素和企业中的人际关系、管理制度、领导方式等企业环境因素。因此，越来越多的企业更加注重从个人和环境两个方面入手来激发员工的潜能，调动员工的积极性。

（2）注重员工的认同。企业是个整体，企业将通过在员工与企业及员工之间形成在目标、利益、发展上的一致性，建立起以相互尊重、信任、平等、关心为特点的内部关系来增强认同感，体现整体性，使各自的努力得到协调，共同完成企业目标。现代企业是一个复杂的、高度分工与密切协作的系统，只有企业职工的步调一致，才能充分发挥各自的作用。

(3) 员工的热情。企业管理不仅要通过将各种激励手段激发员工的主动性、创造性等潜力，而且要通过各种培训手段来提高这种潜力。通过培训，不仅使员工自我提升的需要得到满足，还能增加员工的归属感，同时也让企业更有信心地面对未来更激烈的市场竞争。

因此，企业不仅要通过将参与管理、自主管理、工作内容丰富等制度安排和设计到工作中，来为企业员工潜力的发挥创造环境与条件，而且还应通过教育、培训等人力资源开发措施来培养和提高企业员工的能力与素质，使员工的积极性、主动性和创造性得到不断加强，在工作中发挥更大作用。

2. 管理组织的精简化

传统的企业组织采取集权的组织结构形式是机械型组织，它强调组织的制度和可控性；而现代的企业组织则采取分权的组织结构形式，强调管理组织的精简和高效。

管理组织的精简化趋势包括以下几个方面。

(1) 组织规模的小型化。由于股份有限公司的发展和股票的发行，促使跨国公司和多国公司得到发展，企业规模不断扩大。同时，人们消费观念不断变化，少品种、大批量生产正在被多品种、小批量生产所取代。在多样化的需求面前，大企业逐步暴露出它的弱点：规模越大，组织层次越多，信息反馈渠道也就越长，组织结构越缺乏活力。这种“大企业病”成为大公司面临的共同危机。为此，大中含小、化大为小、在大公司（集团）中扩展小的实体，正在成为优秀企业变革体制、调整规模的有效方式。

组织规模的小型化可以有效地克服“大企业病”，不断划分出拥有较大自主权和拥有相对独立利益的小型事业部和经营单位，以增强其灵活性和对环境变化的适应能力。这些相对独立的事业部和经营单位在洞察市场变化和发展趋势，及时采取相应对策等方面有较高的效率。

(2) 组织层次的扁平化。为了提高效率和反应能力，企业将通过减少管理层次、增大管理幅度，使企业组织结构由“金字塔型”转向“扁平型”，以简化管理的程序和减少信息传递的环节，提高信息处理和决策的速度与质量，随着电子计算机的日益广泛应用，企业组织的扁平化将被广为推崇。

(3) 组织工作的团队化。在企业组织内，将建立由企业各类成员自发组成的跨部门、跨层次的自主管理小组，这些小组成员形成团队，具有较大的灵活性与适应性。它的优点不仅在于因小组成员自己提出和解决问题而扩展和加深了活动领域，增强了自主参与管理的意识，而且由于企业组织内存在众多这类自主管理组织，它们之间在工作内容上一定程度的交叉和重叠会形成企业内竞争与创新的氛围。自主管理组织不仅是适应环境变化和加强内部协调的一种客观需要，而且是实行人本主义、民主管理的一种体现。精简化的企业组织结构能够更好地发挥企业内各类人员的积极性和创造性，而这种发挥又反过来增强了企业组织的对外反应能力与对内协调能力，从而有更好的适应性与更高的效率。

3. 管理决策的快速化

在变化莫测的国内环境中，企业能否制定和实现正确的战略构想，关系到企业的兴亡。过去企业家往往追求企业战略的稳定性、长期性，期望对企业的发展施以长远的影响。但事实证明，多变的技术革新浪潮，意想不到的经营难题，往往使追求“稳定性”的期望化为乌有。因此，具有迅速适应新变化的能力比有一个周密的计划更为重要。它要求管理者审时度势，及时做出反应。战略的灵活性集中地表现为决策的速度加快，开发新产品的时间缩短。速度越来越成为企业竞争的有力武器。未来企业管理将更强调系统性和灵活性相结合，以得到整个系统的最优化解决方案。由于企业战略决策至关重要，传统的高层个人决策将为专家组合的群体决策所取代，战略决策将更强调灵活性和迅速性。

4. 管理资源的复合化

资源的复合化具体通过管理软件资源的开发和管理人才资源的发掘等方面显现出来。从管理软件的开发方面来看，今后，企业文化、经营哲学、企业家精神、人才开发能力、技术和情报开发能力等肉眼看不到的“软件资源”将得到充分的开发和运用，集中表现在对人的尊重上，“事业即人”将成为追求卓越的企业的信条。对员工自身价值的重视和对人才的珍惜，企业家精神同员工参与管理、参与变革的一致性，将使企业上下团结一致、士气高昂地去应付变化，在复杂的局面中出奇制胜。

从管理人才资源的发掘方面来看，随着知识管理影响的日益广泛和深入，一批被称为“知识主管”的新式高级经理呼之欲出。“创造、使用、保存并转让知识”是他们的工作职能，他们承担着使企业的知识资源得到最有效利用的重任。他们不仅管理能力出色，而且判断能力准确，还有较强的应变能力、洞察力、决断力、承担危险的勇气和创新精神。在知识主管阶层崛起的同时，员工的知识化程度也将逐步提高。在现代企业中，员工是知识收集、利用和创新的主体。在经济全球化的背景下，随着企业知识管理浪潮的兴起，员工的知识化程度也将不断增强。

5. 管理手段的现代化

丰富而准确的信息是正确而迅速决策的前提。今后，企业对信息管理的能力将集中表现为不仅需要有强大的信息网罗和信息搜集能力，更要有出色的信息分析和利用的能力；不仅要具有搜集定向信息的能力，而且要具有搜集不定向信息的能力。准确、全面、有效地搜集、加工、使用信息是提高管理效率、保持部分优势的重要手段。管理信息传递的多通道化使管理发展为网络化，即管理组织主要由一些有决策权的团队、小组组成。电子信息系统对复杂问题的处理能力增进了企业生产经营活动的广度与深度，如生产、科研、销售、贸易等活动在企业中的一体化，企业经营多样化等。伴随通信技术的发展，空间距离已不再是管理的障碍，它使企业在世界范围内从事生产经营成为可能。同时，电子信息系统大大加快了管理的节奏，以适应现代技术和市场需求迅速变化的环境，使生产经营活动更加紧凑、协调和均衡。

6. 管理方式直接化

信息技术的飞速发展使经济建立在知识基础上成为可能，知识正在转化为企业的核心资源，而资本逐渐蜕变为知识的一种结果。对知识价值的这一认识使得在以知识为核心资源的企业中，直接式管理将逐渐取代迂回式管理，成为一种新型的管理方式。

所谓迂回式管理，是指通过延长顾客和生产者之间的迂回路径的管理方式将物质化资源转变为企业的财富。在传统企业中，除了最终产品是面向顾客的，其他环节对于顾客来讲都是间接的，是隐藏在背后的。而直接式管理则力图在自己和顾客需求之间选择一条最短的路线，利用信息资源以最直接的方式达到增值的目的。因此，当互联网模式的网络推倒了横亘在供应商、顾客、竞争者和政府之间的高墙后，随之而来的是企业通过覆盖各个部门、各个岗位的内联网、数据库和互联网等电子化形式，将顾客和供应商信息全部实时地管理起来，以减少指令、报表、数据等在不同职能部门和作业流程之间的传递时间，从而使企业的销售、存货管理、生产调度等不同职能结合在一起，使不同地区、不同部门的员工能互通信息，共同解决出现的问题。在知识流和信息流代替了物流和资金流以后，任何需求和供应的变化都能迅速地传递给供应链中的其他环节，企业内部与外部的各种生产要素与资源也得到了更加有效的配置，从而促进货物和服务更高效地流通。

总之，在直接式管理过程中，信息以高度的透明性体现了非常明确的目的性：直接面向顾客，为顾客服务。可以说，对管理的直接化将使企业的各项工作变得更为顺畅高效，而且通过企业业务流程的重组与再造实现的直接化管理方式则充分发挥了作为“万物之灵”的人的智能，削减了许多常规性工作，使员工专注于更加个性化和技巧性的工作，这样就能对变化多端、不可预测的市场进行准确而有效的快速反应，提供高质量、短周期、低价格、多品种、小批量地满足顾客需求的产品和服务，实现知识由原料到财富的飞跃，为企业的发展创造新的空间。

职业能力训练

同步测试

一、单选题

1. 公司财产终极所有权应归属于（　　）。
A. 股东　　B. 公司法人　　C. 董事长　　D. 总经理

2. 公司法人产权集中在（　　）。
A. 股东大会　　B. 董事会　　C. 董事长　　D. 总经理

3. 现代企业制度下，企业的法人产权中不包括（　　）。
A. 占有权　　B. 使用权　　C. 收益权　　D. 终极所有权

4. 下列不包括在公司法人治理结构中的组织是（　　）。
A. 股东大会　　B. 监事会　　C. 管理委员会　　D. 董事会

5. 在现代企业制度的内容中不包含（　　）。
A. 企业产权制度　　B. 企业人事制度　　C. 企业组织制度　　D. 企业管理制度

6. 在公司法人治理结构中作为公司最高权力机关的是（　　）。
A. 股东大会　　B. 董事会　　C. 监事会　　D. 总经理

7. 下列属于董事会的主要权力的工作是（　　）。
A. 拟订公司内部机构设置方案　　B. 执行公司的投资计划
C. 任免公司的董事和监事　　D. 制定公司的利润分配方案

8. 甲、乙两人各出资100万元联合经营一企业，因经营不善而倒闭，负债400万元，法院判两个出资者均负有200万元的偿债责任，该企业的性质属于（　　）。

A. 股份有限制　　B. 有限责任制　　C. 合伙制　　D. 全民所有制

9. 下列各项对公司的基本内涵，理解不正确的是（　　）。

A. 公司是企业的一种重要形式　　C. 公司是由投资者直接经营的

B. 公司是具备法人资格的企业　　D. 公司是依照国家法律设立的

10. 当代管理机构变革的一大趋势是（　　）。

A. 管理层次复杂化　　B. 组织结构扁平化

C. 管理幅度日益减少　　D. 锥型结构更受欢迎

二、填空题

1. 法人企业的典型形式为__________和__________。

2. 企业的六个特征为__________、__________、__________、__________、__________和__________。

3. 按法律形式分，可将企业分为__________企业和__________企业。

4. 公司制企业是现代企业制度的主要形式，按公司对外承担债务责任形式的不同进行划分，公司一般分为__________、__________和__________。

5. 现代企业制度的基本内容包括三个方面：__________、__________和__________。

6. 企业管理作为一个过程，是通过__________、__________、__________和__________等职能来实现的。

7. 管理创新作为一个过程可以分为四个阶段：__________、__________、__________和__________。

8. 管理组织的精简化趋势包括以下三个方面：__________、__________和__________。

三、简述题

1. 企业有哪些类型？

2. 什么是现代企业制度？

3. 如何理解企业管理的概念？

4. 企业管理创新的内容包括哪些方面？

四、案例分析题

海尔，唯有被追随，才能领航

智慧生活，从未像今天这般近在咫尺。

尽管多年前“人工智能”就开始被人们所熟知，但它究竟是什么，很多人还是很陌生。直到当它应用在视、听、行以及娱乐的场景中，人们对它的概念才逐渐清晰起来。

在2019年的AWE（中国家电及消费电子博览会）上，中国家电领军企业齐聚上海新国际博览中心，全方位展示了智慧时代下的家电产物。穿过N5馆透视整个家电产业，你会发现作为世界家电10连冠的海尔，它引领的步伐从未停止。2006年，海尔提出智慧家庭概念，依托研发U+OS操作系统取得行业领先成果。2014年，美的也正式对外发布M-Smart战略、格力同年首次详解了智能家居的蓝图，家电业的智慧化进程全面开启。随后，一些互联网企业开始进军智能家居市场，2018年云米发布首套全屋互联网家电。

2006年，当行业还在追随外资高端品牌的浪潮时，海尔推出了高端品牌卡萨帝，时至今日，做高端品牌已经成为行业共识与新的行动计划。引领还远不止于此，穿越整个AWE诸多展厅，海尔一路领航，一直创新。无论是第一次提出"免清洗"洗衣机、第一个发布"全空间保鲜冰箱"，海尔几乎每一次原创发明，都会成为行业热词，被行业模仿。此次AWE现场，除了带来了AI冰箱，和首款免清洗的"无尘洗衣机"等黑科技产品外，海尔还正式启动了智慧家庭全球战略布局，意在从家电品牌向生态品牌进军。

"三流企业卖产品，二流企业创品牌，一流企业树标准"的传统概念，即使进入瞬息万变的互联网及物联网时代，依然有着旺盛的生命力。

2019年3月13日在上海世博中心举行的"海尔智慧家庭·定制美好生活"全球品牌峰会上，海尔七大品牌智慧家庭最新成果集体亮相：现场发布了海尔品智+、卡萨帝指挥家、统帅L. TWO等三大品牌智慧套系及其颠覆性产品，这些全套系产品实现语音交互、主动服务、场景定制等全屋互联互通，并将在2019年陆续完成上市。

此外，GE Appliances（美国通用）专为北美人打造的多个智慧厨房套系、Fisher&Paykel（斐雪派克）打造的"社交厨房"、日本AQUA的智慧"社区洗"、意大利Candy集团的互联家电等，宣告了"海尔系"智慧家庭生态品牌矩阵的形成，也展现了海尔智慧家庭的全球落地能力。

30余年前张瑞敏一把铁锤砸烂76台质量不合格的冰箱，塑造了质量第一的形象。后得益于国内家电市场的爆炸式增长，海尔抓住时机快速发展，成了当时国内市场最有影响力的白电品牌。20世纪末，海尔又制定国际化战略，开始大规模海外扩张，提升了国际声誉，同时也扩大了产品类别。之后，在互联网时代下，海尔又开始进行"互联网转型"。而今天，在物联网时代下，海尔又抓住了其最重要的标志，打造生态品牌。

从为用户提供有竞争力的家电产品，到向用户提供成套的智慧家电产品，再到提供成套的智慧家庭解决方案。当回过头看，我们才发现海尔的最终目的就是不断为用户提供更好的生活方式。而正是这种以用户需求为核心的企业目标，让海尔在家电行业一路被追随，领航中国家电企业突破每一个时代下的转型需求。

当我们的家庭更智慧，它会是什么样？当将食材放进冰箱，冰箱会根据食材的品类调节温度。此外，冰箱还是你的"健康顾问"，整合了美食、娱乐、农场、营养师等多家资源方，一站式满足用户购买、存储、烹饪、清洁、健康管理等全流程需求，你还可通过冰箱实现一键下单、追踪配送信息等。而对于洗护方面，如果从洗到护理到叠放都能实现自动化，那这样的智慧洗护圈，才真正地解放了我们的双手。

当然这不是想象，这些智慧家庭美好生活方式的场景，正由海尔实现。

一个企业的成功是什么，就是当时机来临时，它已经做好了准备。“卡萨帝（的认可度）我们等了13年，智慧家庭生态我们也准备了8年。”面对智慧家庭蓝海市场，从海尔集团副总裁李华刚口中可以得知，海尔为此准备了很长时间，并取得了不错的效果。

综合来看，海尔衡量智慧家庭生态品牌有两个维度或标准：一是品牌的全球化，二是标准的国际化。

这两点在本次发布会上得到了充分的展示。首先，在品牌全球化上，海尔、卡萨帝、统帅以及GE Appliances、Fisher&Paykel、AQUA、Candy共7大品牌的智慧成果现场亮相，清晰地传递出海尔智慧家庭全球落地的战略。同时，在标准的国际化方面，海尔牵头制定多项国际标准，如电气电子工程师学会IEEE决定由海尔牵头制定关于大规模定制模式等国际标准。

对于本次海尔发布的智慧家庭生态，其“成套、定制、智慧”是主要竞争力。在成套方面，纵观行业主要布局单品或部分成套，而海尔实现全品类的一站式成套。在定制方面，区别于行业内的“标准品”，海尔实现了产品、方案、生活方式都能个性化定制的品牌。在智慧方面，打破被动控制阶段，海尔所有网器均可互联互通、主动服务、语音交互。这背后又是因为海尔所独有的、自主研发的U+智慧生活平台。

综上所述，物联网时代，海尔不再是一个单纯的产品品牌，而是一个以生活方式为核心的生态品牌。从全球家电品牌到智慧家庭生态品牌，其技术创新背后，海尔家电产业集团副总裁、超前研发总经理王晔认为用户需求是最大的驱动力。“从技术本身来说，坦率讲没有什么诀窍，大家觉得技术有不同，但我认为所有的技术都是为用户创造价值。海尔近几年技术方面发展较快，很大核心是开放，让用户来教我们设计。”除了以用户为核心，整合全球资源及研发中心，这是海尔技术创新的其他两大要素。

海尔的创新总是走在了行业的前端，就如1996年成立专卖店和电话服务中心，当时业内都不理解，可现在看来从那时起，海尔就凸显了超前的战略眼光。

在智慧家庭的布局上，事实上，早在2006年，海尔就开始以U-home布局物联网；在行业还未萌芽之时，2014年海尔率先发布全球首个U+智慧生活平台；当行业的智能还停留在概念，2015年海尔基于U+发布7大类产品；当行业开始涌入智能单品领域，2016年海尔发布空气、用水、美食等7大生态圈；当行业智能音箱爆发，2017年海尔开卖首套全互联互通智慧家电；当行业智能单品增多但不成套、不主动、不互联，2018年海尔发布首个“4+7+N”全场景定制化智慧成套方案，实现全屋成套、互联、主动服务；今天，行业内企业开始布局成套，海尔不仅做到成套智慧，更实现了多品牌的成套智慧。就在不久前，全球第一个5G智慧家庭实验室在海尔建成，海尔又在5G家庭服务领域应用走在行业前列。

现在来看，做智慧家庭生态，海尔想把智慧家庭解决方案提升到一个更高的阶段。对于“生态”的理解，李华刚和王晔相当默契，在他们看来，用户需求不仅是技术创新的核心，还是生态的核心。当用户在门店购买单一家电时，其实背后是一整套的需求，这就需要服务人员给到建议。海尔希望可以通过自身的生态布局，告诉全球用户还有更好的生活方式等着他们选择，生活还可以更有趣。

“为了让厨房更娱乐化，我们和爱奇艺等合作，为了让用户食用到优质的油，我们和金龙鱼合作。”李华刚认为，开放是智慧家庭的基础。共创、共赢、共享才能实现可持续的智慧家庭生态。

对用户来说，智能家居是方便、快捷的代名词，随着技术的不断进步，用户的需求也在不断发生变化。对人们来说对服务的关注不亚于对产品本身的要求。而海尔这一次又精准地抓住了当下用户消费升级的需求，推出的智慧家庭全球战略布局，除了成套产品、成套方案和成套展示，对成套人员和成套服务提出了更高的要求。在会议现场，海尔公布，截至2019年3月底，智慧家庭成套落地将进入1 000万家庭。这背后离不开成套落地能力的支撑，李华刚坦言，这是创新转型中的难点，打通整个流程，还是要靠基本功。

用户体验是海尔赶超行业的关键，海尔坚持以给消费者的解决方案是不断升级的美好体验为初心，基于广阔的全球视野，这也让其能更清楚地判断未来的家电走势。如今，凭借全新的智慧家庭生态品牌建设的加速布局，海尔未来的步伐，势必更加稳健。

分析：

1. 海尔为什么能在家电行业一路被追随，领航中国家电企业？
2. 海尔的企业管理有什么特色？
3. 其他企业应该怎样向海尔学习？

技能训练

实训项目1　访问某一个企业或某一位管理者

实训目标

1. 培养学生熟悉企业，了解企业和学习管理学的兴趣。
2. 培养学生参加社会实践活动的主动性和积极性。

实训内容

1. 了解该企业组织机构的形式。
2. 向管理者了解他的职位、工作职能、胜任该职务所必需的管理素质和技能的情况。

实训要求

1. 把全班同学分成两大组，第一组学生去访问企业，第二组去了解管理者。
2. 第一组学生走访某一个企业。
3. 第二组学生走访某一位管理者。

实训评价

1. 每位学生写出访问报告或小结。
2. 要求学生填写实训报告。其内容包括：实训项目、实训目的、实训内容、本人承担任务及完成情况、实训小结。
3. 教师评阅后写出实训评语、实训小结并全班交流。

实训项目2　企业管理沙盘模拟

实训目标

1. 了解企业管理中各部门的职能及其相互协调与制约关系。

2. 了解企业经营活动内容及企业的运行程序。

3. 使学生理论联系实际，将所学知识贯通起来，提升学生的实践操作能力，为学生进入社会、参与企业经营管理工作打下良好的基础。

实训内容

1. 企业经营活动内容涉及的整体战略、产品研发、设备投资改造、生产能力规划与具体安排、物料需求计划、资金需求计划、市场与销售、财务经济指标分析、团队沟通与建设等。

2. 企业的供应过程、销售过程，掌握物流、资金流、信息流的运行程序。

具体操作如下：

管理者	总裁	财务总监	营销总监	运营总监
岗位职责	制定企业发展战略规划；带领团队完成企业决策；审核财务状况；听取企业盈亏状况	筹集和管理资金：做好现金预算，管好、用好资金；支付各项费用，核算成本；按时做好财务报表，做好财务分析	分析市场；制订营销计划；开拓新市场；合理投放广告；根据企业能力拿订单；沟通生产部门按时交货；监督货款回收	制订生产计划：组织生产；生产计划的执行和控制；保持合理存货，及时交货；组织新产品研发，扩充、改进生产设备

实训要求

1. 该实训项目在完成其他相关专业课程之后。在企业经营管理沙盘模拟实训室或电脑机房进行，实训时间为一周。

2. 每四人为一个团队，按照不同角色分工（总裁、财务总监、营销总监、运营总监），每个团队代表不同的虚拟公司，模拟经营六年，以企业经营管理沙盘模拟软件计算最终经营得分。

3. 企业经营管理沙盘模拟实训主要是基本操作技能的训练，学生在实训中要态度认真，虚心请教。保持实训教室的清洁和卫生，爱护物理沙盘。

实训评价

1. 学生撰写实训报告，总结实训心得和体会，提出实训中存在的问题。指导教师对学生完成的实训资料和实训报告，给予客观、公正的评价。

2. 实训成绩由以下两部分组成：软件计算得分（70%）、综合素质评分（30%），由指导教师综合评定，采用五级分制：优秀、良好、中、及格、不及格。

参考文献

[1] 单凤儒．管理学基础（第六版）．北京：高等教育出版社，2017.

[2] 单凤儒．管理学基础实训教程（第六版）．北京：高等教育出版社，2017.

[3] 张晓谦．管理学基础教程．青岛：中国海洋大学出版社，2011.

[4] 王栓军．管理学基础．北京：北京邮电大学出版社，2012.

[5] 李晓光．管理学原理．北京：中国财政经济出版社，2011.

[6] 周三多，陈传明，鲁明泓．管理学——原理与方法（第七版）．上海：复旦大学出版社，2018.

[7] 蒋永忠，张颖．管理学基础（第四版）．大连：东北财经大学出版社，2017.

[8] 于翠华，贾志林．现代企业管理．北京：北京大学出版社，2009.

[9] 荆全忠，安景文，张志强．现代企业管理（第二版）．北京：北京大学出版社，2016.

[10] 熊银解，王晓梅，朱永华．新编现代企业管理．武汉：武汉理工大学出版社，2018.

[11] 申文青．现代企业管理（第二版）．重庆：重庆大学出版社，2013.

[12] 王关义，高海涛，张铭．管理学．北京：机械工业出版社，2011.

[13] 李立新．管理学．北京：北京理工大学出版社，2011.

[14] 刘炳南．现代企业管理．西安：西安交通大学出版社，2010.

[15] 张建华，冯瑞．现代企业管理学．北京：中国经济出版社，2012.

[16] 王卫华，邢俏俏．现代企业管理教程．北京：高等教育出版社，2010.

[17] 张永良．管理学基础（第 2 版）．北京：北京理工大学出版社，2014.

[18] 程云，刘明鑫，何强．管理学基础．北京：北京大学出版社，2012.

[19] 王涵．管理学基础．上海：复旦大学出版社，2012.

[20] 王福胜．管理学基础（第二版）．上海：上海交通大学出版社，2015.

[21] 陈嘉莉．管理学原理与实务（第 3 版）．北京：北京大学出版社，2016.

[22] 刘涛，赵蕾等．管理学原理（第 2 版）．北京：清华大学出版社，2016.

[23] 袁淑清，金泽龙，阮喜珍．实用管理学教程．北京：中国人民大学出版社，2013.

[24] 覃家君．新编管理学基础．北京：北京邮电大学出版社，2012.

[25] 边文霞．员工招聘实务（第 2 版）．北京：机械工业出版社，2011.